SABINE BENDS UND CHRISTOPHER A. WEIDNER

Intuitive Astrologie

astronova Sonderausgabe

Sabine Bends und Christopher A. Weidner

Intuitive Astrologie

Nutzen Sie Ihr inneres Wissen für tiefe Einsichten über sich selbst

astronova

ISBN 978-3-937077-72-7

Umschlag: Judith Hamann, Tübingen
Foto © Istockphoto.com
Druck: SDL, Berlin

Zu beziehen über:
Astronova Versand , Postfach 1250, D-72002 Tübingen
www.astronova.com

Inhalt

Intuitive Astrologie

Intuitive Astrologie? Das ist keine neue Schulrichtung und auch keine neue ausgefeilte Technik in der Astrologie – nein: es ist ein neuartiger Zugang zu dem, was uns die Astrologie als Wissen anbieten kann. Neuartig – und zugleich uralt, denn Astrologie speiste sich schon immer aus Intuition. Wenn wir also davon sprechen, dass wir Ihnen in diesem Buch intuitive Astrologie nahe bringen möchten, dann greifen wir auf etwas zurück, das schon immer eng mit Astrologie verbunden war, vielleicht im Laufe der Zeit vergessen wurde und nun wieder an Bedeutung gewinnen könnte.

Intuition – das ist eine Quelle des Wissens in uns, die sich nicht aus unserem logisch-abstrakten Zugang zur Welt speist, sondern aus der Anschauung der Welt. Darunter verstehen wir eine Art und Weise auf die Welt zu blicken, die nicht versucht in einem analytischen Sinne zu beobachten und rational zu bewerten, sondern eine Sache als Ganzes zu erfassen und ihr inne zu werden. *Innewerden* ist der Schlüssel zur Intuition, denn wir achten bei der Intuition nicht darauf, was uns im Äußeren begegnet, sondern auf das, was sich in unserem Inneren abspielt, während wir unseren Blick darauf richten, was *in unserem Inneren wird.* Uns interessiert nicht so sehr, was der Verstand uns über den Gegenstand unserer Aufmerksamkeit sagt, sondern was das, was wir sehen, in uns bewirkt – welche Eindrücke es in uns hinterlässt und welche Empfindungen, Assoziationen und Gefühle dies in uns auslöst.

Dieses Innewerden zeigt uns, dass etwas in uns ununterbrochen in Resonanz mit der Außenwelt steht. Wer die Welt intuitiv erfasst, wendet seinen Blick immer zugleich nach innen, wenn er nach außen blickt. Auf diese Weise erfahren wir uns nicht als von der Umwelt getrennte Wesen, sondern erleben uns in permanenter Verbindung mit allem, was uns umgibt und „umweltet“. Die innere Welt spiegelt die äußere Welt und umgekehrt.

Bilder spielen die wichtigste Rolle beim intuitiven Zugang zur Welt. Wir können in Begriffen denken und wir können in Bildern denken. Wenn wir in Begriffen denken, dann geben wir innerlich allem, was uns begegnet, einen Namen, zum Beispiel: „Das ist eine Tasse“. Vielleicht differenzieren wir auch weiter und sagen: „Das ist eine *schwarze* Tasse – im Gegensatz zu jener *weißen* Tasse dort drüben.“ Und dann grenzen wir weiter ab: „Diese Tasse steht auf dem Tisch, die andere Tasse auf dem Regal“. Das Denken in Begriffen versucht die Welt möglichst genau zu beschreiben und in ihren Details zu erfassen. Es zerlegt die Welt in ihre Teile, indem es die Unterschiede betont. Als Ergebnis erleben auch wir uns von der Umwelt als getrennt („Hier bin ich – dort ist die Tasse“).

Wenn wir hingegen in Bildern denken, dann ist das so, als ob die Begriffe keine Rolle spielen, sondern wir nehmen das, was wir betrachten, als Ganzes auf einmal wahr. Wir konzentrieren uns nicht auf die Unterschiede, wie wir sie in der Außenwelt beobachten können, sondern auf die Einheit aller Eindrücke, ohne sie zu benennen. Wir richten unseren Blick nicht wie einen Lichtstrahl auf einen Gegenstand, der die Einzelheiten nacheinander beleuchtet, sondern unser Blick taucht die gesamte Szenerie in ein weiches, alles umfließendes Licht. Wenn wir in Bildern denken, dann fühlen wir uns nicht getrennt von der Welt, sondern sind mit ihr verbunden.

Alles, was wir mit Intuition betrachten, bekommt eine Bedeutung, weil es sich mit unseren inneren Eindrücken vermischt. Wir können eigentlich nicht wissen, ob ein anderer der gleichen Sache auch die gleiche Bedeutung gibt, denn es handelt sich ja um etwas, was wir in unserer Innenwelt erleben. Und doch scheint es so zu sein, als ob wir auch diese Intuitionen mit anderen teilen können.

Denken Sie an einen Vogel. Sehr wahrscheinlich taucht im selben Augenblick irgendetwas vor Ihrem inneren Auge aus der Kategorie „Amsel, Drossel, Fink und Star“ auf. Weniger wahrscheinlich haben Sie jetzt an einen Pinguin gedacht oder gar an ein Backhähnchen, obwohl auch dies unzweifelhaft Vögel sind. Das liegt daran, dass unsere Bilder immer auch einen gemeinschaftlichen Hintergrund haben, der von unserer Kultur geprägt wird. Wenn wir also „Vogel“ denken, dann können wir davon ausgehen, dass die meisten Menschen in unserem Kulturkreis etwas Ähnliches sehen werden.

Wenn wir jetzt nach der Bedeutung des Vogels fragen, werden wir vermutlich sehr verschiedene Antworten bekommen – und doch werden sie an vielen Punkten sehr ähnlich sein. Sie werden unterschiedlich sein, weil jeder Mensch ganz persönliche Erfahrungen mit einem Vogel verbindet: vielleicht denkt er an seinen Wellensittich oder er erinnert sich an die Tauben von Venedig – und das ist sehr wahrscheinlich mit qualitativ sehr unterschiedlichen Emotionen verbunden, je nachdem was wir dabei erlebt haben.

Doch die Assoziationen werden auch einen Kern haben, der bei den meisten Menschen sehr ähnlich ist. Und sehr wahrscheinlich werden die meisten Menschen mit „Vogel“ etwas verbinden, dass in die Richtung geht wie „Himmel, fliegen, Federn“ und Gefühle weckt wie „Freiheit, Ungebundensein, Leichtigkeit“.

Wenn wir in diesem Buch die astrologischen Symbole in Bilder auflösen, dann machen wir nichts anderes, als dass wir Ihnen den Raum für solche Assoziationen geben. Wir liefern Ihnen Motive, die ganz persönlichen Inhalte zum Vorschein kommen lassen und zugleich einen Bedeutungskern haben, den alle Menschen sehr ähnlich empfinden werden. Genau dies macht astrologische Symbole aus: Sie sind sehr persönlich und universell zugleich.

Vielfach wird Astrologie so gelehrt, dass die universellen Inhalte in Begriffe gekleidet werden. Ein Beispiel: „Mars ist die Durchsetzungskraft“. Das ist sicherlich richtig, aber: Ist Mars nicht auch die Fähigkeit sich zu verteidigen? Und ist er nicht zugleich auch so etwas wie Rücksichtslosigkeit? Die Kette der Begriffe wird endlos sein. Wenn wir Astrologie lernen wollen, dann können wir selbstverständlich so vorgehen, dass wir uns eine Liste von Begriffen machen, die Mars bedeutet, und dann können wir diese auswendig lernen. Das ist nicht unser Vorschlag für einen Zugang zur Astrologie.

Wir setzen auf die Kraft der Bilder. Stellen Sie sich jetzt bitte einen Krieger vor. Was für ein Bild taucht vor Ihrem inneren Auge auf? Sehen Sie ihn mit seiner Waffe, seinem Schild und seiner Rüstung? Sehen Sie ihn vielleicht sogar in einen Kampf verwickelt, wie er sein Schwert gegen seinen Feind schwingt? Je länger sie sich auf dieses Bild einlassen, umso plastischer wird es werden, umso eindrücklicher wird es sein.

Und nun analysieren Sie einen Moment dieses Bild. Was *bedeutet* es? Sicherlich werden Sie diesem Krieger Eigenschaften wie Durchsetzungskraft, Verteidigungsbereitschaft und auch Rücksichtslosigkeit zuordnen können, aber auch noch jede Menge weiterer Begriffe werden aus Ihren Assoziationen auftauchen, je länger Sie dieses innere Bild auf sich wirken lassen! Das macht den intuitiven, bildhaften Zugang zur Astrologie aus: Wir erhalten das Wissen über ein astrologisches Symbol nicht über Listen von Begriffen, sondern über ein Bild, das all die Informationen enthält, die das Symbol ausmacht. Ein Bild lässt sich nicht nur viel einfacher speichern, sondern es ist eben auch immer ein persönliches Bild – und damit ist jedes Bild, das Sie sich von den astrologischen Symbolen machen, zugleich auch ein Ausdruck Ihres ganz persönlichen, individuellen Zugangs zur Astrologie.

Ist es im Übrigen nicht erstaunlich, dass dies alles in Ihrer Vorstellungskraft geschieht? Weder mussten wir Sie auffordern, sich einen Vogel in der Natur zu suchen, um ihn sich zu vergegenwärtigen, noch mussten wir Ihnen das Bild eines Vogels zeigen. Und dennoch entsteht dies alles vor Ihrem inneren oder geistigen Auge. Wir können immerzu auf einen Hort an Innenbildern zurückgreifen, die uns als inneres Wissen zur Verfügung stehen. Diese Strategie nutzen wir in diesem Buch weidlich, denn wir werden Sie immer wieder auffordern, sich Dinge vorzustellen, sie im Geiste auszumalen, Szenen zu erfinden und Bilder zu verwandeln. Wahrscheinlich werden Sie mehr Zeit in Ihrer Innenwelt verbringen als mit dem Lesen dieses Buches! Doch genau das ist der Sinn der Sache: wir sind überzeugt davon, dass alles wesentliche Wissen über astrologische Symbole bereits in Ihnen schlummert und dass es Ihnen mit Hilfe der Übungen, Gedankenspiele und Fantasiereisen in diesem Buch möglich sein wird, dieses innere Wissen anzuzapfen. Ihre eigene Intuition wird Ihnen die Türe in die faszinierende Welt der Astrologie öffnen.

Wer sich auf intuitiv auf Astrologie einlässt und auf die Kraft der Bilder vertraut, der wird einen sehr persönlichen Zugang zur Astrologie finden, der das universelle Wissen der Astrologie mit dem inneren Wissen jedes einzelnen Menschen verbindet und zu etwas Einzigartigem macht. Was auch immer Sie mit Ihrem astrologischen Wissen anfangen wollen: je intuitiver dieses Wissen gewachsen ist, umso authentischer wird es sein.

Eins sollte klar sein: Der intuitive Zugang zur Astrologie ist nicht der „richtigere" Weg zur Astrologie. Er ist *ein* richtiger Weg und natürlich ist der analytische Weg genauso bedeutsam und wichtig. Auch in diesem Buch können wir nicht darauf verzichten, aus den Bildern am Ende Begriffe abzuleiten. Der Mensch besteht eben aus beiden Teilen, dem intuitiven und dem logisch-rationalen. Unserer Meinung nach aber wird der intuitive Weg viel zu wenig betont, und so verstehen wir die intuitive Astrologie als einen wertvollen Ausgleich und eine wichtige Ergänzung zur rationalen Astrologie, die Wissen durch die Vermittlung von Begriffen aufbaut. Vielleicht erlaubt dieser intuitive Weg vielen Menschen, die sich bislang von der Astrologie fern gehalten haben, weil sie vor dem vielen „Auswendiglernen" zurückgeschreckt sind, eine erste Annäherung an Astrologie.

Kurze Anleitung zum Horoskop

Bevor Sie intuitiv werden können, müssen Sie sich mit den wichtigsten astrologischen Begriffen und Symbolen vertraut machen. In diesem so knapp wie möglich und so ausführlich wie nötig gehaltenem Kapitel, erfahren Sie alles Wesentliche, um ein Horoskop zu lesen. Seien Sie aber bewusst, dass die nachfolgenden Informationen wirklich nur das Nötigste vermitteln wollen und können. Wer sich intensiver mit den formalen Grundlagen der Astrologie beschäftigen möchte, sei auf die Literaturhinweise im Anhang hingewiesen.

Da wir in diesem Buch Sie immer wieder dazu anregen werden, Ihre Intuition auch auf Ihr eigenes Horoskop anzuwenden, sollten Sie über eine entsprechende Grafik verfügen. Diese sind heute ohne größeren Aufwand zu bekommen, im Internet gibt es sogar kostenlose Services, um sich Horoskopgrafiken zu erstellen. Bezugsquellen finden Sie ebenfalls im Anhang.

Doch auch wenn Sie noch über keine eigene Horoskopgrafik verfügen, können Sie mit diesem Buch arbeiten. Dazu finden Sie in diesem Kapitel als Anschauungsbeispiel das Horoskop von Nina Hagen, das Sie einfach zu Übungszwecken verwenden können.

Auch das Lesen des Horoskops als Landkarte zur Persönlichkeit des Menschen will gelernt sein. Bevor wir uns in die Deutungspraxis stürzen, möchte ich Sie einladen, sich mit den einzelnen Faktoren dieses Gewirrs aus Linien, Kreisen, Symbolen und Zahlen zu beschäftigen - Sie werden feststellen, dass es leichter ist, als es auf den ersten Blick aussieht.

Die Symbole

Wenn wir Astrologie als eine Bildersprache auffassen, könnten wir die Symbole für die Planeten und Zeichen als die Buchstaben betrachten, die es zu lernen gilt, bevor wir uns in das Lesen selbst stürzen können. Prägen Sie sich daher folgende Symbole und ihre Übersetzung gut ein:

Tierkreiszeichen-Symbole		**Planeten-Symbole**	
Symbol	**Planet**	**Symbol**	**Zeichen**
☉	Sonne	♈	Widder
☽	Mond	♉	Stier
☿	Merkur	♊	Zwillinge
♀	Venus	♋	Krebs
♂	Mars	♌	Löwe
♃	Jupiter	♍	Jungfrau
♄	Saturn	♎	Waage
♅	Uranus	♏	Skorpion
♆	Neptun	♐	Schütze
⯓ / ♇	Pluto	♑	Steinbock
		♒	Wassermann
		♓	Fische

Was ist ein Horoskop?

Das Horoskop, auch *die Radix* („Wurzel“) genannt, bildet den Himmel zum Zeitpunkt der Geburt und am Ort der Geburt ab, und zwar als eine zweidimensionale Grafik. Dabei beschränkt sich die Darstellung auf einen für die Astrologie bedeutsamen Ausschnitt des Himmels: die Ekliptik, auch *Tierkreis* genannt, der scheinbaren Umlaufbahn der Sonne um die Erde.

Der Tierkreis

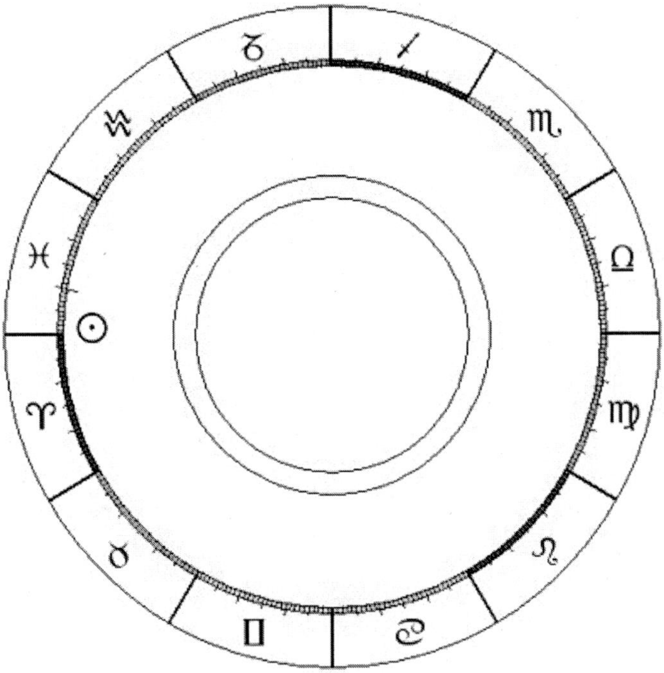

Der Tierkreis

Der Tierkreis mit seinen zwölf bekannten Zeichen ist die wichtigste symbolische Struktur in der Astrologie, sowohl rein formal als auch inhaltlich. In Abbildung 1 ist das Symbol der Sonne eingetragen, und zwar genau an der Stelle, an der sie sich zum am 11. März 1955 befand: im Tierkreiszeichen *Fische*. Wenn wir sagen: „Ich bin Fische" ist genau diese Konstellation gemeint. Wenn wir sagen: „Ich bin Löwe", dann befindet sich die Sonne in einem Horoskop im Tierkreiszeichen Löwe. Jedes Tierkreiszeichen umfasst folglich etwa 30 Tage.

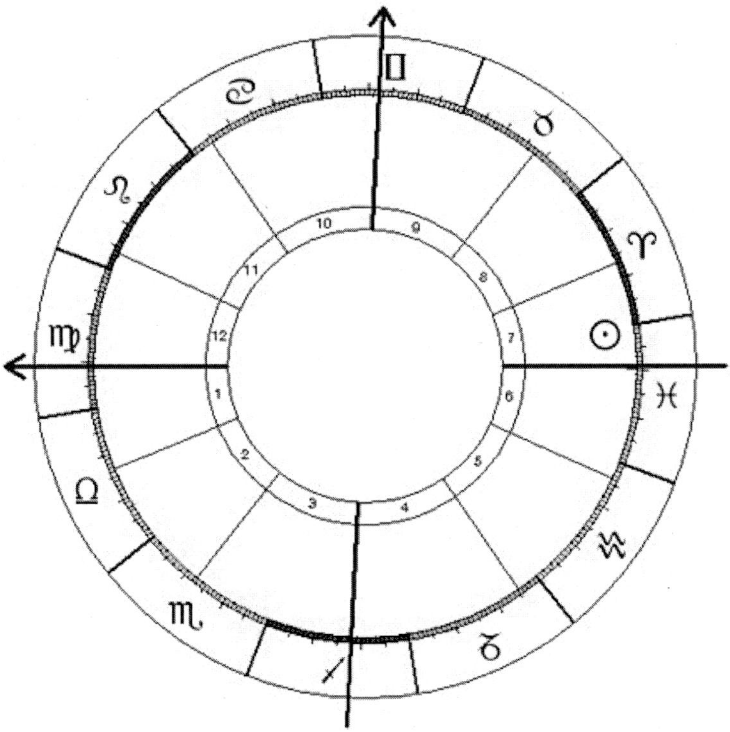

Die Häuser im Tierkreis

Während sich die Tierkreiszeichen aus der jährlichen (scheinbaren) Bewegung der Sonne um die Erde herleiten, haben die Häuser einen deutlichen Bezug zur täglichen Bewegung der Sonne und dem Wechsel von Tag und Nacht, also der Rotation der Erde um ihre eigene Achse. Sie leiten sich in ihrer Berechnung von der genauen Uhrzeit und dem Ort der Geburt ab, sind also spezieller und damit individueller für einen Menschen.

Der Häuserkreis ist in den Tierkreis eingebettet, und zwar so, dass jede Spitze eines Hauses (so werden die Linien genannt, welche den Anfang eines Hauses markieren) in ein Tierkreiszeichen fällt. Dieses Zeichen bestimmt die grundsätzliche Qualität des Hauses, nach der es gedeutet wird.

Die wichtigsten Häuserspitzen sind die von Aszendent und Deszendent, die horizontal in das Horoskop eingezeichnet sind, und Imum Cœli und Medium Cœli, die eine Achse bilden, die von unten nach oben führt. Sie bilden das Rückgrat des Horoskops. Besonders wichtig ist der Aszendent: er ist das Tierkreiszeichen, welches zum Zeitpunkt der Geburt gerade am östlichen Horizont aufging. In unserem Beispielhoroskop in Abbildung 2 ist es das Tierkreiszeichen *Jungfrau.*

Es bilden sich vier Quadranten und jeder Quadrant wird wiederum in drei Häuser gegliedert. Diese insgesamt zwölf Häuser verkörpern zwölf grundsätzliche Lebensthemen, welche den Rahmen für die menschliche Entwicklung vorgeben. Jedes Haus berührt dabei eine andere Facette: zusammen ergeben sie das Kaleidoskop der Möglichkeiten eines eigenen Leben.

Die Sonne in unserem Beispiel befindet sich jetzt nicht mehr nur im Tierkreiszeichen Fische, sondern auch im *siebten Haus.* Da sich die Häuser einmal in 24 Stunden durch den ganzen Tierkreis bewegen, verweilt die Sonne auch nur ca. zwei Stunden in einem Haus. Dies ist wesentlicher individueller als ihre Position im Zeichen, in dem sie sich ca. 30 Tage aufhält. Deshalb legen wir im Gegensatz zur populären Zuckerwürfel- und Zeitungsastrologie besonderen Wert auf die Deutung der Sonne im Häuserkreis.

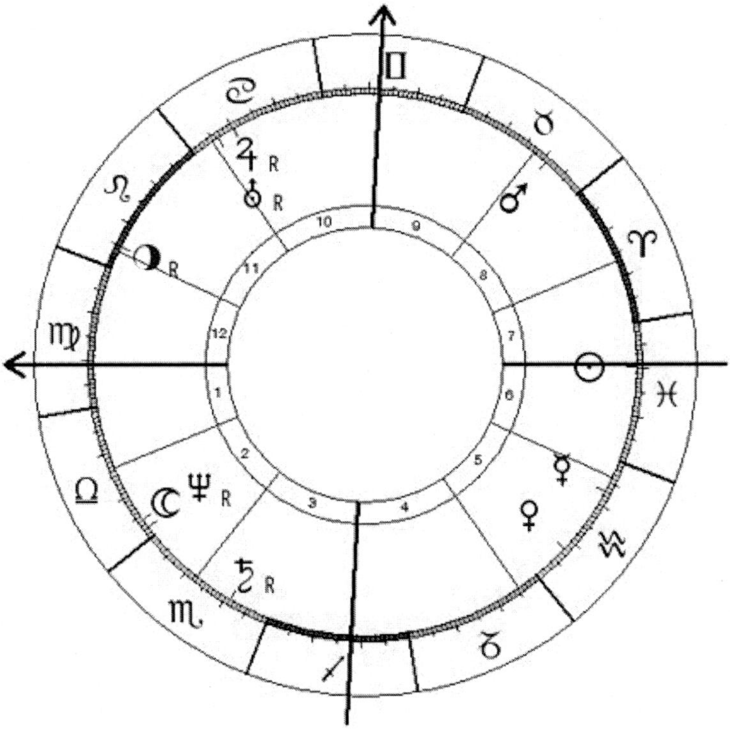

Die Planeten im Horoskop

Der Tierkreis und der Häuserkreis sind statische Strukturen. Die Planeten (aus dem Griechischen „die Wanderer“) sind im Gegensatz dazu bewegliche Punkte: sie durchwandern den Tierkreis, jeder in seinem eigenen Rhythmus und seiner eigenen Geschwindigkeit. In der Astrologie werden auch Sonne und Mond zu den Planeten gezählt, auch wenn sie es astronomisch natürlich nicht sind.

Die Tierkreiszeichen entsprechen eher Eigenschaften, die Häuser bestimmen Verwirklichungsebenen und die Planeten zeigen Handlungspotenziale. Bildhaft gesprochen stellen die Häuser eine Szenerie zur Verfügung, welche durch die Eigenschaften der Tierkreiszeichen eine bestimmte Färbung oder Stimmung erhalten, während die Planeten die eigentlichen Akteure im Bühnenbild sind, die Leben und Handlung ins Spiel bringen.

Noch ein wichtiger Hinweis zur Position der Planeten in den Häusern: Wenn ein Planet sehr nahe an einer Hausspitze steht, zählt er bereits ins darauf folgende Haus. In unserem Beispielhoroskop befinden sich Merkur, Sonne, Mars, Uranus und Pluto so nahe vor der Spitze des nachfolgenden Hauses, dass sie bereits dorthin gedeutet werden. Folgende Regel gilt:

→ *Steht ein Planet im letzten Sechstel eines Hauses, zählt er bereits ins Folgehaus!*

Da jedes Haus durchschnittlich 30° umfasst – was allerdings stark variieren kann – können Sie einen Bereich von etwa 5° annehmen vor einer Häuserspitze annehmen, die bereits zum darauf folgenden Haus gehört.

Aspekte

Wenn sich zwei Planeten im Horoskop in bestimmten Winkelabständen, so genannte *Aspekte*, zueinander befinden, wird dies in der Astrologie besonders gewertet: die Prinzipien der beiden Planeten vermischen sich auf eine dem Aspekt entsprechende Weise. Im Horoskop finden wir die Aspekte oft als Netz von Linien in der Mitte dargestellt, welche die einzelnen Planetenpositionen verbinden.

Um in ein Horoskop einzusteigen, ist es nicht notwendig, sich ausführlich mit den Aspekten auseinander zu setzen, weswegen in diesem Buch darauf verzichtet wird. Interessant ist jedoch, wenn zwei Planeten sehr nahe beieinander stehen, wie in unserem Beispiel Mond und Neptun sowie Jupiter und Uranus: dies nennt man eine *Konjunktion*. Diese beiden Energien wirken dann als ein Team.

Der Tierkreis

Wer sich schon einmal mit dem Tierkreis beschäftigt oder davon gehört hat, weiß vielleicht, dass es ein Zyklus ist, eine Abfolge von zwölf Zeichen, die dem Jahresrhythmus der Sonne entsprechen. So hat Widder, das Zeichen in dem die Sonne Ende März steht, etwas mit dem Frühlingsbeginn, Krebs mit dem Sommeranfang, Waage mit dem Herbstbeginn und Steinbock mit dem Einzug des Winters. Diese zyklische Betrachtungsweise ist sehr sinnvoll und aufschlussreich. Wir werden ihr am Ende dieses Kapitels eine Fantasiereise widmen, die Sie durch die Jahreszeiten des Tierkreises führt.

Zuvor wollen uns hier jedoch einer anderen Betrachtungsweise zuwenden, die einen ersten intuitiven Zugang zum Tierkreis erlaubt. Dazu wollen wir den Tierkreis wie einen Malkasten betrachten, dessen Farben wir selbst mischen, wie einen Bausatz, den wir uns selbst zusammenstellen können.

Die Tierkreiszeichen geben den Planeten oder Häusern im Horoskop eine bestimmte Färbung. Die Qualität eines Zeichens ist mit einer Farbe vergleichbar, die einen Lebensbereich tönt. Wenn wir später von den Häusern als Lebensort sprechen und sie vielleicht mit wirklichen Orten, zum Beispiel in der Natur, in Analogie setzen, dann wären die Tierkreiszeichen so etwas wie die landschaftliche Stimmung und Atmosphäre dort, oder wenn wir uns die Planeten als Menschen vorstellen, dann könnte das Tierkreiszeichen die Kleidung sein, die er trägt und die einen bestimmten Eindruck von ihm vermittelt.

Wenn wir uns nun die Tierkreisfarben mischen wollen, um sie als Kleider, Stimmungen oder Landschaften auf Planeten und Häuser aufzutragen, dann müssen wir uns zuerst mit den Grundfarben vertraut machen, die uns zum Mischen zur Verfügung stehen.

Die Grundbestandteile des Tierkreises sind:

- die vier Elemente und
- die drei Qualitäten.

Mit diesen wollen wir uns im Folgenden näher befassen.

Die vier Elemente

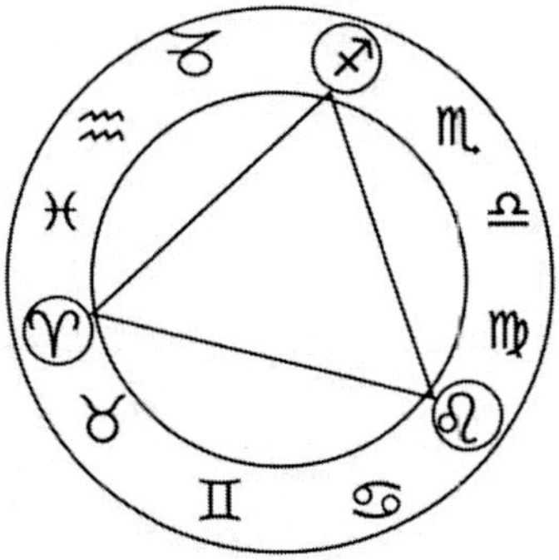

Feuer: Widder, Löwe, Schütze

Luft: Waage, Wassermann, Zwillinge

Erde: Steinbock, Stier, Jungfrau

Wasser: Krebs, Skorpion, Fische

Die vier Elemente Wasser, Erde, Feuer und Luft waren schon für die alten griechischen Philosophen die Grundbausteine alles Existierenden. Und sie sind heute noch unverzichtbar für unser Überleben. Sie stellten damals wie heute sehr greifbare Symbole für uns dar, mit denen wir eine Vielzahl von Assoziationen verbinden. Die zwölf Tierkreiszeichen sind in der Abfolge Feuer, Erde, Luft und Wasser in je drei Feuerzeichen, drei Erdzeichen, drei Luft- und drei Wasserzeichen eingeteilt. Wenn wir die zu einem Element gehörenden Tierkreiszeichen im Horoskop mit Linien verbinden, entsteht ein durchlaufendes Dreieck, auch großes Trigon genannt.

- Feuertrigon: Widder, Löwe und Schütze
- Erdtrigon: Stier, Jungfrau, Steinbock
- Lufttrigon: Zwillinge, Waage, Wassermann
- Wassertrigon: Krebs, Skorpion, Fische.

Um die Elemente in der Astrologie näher kennen zu lernen, empfiehlt es sich, ihren Entsprechungen in der Natur Aufmerksamkeit zu schenken. Wie fühlt es sich an, mit den Händen in lehmigen Boden zu greifen? Was bedeutet Ihnen Wasser? Wann spüren Sie die Luft? Wie gehen Sie mit Feuer um? Um uns ihrer Bedeutung zu nähern, wollen wir einmal ein paar Betrachtungen anstellen.

Feuer

Stellen wir uns das Bild einer Feuerstelle vor – welche Assoziationen haben Sie? Die Flammen streben nach oben, entgegen der Schwerkraft. Sie steigen dem Himmel entgegen. So heißt es in der Mythologie, dass Prometheus den Menschen das Feuer von den Göttern brachte. Und tatsächlich ist das Feuerelement im Horoskop der göttliche Funke in uns, der uns am Leben hält, das, wofür wir innerlich brennen.

Ins Feuer, in die Flammen zu schauen, weckt unsere Vorstellungskraft – wir entdecken allerlei Gestalten und Formen in den Flammen und in der Glut. So wird bei den Schamanen das Feuer zur Visionssuche eingesetzt, um das zu finden, wofür es sich lohnt, Feuer und Flamme zu sein. Feuer hat etwas Heiliges, sei es die heilige Flamme im alten Rom, die von den vestalischen Priesterinnen gehütet wurde, oder das ewige Licht in der Kirche. Wir entzünden Lichter für unsere Verstorbenen an Allerheiligen, und erinnern so an das ewige Leben, an die göttliche Seele in uns, die unsterblich ist.

Flammen breiten sich aus, wo immer sie „Futter" finden. Feuer konsumiert und transformiert. Im Feuer bleibt nichts gleich, keine Form, keine Farbe - alles verändert sich. Feuer wärmt und spendet Licht wie die Kraft der Sonne. Ohne Wärme und Licht könnten wir nicht überleben. Das Feuer unter Kontrolle zu haben, ist jedoch das Geheimnis. Im Zentrum der Flammen verbrennt alles, doch in ihrer strahlenden Wärme entfalten wir uns. Erst wenn es außer Kontrolle gerät, wird es zerstörerisch.

Wir kennen nicht nur das äußere, sondern auch das innere Feuer, die Wärme und Lebendigkeit, die uns durchströmt. Was uns lebendig sein lässt, was unseren Überlebensfunken weckt, was uns in Wallung bringt, was uns anregt, aufregt und erregt – das ist das Feuer in uns. Feuer ist das Herz von allem, aber reines Feuer ist wie rohes Essen, wie nicht gesprochene Gedanken, wie ungelebtes Leben – es bleibt ein Bild, eine Vorstellung. Das göttliche Licht in seiner reinen Form kann nicht gesehen werden, es muss „übersetzt" und der Wahrnehmung zugänglich gemacht werden.

Sprichwörter zu Feuer finden

Überlegen Sie: Welche Sprichworte gibt es, in denen das Bild des Feuers, der Flamme oder des Funken vorkommt? Was bedeuten sie?

Beispiele: er hat ein feuriges Temperament, sie hat einen feurigen Blick, wir müssen ihn anfeuern, ich bin für etwas Feuer und Flamme, der Funke springt nicht über etc.

Assoziationen zu Feuer

Blicken Sie in die Flamme einer Kerze, besser noch in das Feuer in einem Kamin. Welche Assoziationen steigen in Ihnen bei diesem Anblick auf?

Beispiele, die wir gefunden haben: Feuer ist das göttliche Element, das den Menschen gebracht wurde, es ist der göttliche Funke in uns, das Bild im Herzen, Vorstellungskraft, Feuer ist unsere Verbindung zu spirituellen Dimensionen, intuitives Wissen und Verstehen, Ausdruck, Lebensfreude, Entdeckerdrang, Energie, Aktivität, Impulsivität, kreativ, Vertrauen, dramatisch, überschwänglich, ausstrahlend, Enthusiasmus, Transformation, Zerstörung von Bestehendem, Trennung, Streit, Zukunftsorientierung etc.

Ihre Assoziationen: ....

....

....

Erde

Erde kennzeichnet sich durch Stabilität und Schwere, sie bildet für alle Lebewesen auf der Erde eine Basis, einen Halt. Der sprichwörtliche „Boden unter den Füßen" gibt uns Sicherheit. Zu Häusern oder Hütten verbaute Erde oder Höhlen gewähren uns Schutz. Die Erde ist das Greifbarste der vier Elemente. Sie ist faktisch und real, auf sie können wir uns verlassen. Wenn das Feuer verlischt, uns die Luft ausgeht oder das Wasser verdunstet, so haben wir doch in den meisten Fällen immer noch festen Boden unter den Füßen, solange wir uns auf der Erde befinden.

Der Begriff Erde hat eine Doppelbedeutung: Wir meinen damit zum einen das Erdreich im Garten oder auf der Baustelle, zum anderen meinen wir damit den ganzen Planeten, auf dem wir leben. Kein anderes der vier Elemente hat eine so klare Form, ist so greifbar und körperlich wie die Erde. Die Erde ist der Himmelskörper auf dem wir leben. Man sagt, dass alle Lebewesen aus der Erde kommen und wieder zu Erde werden. Die Erde verleiht allem Lebendigen eine konkrete Gestalt – und in der Erde löst sich diese wieder auf.

Konzentrierte Erde in Form von Gesteinen, Mineralien und Bauten ist dauerhaft, verlässlich und wertvoll. Die Schätze der Erde, ja der Erdboden selbst, ist uns wert und teuer. Als einziges Element können wir ein Stück Erde, ein Stück Land besitzen. Wir können Edelsteine und Häuser kaufen und besitzen. Bei Wasser und Feuer müssen wir zwar für ihre Nutzung zahlen, doch sie gehören uns nicht. Einzig Erde und das, was aus der Erde kommt, kann ich erwerben und als mein Eigentum bezeichnen.

Die Erde bringt vieles hervor, sie ist das nährende und unterstützende Element. Sie bringt Blumen und Pflanzen hervor, auf ihr wachsen und gedeihen Bäume, Wälder, Wiesen und Felder. Ohne sie gäbe es kein Wachstum, keine Nahrung. Nicht für Tiere, nicht für Menschen. So ist Erde das produktivste aller Elemente.

Erdeberufe finden

Finden Sie Berufe, welche die Erde als Basis haben, z.B. Bauer, Bauarbeiter, Gärtner, Bildhauer, Steinmetz, Töpfer, Totengräber etc. Was zeichnet diese Berufe besonders aus?

Beispiele: etwas mit den Händen erschaffen, Materie bearbeiten, kreativ und produktiv sein, etwas hervorbringen, etwas Gestalt verleihen, formen etc.

Assoziationen zu Erde

Nehmen Sie sich nun ein Stück Erde in die Hand oder gehen Sie hinaus in den Garten oder auf ein Feld und greifen Sie in das Erde. Welche Assoziationen stellen sich bei Ihnen dazu ein?

Beispiele, die wir gefunden haben: Erde ist das offensichtlichste Element, das wir täglich erfahren, das Hier & Jetzt, die materielle

Welt, die wahrnehmbare Realität, der Mensch ist an die Erde gebunden, Durchsetzungs- und Durchhaltevermögen, praktisch, realistisch, gründlich, produktiv, Erfolg in der Welt, Geduld, Vorsicht, Selbstbeherrschung, Erde bewahrt und hält fest, Starrheit, Gespür für Formen und Erscheinungen, Bindung an Besitz und Äußerlichkeiten, Pflege der Formebene, Ordnung etc.
Ihre Assoziationen: ....

....

....

Luft

Luft hat auch einen Ausbreitungsdrang wie Feuer, hat dabei jedoch keine bestimmte Richtung, sie kann sich überallhin bewegen, jeden Raum erfüllen. Wir denken an Wind und Atem. Luft ist lebensnotwendig, zirkuliert ständig, um die Temperaturen gleichmäßig zu halten, sie ist der Vermittler zwischen dem Feuer der Sonne und dem Leben auf der Erde. Als Atmosphäre ist sei der „Schutzmantel" der Erde, wie unsere Haut ein Schutzmantel für unseren Körper ist. Und wie unsere Haut ist auch die Luft ein Kontaktmedium. Luft ist der Stoff des Austauschs und der Kommunikation. Luft überträgt uns den Rauch eines Feuers oder einer Zigarette, sie überträgt den Schall unserer Worte. Sie ist ein Transportmedium, auf dem wir uns mit Hilfe von Flugzeugen, Ballons, Drachen und anderen Hilfsmitteln fortbewegen können.

Luft ist nicht fassbar, sie ist frei und flüchtig wie unsere Gedanken. Dabei durchdringt sie vieles mühelos, selbst die kleinsten Ritzen. Luft ist auch der Zwischenraum, die Weite, der Abstand. Mit Luft verbinden wir Leichtigkeit, Mühelosigkeit und Haltlosigkeit. Wer in die Luft geht, wer abhebt, der verliert die Bodenhaftung, den Bezug zur Realität (Erde).

Sprichwörter zu Luft finden

Überlegen Sie selbst – welche Sprichworte gibt es noch, in denen die Luft vorkommt? Was bedeuten sie?

Es gibt viele Sprichworte, die sich um die Luft ranken: „Da bleibt mir die Luft weg." Sich in Luft auflösen, Luftschlösser bauen, Luftikus, „Das ist völlig aus der Luft gegriffen." Überlegen Sie einmal, was es bedeutet, wenn wir jemanden als „Luftikus" bezeichnen? Was meinen wir damit? Dass jemand nur Pläne schmiedet, aber sie nicht umsetzt, dass er unzuverlässig und unverbindlich ist. All dies sind Eigenschaften, die wir auch den Luftzeichen im Tierkreis zuordnen.

Assoziationen zur Luft

Konzentrieren Sie sich einen Augenblick auf Ihren Atem und beobachten Sie die Zirkulation der Luft in Ihrem Körper. Oder gehen Sie an einem windigen Tag nach draußen, schließen Sie die Augen und spüren Sie den Berührungen der Luft nach. Welche Assoziationen haben Sie?

Beispiele, die wir gefunden haben: Verbindung zwischen Innen und Außen, Vermittlung, Ausgleich, Verbindung, Freiheit, geistige Beweglichkeit, Fähigkeit zur Reflexion, Informationsträger, Theorien, Ideen, Begriffe, Objektivität, Schallwellen, Sprache, Austausch von Gedanken, Bewusstsein, Distanz zu sich selbst, Raum geben und Raum einnehmen …

Ihre Assoziationen: ....

....

....

Wasser

Wasser sammelt sich immer am tiefsten Punkt, es braucht jedoch ein Gefäß oder einen Rahmen, in dem es gehalten wird. Sonst zerfließt es und verbindet sich mit der Erde. Wasser ist sehr beeinflussbar, es passt sich jedem Behältnis an. Es reagiert stark auf Hitze oder Kälte und verändert seine Erscheinungsform entsprechend. Wasser braucht Grenzen, und wenn es keine findet, dann dehnt es sich endlos aus.

Tröpfchen für Tröpfchen sammelt es sich im Grundwasser, in Bächen und Quellen, in Flüssen, und schließlich im Meer. Ein Tropfen sucht die Pfütze, eine Pfütze sucht das Rinnsal, ein Rinnsal wird zum Bach, der Bach zum Fluss und der Fluss ergießt sich ins Meer. Wasser sucht nach der Vereinigung mit sich selbst, im Meer, in der Regenwolke, im Grundwasser. Wasser ist ein Symbol für den Kreislauf, die Rückkehr zu sich selbst. Schon in der Grundschule lernen wir, wie Regen zu Grundwasser, Grundwasser zu Quellen und Flüssen, Flüsse zu Meeren und alle zusammen wieder zu Regen werden. Wasser ist das ewig Fließende, die stetige Veränderung eines immer gleichen Elements.

Wasser hat einen ungeheuren Magnetismus und eine sehr große Bindungskraft. Nicht umsonst reinigen wir uns damit, benutzen es zum Putzen und Klären. Im Wasser löst sich vieles auf, auch Sorgen. Aus diesem Grund fahren wir im Urlaub, zur Entspannung, gern ans Meer. Wasser ist für uns fast so selbstverständlich wie Luft. Und fast genauso lebensnotwendig. Wir mögen zwar einige Tage oder Wochen ohne feste Nahrung auskommen – ohne Wasser ist es unmöglich. Wasser nährt uns, hält uns beweglich und frisch. Es belebt uns, macht uns lebendig und aufnahmefähig. Erst Wasser macht die Erde fruchtbar.

Wenn unser Körper und unsere Seele sehr bewegt sind, dann gibt er Wasser ab, zum Beispiel in Form von Tränen und Schweiß. Insofern ist Wasser zutiefst mit unserem Innenleben, mit unseren Gefühlen verbunden. Zuviel Wasser überwältigt und erstickt uns – ob dies nun eine Flutwelle ist oder ein Schwall von Tränen und Gefühl. Wir werden bewusstlos, verlieren unser Bewusstsein für die Welt der Realität, wenn wir uns derart von inneren oder äußeren Regungen überfluten lassen.

Wasserformen in der Natur

Wasser kommt in der Natur in zahlreiche Gestalten vor. Welche fallen Ihnen ein und welche Assoziationen werden bei diesen Wörtern – auch im übertragenen Sinne - wach?

Beispiele: Regen, Nebel, Eis, Schnee, Ozean, Meer, Fluss, Bach, Strom, Hagel, Pfütze, Nieselregen, Teich, Tümpel, See, Feuchtigkeit, Welle, Wolken, Dampf, Dunst, Tränen etc.

Was uns dazu eingefallen ist: Auflösung, Entspannung (Urlaub am Wasser), Empfindlichkeit, Verletzlichkeit, Gestaltlosigkeit, Beeinflussbarkeit, Anpassung, Suche nach Einheit, Gefühlsverbindung, Einfühlungsvermögen, Mitgefühl, Chaos und Lebendigkeit, Unterbewusstsein, Gewohnheiten, Verarbeiten von Erfahrungen, Speicher der Erinnerung etc.

Wasserspiele

Führen Sie einmal zwei Wassertropfen auf einer Fensterscheibe zueinander und beobachten Sie, wie Sie einander anziehen, sich vereinen. Sehr faszinierend ist es auch, mit einem Wassertropfen am Finger kleine Krümelchen oder Blüten aufzuheben. Sie denken, das funktioniert nicht? Probieren Sie es aus. Sie werden überrascht sein, wie bindungsfähig und kraftvoll Wasser ist.

Ihre Assoziationen: ....

....

....

Die drei Qualitäten

Neben den vier Elementen, einem Grundbestandteil unseres „Malkastens“, gibt es noch die drei *Qualitäten*, auch *Kreuze* genannt. Warum sie den Namen Kreuze erhielten, wird klar, wenn wir uns im Tierkreis anschauen, welche Zeichen zur gleichen Qualität gehören. In der Abbildung sehen Sie ein großes Viereck, gebildet aus Widder, Krebs, Waage und Steinbock. Würden wir eine Linie von Widder zu Waage und eine von Krebs zu Steinbock ziehen, so entstünden zwei senkrecht aufeinander stehende Linien – ein Kreuz.

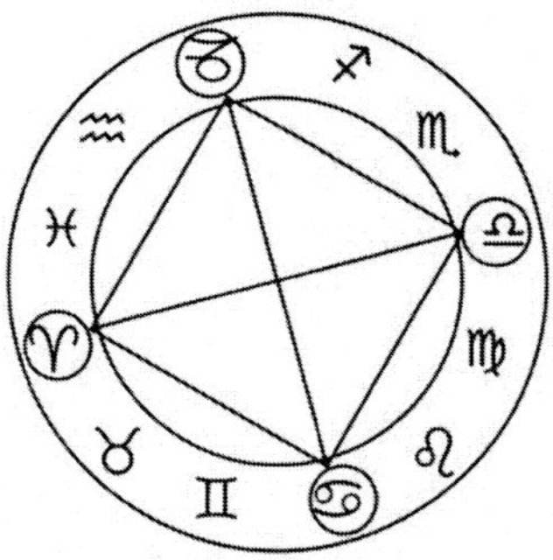

Kardinales Kreuz: Widder, Krebs, Waage, Steinbock

Fixes Kreuz: Stier, Löwe, Skorpion, Wassermann

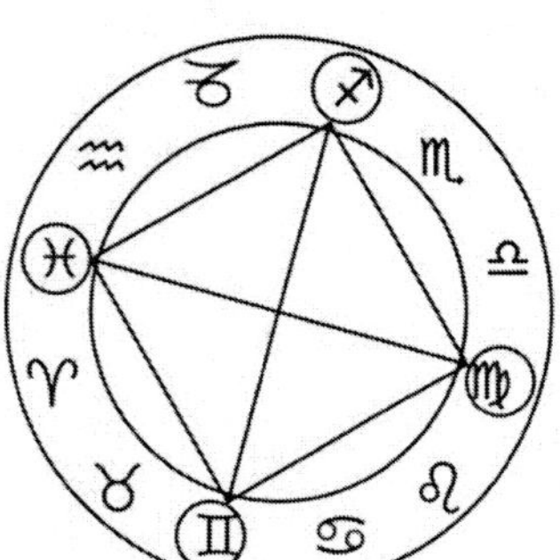

Veränderliches Kreuz: Zwillinge, Jungfrau, Schütze, Fische

Dabei wechseln sich im Tierkreis die kardinalen, fixen und flexiblen Zeichen immer in dieser Reihenfolge ab. Jedes nimmt innerhalb eines Horoskopviertels, dem so genannten *Quadranten*, eine ganz bestimmte Position ein. Der erste Quadrant besteht aus dem kardinalen Zeichen Widder, dem fixen Zeichen Stier und dem beweglichen bzw. flexiblen Zeichen Zwillinge. In den drei übrigen Quadranten ist die Abfolge von kardinal, fix und flexibel die gleiche. Was bedeuten nun die drei Qualitäten im Einzelnen?

Die kardinalen Zeichen: Widder, Krebs, Waage, Steinbock

Die kardinalen Zeichen setzen die Grundenergie in Gang, sie geben den Anstoß zu dem entsprechenden Thema. Ihre Funktion ist die der Antriebskraft, ihnen geht es um das Grundsätzliche, um das Handeln, das Machen, um die erste Initiative, das grundsätzliche Potenzial. Als Bild kann man sich hier den *Chef* einer Firma vorstellen, der seine Mitarbeiter zum Tätigwerden anregt. Die Färbung dieser Zeichen ist klar und rein, ganz auf das Wesen des jeweiligen Elements, zu dem sie gehören, konzentriert. Die Farben dieser Zeichen sind weniger gemischte Farben als vielmehr eine Basisfarbe, ein Grundton. Sie symbolisieren sozusagen den Urtypus dieses Elements.

Die fixen Zeichen: Stier, Löwe, Skorpion, Wassermann

Die Aufgabe der fixen Zeichen ist es, das Potenzial des vorhergehenden Zeichens konkret umzusetzen, es in der Realität zu manifestieren, ihm Form und Ausdruck zu verleihen. Hier zählt das Ergebnis, die Verwirklichung an sich. Die fixen Zeichen bilden den Höhepunkt der jeweiligen Energie, die durch die kardinalen Zeichen in Gang gesetzt wurde. Zum Bild unserer Firma passt hier der ausführende Mitarbeiter, in einem Handelsunternehmen beispielsweise der *Einkäufer*. Die Färbung dieser Zeichen bildet den Höhepunkt des jeweiligen Elements. Hier kann sich die Färbung des Elements in allen Schattierungen und Formen als Ausdruck des jeweiligen Elements manifestieren.

Die beweglichen Zeichen: Zwillinge, Jungfrau, Schütze, Fische

Den beweglichen Zeichen obliegt es nun, das von den kardinalen Zeichen Initiierte und von den fixen Zeichen Umgesetzte zu verteilen und zu verwerten. Sie öffnen die Kanäle für eine Verwendung der Energie und schaffen eine Verbindung zu anderen Bereichen. Ihre Funktion ist die Überleitung, die Vermittlung zwischen bereits bekanntem und neuem Terrain. Somit treten die flexiblen Zeichen mit ihrer Umwelt in Beziehung, und es findet eine Wechselwirkung statt. Um bei dem Bild des Handelsunternehmens zu bleiben, könnten wir uns hier die *Marketingfachleute* vorstellen, die freien *Handelsvertreter* oder die *Filialleiter* der einzelnen Geschäfte. Die Färbung dieser Zeichen ist daher weniger eine konkrete Farbe als vielmehr eine Überleitung zu neuen Farben oder auch eine ganze Farbpalette. Hier wird sichtbar, welche Facetten, Nuancierungen und Tönungen entstehen, wenn sie in Wechselwirkung mit ihrer Umwelt eintreten.

Die Farben des Tierkreises selber mischen

Nun wollen wir sehen, welche Farben in unserem Malkasten für jedes Tierkreiszeichen entstehen können, wenn wir sie mit unserer Grundausstattung der Elemente und den Qualitäten selber mischen.

Die Farben des Feuers

Kardinales Feuer: Widder – Der Grundton des Feuers
Stellen Sie sich einmal die Grundfarben des Feuers vor, welche sind es? Reines Gelb und feuriges Rot – richtig. Klare Signalfarben aus der Palette der warmen Farben.

Diese Signalfarben erhalten mühelos unsere Aufmerksamkeit,

sie rufen eine gewisse Achtsamkeit in uns hervor, denn sie signalisieren Gefahr, Abenteuer, Grenzübertretungen, und sprechen „das Wilde und Instinktive“ in uns an. Nicht umsonst sind dies die Farben der Ampel, die uns davor warnen weiterzufahren, die Farben giftiger Pflanzen wie der Fliegenpilz oder der Verwarnungen für einen Regelbruch im Fußball (gelbe und rote Karte). Im Übermaß erzeugen diese Farben eine aggressive Stimmung in uns, machen uns streit- und angriffslustig.

Fixes Feuer: Löwe – Feuer in allen Farben

Hier darf das Feuer in allen Farben leuchten – allerdings immer nur in einer einzigen. Alle Töne zwischen dem Gelb der Sonne und dem dunklen Rot reifer Tomaten finden wir hier. warmes Orange, leuchtendes Goldgelb, Rosenrot.

Dies alles sind belebende und intensive Farben, die unsere Lebendigkeit wachrufen und uns in frohe Stimmung versetzen. Wer einmal depressiv verstimmt war, hat vielleicht die stimmungsaufhellende Wirkung von Goldgelb und Orange schon erfahren. Hier darf sich die ganze Kreativität der warmen Farben entfalten, um uns Freude zu bereiten. Hier geht es um „das Freudvolle und Spielerische“. Zuviel von dieser Farbenpracht wirkt allerdings aufdringlich und alles überstrahlend.

Bewegliches Feuer: Schütze – Die Feuerpalette

Hier kommen wir nun zur Palette des Feuers, das sich hier bereits mit anderen Farben mischt. So entstehen ganze Farbpaletten von Rosé bis Pink, von Purpur bis Violett.

Wenn wir uns diese Farben vor unserem inneren Auge vorstellen, so fallen uns vielleicht die Kardinalsroben der katholischen Kirche ein, ein Rosengarten oder die Inneneinrichtung eines Schlosses. Hier kommt etwas „Erhabenes und Edles“ durch, etwas Großzügiges, Fülle und Überschwang. Wenn wir es mit dieser Färbung übertreiben, wirkt es jedoch schnell hochtrabend und großspurig.

Kardinale Erde: Steinbock - Der Grundton der Erde
Der Grundton der Erde ist zweifelsohne Braun. Helle und dunkle Brauntöne bis hin zu Schwarz wie die Asche verbrannter Lava oder der Farbe von Kohle aus dem Inneren der Erde.

Brauntöne rufen in uns Gefühle der körperlichen Sicherheit und Geborgenheit hervor, sie geben uns Halt und Struktur. Eine braune Inneneinrichtung lässt Behaglichkeit entstehen, dunkle Kleidung in braunen und schwarzen Tönen verleiht uns ein Gefühl der Sicherheit und Autorität. Wenn wir diese Farbe in unserer Umgebung sehen, dann verheißt sie zumeist etwas „Verlässliches und Beständiges". Zuviel davon kann jedoch bedrückend und deprimierend wirken.

Fixe Erde: Stier – Erde in allen Farben
Hier erblüht die Erde in ihrer ganzen Farbenpracht. Nicht nur das Braun der Erde in allen Erscheinungsformen von Sandbeige bis zu lehmigem Rotbraun gehören dazu, auch die Farben der Bäume und Pflanzen, die aus der Erde hervorgehen. Helle Buche, dunkle Eiche, frisches Grasgrün, dunkles Blattgrün. Diese Farben der Erde signalisieren für uns Nahrung. Ob Kartoffeln oder Salbei, Salat oder Zucchini – die Früchte der Erde erhalten uns am Leben. Für die Pflanzen wiederum ist die Erde ihr Halt und ihr Nährboden. So entsteht mit der Erde eine Kette aus Prozessen der „Verwurzelung und Verwertung". Wenn wir uns diese Farben im Übermaß vorstellen, zum Beispiel in einer Wohnung, ist der Eindruck übertrieben konservativ, ein wenig trist und träge.

Bewegliche Erde: Jungfrau – Die Erdpalette
Wenn sich die Erdfarben mit anderen Farben mischen, entstehen ganze Paletten gedeckter Farben, von Oliv bis zu Goldbraun, von Gelbgrün bis zu Blaugrün, von Sandfarben bis zu Anthrazit, von Currybraun bis zu Terracotta. In seltenen Fällen sind es strahlende, klare Farben, sondern eher schlichte Farben, die unauffällig und bescheiden wirken und sich gut mit der Natur vermischen. Man denkt vielleicht an die Farben in einem Gewürzregal, an frisch gebackene Brote beim Bäcker oder den Blick auf einen sommerlichen

Mischwald. Die Jungfrau-Farben sind wie ein übersichtliches Sortiment und haben etwas „Natürliches und Dezentes". Zuviel davon wirkt jedoch langweilig und ziemlich unauffällig.

Die Farben der Luft

Kardinale Luft: Waage - Der Grundton der Luft

Den Grundton der Luft zu bestimmen, ist nicht ganz einfach, denn immerhin ist Luft ja transparent und hat keine Farbe. Doch wenn wir nach einem Grundton suchen, dann müsste es einer sein, der alle Farben „luftig" werden lässt, sie abschwächt und durchscheinend macht. Es müsste eine Farbe sein, die kühl wirkt und alle Möglichkeiten offen lässt.

In Weiß oder einem glänzenden Perlmuttschimmer finden wir annähernd einen solchen Grundton. Weiß ist die Unschuld, es hat die Reinheit eines unbeschriebenen Blattes. Es ist die Farbe der „Möglichkeit und Offenheit" zwei treffende Bezeichnungen für das Zeichen Waage. Weiß im Übermaß wirkt etwas nichts sagend, farblos und vermittelt den Eindruck von Unentschlossenheit.

Fixe Luft: Wassermann – Luft in allen Farben

Die Farben des Wassermanns entstehen, wenn wir alle Farben mit einem perlmuttschimmernden, leicht metallischen Glanz überziehen. Stellen Sie sich eine Reihe schimmernder, frischlackierter Autos in Metalic-Farben vor, den Chromschimmer eines silbriggrauen Computergehäuses oder die flirrende Luft über dem Asphalt an einem heißen Sommertag. Sobald die Wassermannfarben in einem ansonsten eher natürlich geprägten Kontext stehen, erscheinen sie technisch, futuristisch und distanziert. Ein silberner Overall und metallisch schimmernde Stühle wirken nicht gerade behaglich oder einladend, sie verstrahlen eher „Extravaganz und Fortschrittlichkeit." Zuviel von dieser Färbung vermittelt uns ein Gefühl von kühler Distanziertheit. Mit Kleidung in den Wassermannfarben fallen wir zwar auf, aber möglicherweise wirken wir auch unnahbar.

Bewegliche Luft: Zwillinge – Die Luftpalette

Wenn sich Weiß in unterschiedlichem Maße mit einer Farbe mischt, entstehen ganze Paletten von Pastellfarben. Zart schimmerndes Hellgelb in allen Schattierungen, mintfarbenes Grün, Hellblau in allen Farben des Himmels, zartes Rosé in allen Varianten.

Dies sind die Farben der Wolken, des Himmels und seiner flatternden und zwitschernden Bewohner: Schmetterlinge, Kanarienvögel und Wellensittiche. Flatterhaft und zwitschernd ist auch das Zeichen Zwillinge, und wie die umfangreiche Farbpalette es vermuten lässt, zeichnet es sich durch „Beweglichkeit und Vielfalt" aus. Dies sind sicherlich ideale Farben für ein Kinderzimmer – an der falschen Stelle eingesetzt jedoch ergibt sich eher eine uneinheitliche Gesamtwirkung, übermäßig verspielt und unstet. Wer sind ständig in Bonbonfarben kleidet, macht den Eindruck, noch nicht ganz erwachsen und gefestigt zu sein.

Die Farben des Wassers

Kardinales Wasser: Krebs - Der Grundton des Wassers

Sich die Grundfarben des Wassers vorzustellen, ist eine ebensolche Herausforderung wie bei der Luft, denn auch Wasser hat eigentlich keine Farbe, sondern ist durchsichtig und transparent. Doch wir alle haben sofort Farben vor unserem inneren Auge, wenn wir an Wasser denken, und zumeist sind es Blau und Grün. Ein klares, tiefes Dunkelblau und ein Flaschengrün sind von daher auch die Farben des Krebses. Es sind Farben, die uns instinktiv Vertrauen einflößen und uns beruhigen. Wenn unsere Augen überanstrengt sind, hilft es, sie auf einer grünen Fläche verweilen zu lassen. Wenn wir aufgeregt sind, hilft Blau, unseren Blutdruck zu senken und unser Gemüt zu kühlen. Blau ist auch die Farbe des Rückzugs nach innen, der Abkehr von äußeren Eindrücken. Wie das Tiefblau des Nachthimmels gewähren uns die Farben des Krebses emotionalen „Schutz und Geborgenheit". Allzu viel von dieser Färbung bewirkt allerdings geradezu ein Abtauchen in innere Welten, eine Flucht in persönliche Fantasien, Gefühle, Ängste.

Wer sich ständig schützt, wird möglicherweise immer verletzlicher.

Fixes Wasser: Skorpion – Wasser in allen Farben

Hier erleben die Grundfarben des Wassers ihren Höhepunkt und gelangen zur ihrer stärksten Intensität. Aus Blau wird ein kräftiges, intensives Royalblau, aus Grün ein leuchtendes Smaragdgrün und aus der Mischung von beiden ein intensives, strahlendes Türkis. Doch das Zeichen Skorpion ist auch ein Zeichen der Extreme. So brauchen die strahlenden, intensiv leuchtenden Farben auch einen Hintergrund, vor dem sie so richtig zum Leuchten kommen. Das kann die Gegenfarbe sein oder auch Schwarz. Die so erzeugte Stimmung ist intensiv und gespannt, voller Gegensätze. Wie das türkisblaue Meer, von schwarzen Felsen umrahmt, oder ein dunkelrotes Buch mit smaragdgrüner Schrift. Und so ist auch das Zeichen Skorpion das Zeichen der „Extreme und der Leidenschaft“. Der Umgang mit der Skorpionfärbung ist daher immer eine Gratwanderung, bei der aus „spannend und leidenschaftlich“ leicht „überspannt und besessen“ werden kann.

Bewegliches Wasser: Fische – Die Wasserpalette

Hier zeigt sich das Wasser in allen Farben: zart, schimmernd und transparent, aber auch mit anderen Farben vermischt. Die Palette reicht von perlmutt schimmerndem Türkis über Algengrün bis hin zu grau schimmerndem Hochseeblau. Wir können uns die Farben des Meeres vorstellen, die am Horizont unmerklich in die des Himmels übergehen. Auch die Konturen zwischen Meer und Land verschwimmen – wir haben eine Landschaft vor uns, die sich in der Dämmerung aufzulösen scheint.

Im Zeichen Fische verlieren sich alle Unterschiede und wir haben den Eindruck, mit den Farben unserer Umgebung zu verschmelzen. Es entsteht ein Gefühl von „Auflösung und Einheit.“ Bestünde die Welt nur aus einer Fische-Färbung, wäre sie wohl ziemlich ausdruckslos und undifferenziert und ihrer Vielfalt beraubt.

Wir haben uns nun durch das Mischen unserer Tierkreisfarben schon einige Eigenschaften erarbeitet, die wir den Tierkreiszeichen zuordnen. Das könnte in etwa wie folgt aussehen:

Widder	wild und instinktiv
Stier	verwurzelnd und verwertend
Zwillinge	beweglich und vielfältig
Krebs	schützend / Schutz suchend und geborgen
Löwe	freudvoll und spielerisch
Jungfrau	natürlich und dezent
Waage	offen und interessiert
Skorpion	extrem und leidenschaftlich
Schütze	erhaben und edel
Steinbock	verlässlich und beständig
Wassermann	extravagant und fortschrittlich
Fische	auflösend und verbindend

Sie sind einverstanden? Wenn Sie möchten, können Sie natürlich noch eigene Begriffe dazu fügen.

Wir möchten Sie nun anregen, Ihre Bilderwelt assoziativ zu erweitern. Gemeinsam wollen wir überlegen, wie wir aus den Farben des Tierkreises auf mögliche Kleidung für die einzelnen Tierkreiszeichen schließen können. Nehmen Sie die Übersicht zur Hand und versuchen Sie, den unten stehenden Beschreibungen von Kleidungsstilen jeweils eines der Tierkreiszeichen zuzuordnen.

Sieh mich an – welches Tierkreiszeichen bin ich?

[1] Meine Kleidung soll mich umschmeicheln und umfließen – am liebsten wäre mir der Stoff, aus dem die Träume sind, aber der ist schwer zu finden. Deswegen trage ich gern Chiffon, Seide und andere leichte Materialien, die meinen Körper mehr verhüllen als bekleiden. Ich mag keine eng anliegenden Kleidungsstücke, die meine Figur betonen. Meist trage ich mehrere Schichten überei-

nander, und irgendwo weht fast immer ein Stück Stoff hinter mir her, wenn ich mich bewege. Böse Zungen behaupten, ich hätte immer das Gleiche an. Andere sagen, meine Kleider würden ihre Farbe wechseln und jeweils den Farbton meiner Umgebung annehmen, wie bei einem Chamäleon. Aber das ist natürlich Unsinn.

[2] Ich liebe robuste und strapazierfähige Materialien, bequeme und unkomplizierte Schnitte. Meine Kleidung muss schon ein bisschen was aushalten können. In Jeans und Leder fühle ich mich sauwohl. Am liebsten trage ich Kleidungsstücke, die sich wie eine zweite Haut anfühlen, so dass ich gar nicht mehr merke, dass ich etwas anhabe. Ich werfe erst dann etwas weg, wenn es mir schon vom Körper abfällt. Deswegen ziehe ich auch fast immer das Gleiche an – da muss ich morgens nicht lange überlegen. Außerdem schlafe ich ohnehin oft in meinen Klamotten, da bin ich für alles gewappnet. Man weiß ja nie, was einen mitten in der Nacht aus dem Schlaf reißt!

[3] Ich lasse mir meine Kleidung gern nach Maß anfertigen – ich verabscheue alles, was von der Stange kommt. Irgendetwas stimmt da ja doch nie, entweder ist die Farbe falsch oder der Schnitt oder das Material. Sicher, das kostet mich eine Menge Geld, aber man darf halt nicht am falschen Ende sparen. Mir ist wichtig, dass ich immer gut angezogen bin, aber es muss auch bequem sein, gut sitzen und darf nirgends kneifen. Deswegen habe ich mir einen guten Schneider gesucht. Wenn ich einmal etwas in einem Geschäft kaufen muss, nehme ich immer meine Imageberaterin mit. Die weiß genau, was mir gut steht und wie ich mich ins beste Licht setzen kann. Für einen guten Stoff jette ich auch gern mal zwei Tage nach Italien – in Mailand gibt es einfach die besten Tuchhändler!

[4] Qualität und Haltbarkeit sind bei der Kleidung oberste Priorität für mich. Mein Kleidungsstil? Eindeutig konservativ. Ich mag klassische Schnitte und Stoffe von guter, strapazierfähiger Qualität. Eine gerade Linienführung und vor allem keine überflüssigen Verzierungen. Struktur und Form sind mir sehr wichtig. Was ich überhaupt nicht mag, sind Reißverschlüsse, die nicht funktionie-

ren oder dünne Stoffe, die schon nach kurzer Zeit abgewetzt sind. Kleidung muss schon etwas aushalten, ich kann mich ja schließlich nicht ständig damit befassen, neue Sachen zu kaufen. Ich will morgens meine Kleiderschrank aufmachen, hineingreifen und mich darauf verlassen können, dass jedes einzelne Stück in Ordnung ist.

[5] Was heißt hier, ob ich mich nach der Mode kleide? Ich *mache* die Mode. Wenn ich eine neue Kombination zusammenstelle, läuft am nächsten Tag ja doch gleich jeder so herum wie ich. Und weil ich das überhaupt nicht leiden kann, so gekleidet zu sein wie alle anderen, muss ich mir immer wieder etwas Neues einfallen lassen. Ich kann Ihnen sagen, das ist ganz schön anstrengend! Doch seit letzter Woche habe ich was Tolles gefunden, was mir bis jetzt noch keiner nachgemacht hat. Ich beziehe meine Schuhe immer mit ein paar Seiten aus einem Krimi und lackiere sie dann mit klarem oder halbtransparentem Lack. Sieht toll aus, und ich hab immer was zu lesen dabei, wenn mir beim Warten an der Supermarktkasse langweilig wird. Genial, oder?

[6] Ich liebe die Abwechslung – deswegen fehlt in meinem Kleiderschrank auch kaum eine Farbe. Meine Lieblingsmuster sind Streifen aller Art, und ich mag geometrische Schnitte. Die Stoffe müssen leicht und luftig, sein, fröhlich im Wind flattern und dürfen mich nicht einengen. Es kommt durchaus des Öfteren vor, dass ich mich mehrfach am Tag umziehe, weil mir mein morgendliches Outfit für den Nachmittag nicht mehr passend erscheint, und ich abends nochmals Lust auf etwas Anderes habe. Beim Kleiderkauf achte ich vor allem darauf, dass man die Sachen nicht unbedingt bügeln muss. Ich bin viel unterwegs und lebe häufig aus einem Koffer – da muss die Kleidung schon entsprechend unkompliziert sein.

[7] Mich auf einen einzigen Stil festlegen zu wollen, wäre dilettantisch. Ich bin ziemlich verwandlungsfähig, was meine Kleidung angeht. Allerdings gibt es häufig längere Phasen, wo ich mich ganz und gar auf einen Stil einlasse. Augenblicklich steh ich voll auf Schwarz. Kann zwar schon mal vorkommen, dass sich ein farbiges

Accessoire dazwischen mischt, aber höchstens, um einen Akzent zu setzen. Ich hab kürzlich ziemlich viel abgenommen, damit ich endlich wieder Figur zeigen kann. Zurzeit trage ich fast jeden Tag das Gleiche – ich hab mir mein Lieblingsoutfit direkt in dreifacher Ausfertigung gekauft. Außerdem hab ich gerade eine Schwäche für schöne Unterwäsche. Ich kann an keinem Laden für Dessous vorbeigehen, ohne mir welche zu kaufen. Wahrscheinlich bräuchte ich zwei Monate lang nicht waschen und könnte trotzdem jeden Tag eine frische Garnitur anziehen.

[8] Ich nähe alle meine Kleider selbst – ich habe schließlich keine Lust, mich jedem Modetrend zu unterwerfen. Meine Stoffe kaufe ich ausschließlich in dem Tuchladen unseres Dorfes. Ich kenne den Besitzer und weiß, dass er nur ökologisch einwandfreie Ware führt. Kleider müssen für mich vor allem praktisch sein – ich hasse unnötige Schnörkel. Ich achte vor allem darauf, dass meine Kleidungsstücke problemlos miteinander kombinierbar sind, damit ich bei jeder Gelegenheit passend gekleidet und für alle Lebenslagen gerüstet bin. Meine Lieblingsmuster? Petits-Fleurs und Karos. Mein Lieblingsstil? Der britische Country-Look. Das sind klassische Muster und Stile, die man immer tragen kann. Deswegen brauche ich auch selten etwas Neues und muss nicht unnötig Geld zum Fenstern hinauswerfen.

[9] Was ich mir das letzte Mal etwas Neues gekauft habe? Weiß ich nicht. Ich hasse neue Sachen. Es dauert einfach ewig, bis ich mich daran gewöhnt habe. Meine alten Sachen haben genau die Farbe und Form, die ich mag, und sind so schön kuschelig. Außerdem haben neuerdings alle Sachen, die man kaufen kann, wieder Reißverschlüsse, das mag ich gar nicht. Deswegen geh ich lieber in den Second-Hand-Laden oder auf den Trödel. Doch am allerliebsten ist es mir, wenn ich Sachen von meiner Schwester erbe. Die hat einen ganz ähnlichen Geschmack wie ich und die gleiche Größe. Ich hab auch noch ein paar alte Erbstücke von meiner Großmutter, in denen fühl ich mich pudelwohl. Die darf man zwar nicht in die Waschmaschine stecken, aber davon bin ich ohnehin kein Freund. Es reicht doch im Allgemeinen, die Kleider

gut zu lüften. Ansonsten fühlen Sie sich schon bald nicht mehr so gut an und verlieren ihren vertrauten Geruch – die riechen dann immer so chemisch.

[10] Was ich am liebsten anziehe? Oh, das ist schwer zu sagen, ich experimentiere eigentlich jeden Tag neu. Mein Kleidersortiment ist ziemlich groß, und ich hab totalen Spaß daran, immer wieder neue Kombinationen zu finden. Derzeit stehe ich auf Hüte. Die lassen sich herrlich kombinieren und damit fällt man immer auf. Ich hab ein Hutgeschäft entdeckt, der auch Spezialanfertigungen macht – ganz nach meinen Wünschen. Am liebsten würde ich mir meine Sachen selbst anfertigen, aber Nähen ist mir zu kniffelig. Eine Freundin von mir kann allerdings ganz gut nähen, der leg ich dann schon mal meine Entwürfe vor, und sie setzt es um. Vielleicht sollte ich doch noch Designerin werden?!

[11] Ich finde, man muss sich schon ein bisschen Mühe geben, wenn es um Kleidung geht. Schließlich machen Kleider Leute, und man zeigt damit, wes Geistes Kind man ist. Deswegen mag ich auch keine Extreme. Mit einem gut geschnitten Outfit in angenehmen Farben macht man nie etwas falsch. Nicht auszudenken, irgendwo auf eine Party zu gehen und völlig aus dem Rahmen zu fallen! Man sollte schon immer ein bisschen darauf achten, wem man möglicherweise begegnet. Schließlich möchte ich niemanden abschrecken. Ich mag gern italienische Mode, die ist elegant und trotzdem unaufdringlich. Meine Lieblingsfarben sind helle Beige- und Brauntöne, die ganze Blaupalette von Rauchblau bis zu Blaugrün. Mein Stil? Elegante Zurückhaltung mit einem Gefühl für Zwischentöne.

[12] Ich trage gern natürliche Stoffe, die sich gut anfühlen; Hanf und Baumwolle sind meine Lieblingsmaterialien. Ich muss mich vor allen Dingen wohl fühlen in meiner Kleidung, aber gut aussehen soll es natürlich auch. Deswegen habe ich auch lange nach dem richtigen Stil für mich gesucht. Und nachdem ich ihn dann endlich gefunden hatte, bin ich auch dabei geblieben. Ich bin froh, dass ich jetzt keine Experimente mehr machen muss, sondern weiß, was mir steht. Irgendwie halten bei mir alle Sachen ewig –

wahrscheinlich, weil ich auf gute Qualität achte. Deswegen werfe ich auch selten etwas weg, manchmal ändere ich alte Kleidungsstücke ab und verwerte zumindest den Stoff. Heutzutage gibt es ja selten noch wirklich gute Stoffe zu kaufen.

Auflösung der Übung
[1] Fische – [2] Widder – [3] Schütze – [4] Steinbock – [5] Wassermann – [6] Zwillinge – [7] Skorpion – [8] Jungfrau – [9] Krebs – [10] Löwe – [11] Waage – [12] Stier

Zeichen und Formen

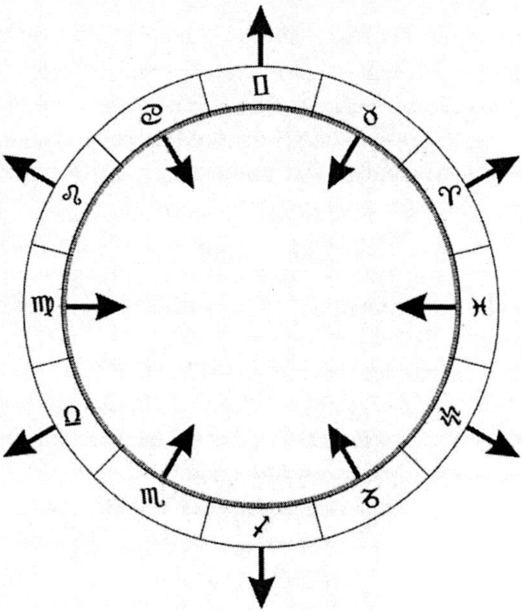

Ausrichtung der Zeichen

Die Zeichen werden nicht nur in Elemente und Qualitäten eingeteilt, sondern auch nach der Ausrichtung ihrer Energie: Es gibt Zeichen, die sich eher auf ihre Umwelt richten, von sich fort weisen und sich *nach außen* bewegen, und es gibt Zeichen, die sich eher *nach innen* wenden, sammelnden, bewahrenden und konzentrierenden Charakter haben.

- Nach außen gerichtet sind: Widder, Zwillinge, Löwe, Waage, Schütze, Wassermann.
- Nach innen gerichtet sind: Stier, Krebs, Jungfrau, Skorpion, Steinbock, Fische.

Wie man sieht wechseln sich die Zeichen in der Reihenfolge des Tierkreises in ihrer energetischen Ausrichtung ab: auf ein Zeichen mit einer Ausrichtung *nach außen* folgt eines mit einer Ausrichtung nach innen.

Die Elemente-Energie

Wenn man genau hinsieht, kann man feststellen, dass alle Zeichen mit Ausrichtung *nach außen* die Gruppe der Feuer- und Luftzeichen umfassen, und die Zeichen mit der Ausrichtung *nach innen* die Gruppe der Wasser- und Erdzeichen.

Feuer- und Luftzeichen teilen sich deshalb das Symbol für die Ausrichtung nach außen: das Dreieck, das mit der Spitze nach oben zeigt. Wasser- und Erdzeichen werden hingegen mit dem Symbol für die Ausrichtung nach innen gekennzeichnet: das Dreieck, das mit der Spitze nach unten zeigt.

Während Feuer und Wasser die Reinform der Energien verkörpert die nach außen oder nach innen streben, besitzen Luft und Erde eine weitere Eigenschaft: sie tendieren dazu, sich im Raum waagrecht auszubreiten: Luft oben und Erde unten. Deshalb haben die Zeichen für Luft und Erde einen horizontalen Querstrich.

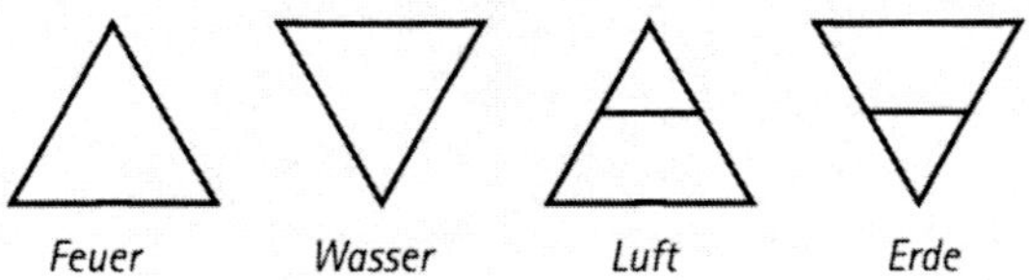

Zusammenfassend können wir sagen: Die Elemente entsprechen nicht nur bestimmten Farben, sondern auch bestimmten Arten, wie sich Energie im Raum bewegen kann:

- Feuer strebt nach außen und nach oben.
- Wasser strebt nach innen und nach unten.
- Luft strebt nach außen und steigt auf und dehnt sich in alle Richtungen aus.
- Erde wendet sich nach innen, steigt ab und verteilt sich waagrecht im Raum.

Die formende Kraft der Qualitäten

Die drei Qualitäten entsprechen drei Kräften, die den Energien der Elemente Form und Gestalt geben:

- Das Kardinale richtet ein Element auf einen Punkt aus – wie ein Pfeil, der ein bestimmtes Ziel anvisiert. Es beschleunigt die Energie und bündelt sie.
- Das Fixe erschafft einen begrenzten Ort, auf den sich die Energie eines Elementes konzentriert – wie um den Mittelpunkt eines Kreises. Es stabilisiert die Energie und bindet sie.
- Das Bewegliche ist die freie Ausrichtung in alle möglichen Richtungen – wie sich die Ringe auf der Oberfläche des Wassers um einen Steinwurf immer weiter ausdehnen. Es löst die Energien wieder aus ihren Formen und verteilt sie.

Wenn die Elemente auf die Qualitäten treffen, dann verbindet sich ihre Energie mit formgebenden Kräften – und so entstehen bestimmte, für jedes Tierkreiszeichen typische Gestalten:

Widder-Formen streben nach oben, nach außen und in die Ferne – wie ein Finger, der auf einen hinter dem Horizont liegenden Punkt zeigt und die Bewegungsrichtung angibt.

Widder-Formen bündeln unsere Aufmerksamkeit in eine Richtung, machen sie messerscharf, wie die Spitze eines Kegels oder einer Pyramide, wie eine Nadel oder eine Speer. Sie können etwas Verletzendes haben und können uns gefährlich erscheinen, zugleich aber vermitteln sie Durchsetzungskraft und Stärke.

Stier-Formen wenden sich nach innen und nach unten, gehen in die Breite, aber versuchen sich auf einen Ort zu konzentrieren – das Bild eines Gefäßes, in dessen Bauch sich etwas sammeln, aufbewahrt und gespeichert werden kann.

Stier-Formen sind eher rund, umfassend, sie wollen bewahren und festhalten, unterscheiden zwischen einem Innen und einem Außen, zwischen einem Dazugehören und einem Nicht-Dazugehören. Sie vermitteln etwas Beruhigendes und Sicherheit Spendendes, vielleicht auch etwas Langsames und Behäbiges, Ausschließendes.

Zwillinge-Formen steigen auf, verbreiten sich nach außen und strahlen zugleich in alle Richtungen des Raumes – wie die Äste eines Baumes, die sich immer weiter verzweigen und sich nach allen Seiten strecken.

Zwillinge-Formen zeugen von Vielfalt, sie sind Raum ergreifend und suchen den Kontakt mit der Welt. Sie lenken unsere Aufmerksamkeit überallhin, wecken Interesse und haben etwas Lebendiges, Sprudelndes und Bewegliches, aber auch etwas Zerstreuendes, Unstetes und Haltloses.

Krebs-Formen steigen hinab, wenden sich nach innen und richten sich dabei auf einen Punkt aus – wie der Weg in die Mitte eines Labyrinthes oder in das Innere der Erde.

Krebs-Formen sammeln die Aufmerksamkeit und lenken sie nach innen. Sie bergen ein Geheimnis und laden uns ein, darüber nachzudenken und zu meditieren. Ihre Form zeigt sich nicht so sehr in ihrer Gestalt als in ihrer Wirkung auf den Betrachter. Sie vermitteln Ruhe und Geborgenheit, aber auch Versunkenheit und Einsamkeit.

Löwe-Formen streben nach oben und nach außen, versuchen sich jedoch auf einen Ort zu konzentrieren, sich um ein Zentrum zu organisieren – wie eine Feuerstelle, um die herum man sich sammelt, der man sich zuwendet und deren flackerndes Feuer zum Erzählen von Geschichten einlädt.

Löwe-Formen binden die Aufmerksamkeit, halten sie fest. Sie wollen der Mittelpunkt sein und den Betrachter von ihrem Schauspiel begeistern und seine Fantasie anregen. Sie sind haben etwas Strahlendes, Heiteres, wollen aber auch etwas demonstrieren, und dulden keinen Widerspruch.

Jungfrau-Formen breiten sich Schritt für Schritt und gleichmäßig in alle Richtungen des Raumes aus – wie das Muster der Waben in einem Bienenstock oder Äcker, die das Land in überschaubare Einheiten einteilen.

Jungfrau-Formen geht es nicht darum, Raum einzunehmen, sondern Raum zu strukturieren. Sie gliedern sich eine an die andere, fügen sich ineinander, passen sich aneinander an, nutzen den Raum aus, der ihnen gegeben ist, und zwar auf die bestmögliche und sinnvollste Weise. Hier wird kein Platz verschwendet oder bleibt ungenutzt, aber es bleibt auch kein Raum für freien Entfaltung der Kräfte.

Waage-Formen steigen auf, dehnen sich aus und folgen dabei einem Punkt, auf den sie sich ausrichten können – wie der Bug eines Schiffes, der das Wasser teilt und dessen Wellen sich symmetrisch nach links und rechts fortsetzen.

Symmetrie ist das wesentliche Merkmal der Waage-Formen: jede Richtung hat ihr Gegenstück, jede Seite ihre Gegenseite – alles ist ausgewogen, ausbalanciert, sucht die Harmonie durch den Ausgleich. Die Symmetrie ruft das Gefühl von Schönheit im Betrachter wach, kann aber auch Künstlichkeit und in ihrer Makellosigkeit Oberflächlichkeit andeuten.

Skorpion-Formen steigen in die Tiefe und versuchen sich dabei auf einen Ort zu konzentrieren – wie die Treppe zu einem Keller oder der Schacht eines Brunnens, in dem es immer dunkler wird.

Skorpion-Formen richten unsere Aufmerksamkeit in die Tiefe, auf den Ursprung. Sie reduzieren sich auf das Wesentliche, suchen das Einfache, Klare, das, worauf es wirklich ankommt: der Kreis, das Dreieck, das Quadrat – Formen, die nicht mehr weiter zu minimieren sind und der Ursprung der Vielfalt aller anderen Formen genannt werden können.

Schütze-Formen steigen auf und dehnen sich dabei in alle Richtungen aus – wie der Sternenhimmel, der sich über unseren Köpfen wölbt oder die Kuppel eines Domes, der den Himmel nachahmt. Diese Formen lassen unseren Blick erheben, richten unsere Aufmerksamkeit in die Weite und auf das Ferne. Sie sind ausgedehnt, weit und flächig, umfassen alles mit einer mächtigen Gebärde und zerstreuen unsere Aufmerksamkeit nicht, bevor sie nicht die äußerste Grenze des Sichtbaren erreicht haben.

Steinbock-Formen wachsen nach unten, dehnen sich aus und gehen dabei von einem Punkt aus – wie ein Berg, der sich von oben nach unten verdichtet, seine Kraft aus dem starken Fundament und seinem Gewicht schöpft, um in die Höhe dem Gipfel entgegen zu wachsen. Diese Formen sind klar und aufrecht, wurzeln in einer starken Basis und scheinen ein eindeutiges Ziel zu verfolgen – wie eine Straße, ein Weg. Die Linie und das aufrechte Rechteck, das Trapez sind deshalb Steinbock-Formen.

Wassermann-Formen steigen auf und dehnen sich aus, zugleich aber bemühen sie sich auf einen Ort konzentriert zu bleiben. Diese Formen scheinen sich nicht entscheiden zu können, sind eigenwillig, stehen unter Spannung, wollen sich nicht in die Umgebung fügen, sondern stehen im Widerspruch zu ihr, wirken unpassend. Es sind bizarre Formen, gebrochene Formen, Formen, an die sich das Auge erst gewöhnen muss, die keiner Regel folgen, und welche die Aufmerksamkeit nicht zur Ruhe kommen lassen, sondern sie mal hierhin mal dorthin schweifen lassen.

Fische-Formen steigen hinab und breiten sich in alle Richtungen aus – wie Nebel, der sich über Felder senkt und alles einhüllt. Diese Formen haben wenig bis keine Kontur, haben weder ein Zentrum noch eine Grenze, fließen ineinander, gehen ineinander über und mischen sich. Es ist schwer sie festzuhalten und die Aufmerksamkeit findet keinen Halt, um sich zu orientieren.

Übungen

[1] Beobachten Sie beim Lesen der Tierkreisformen, wie sich die Ausrichtung der Energie von Zeichen zu Zeichen abwechselt, mal nach außen gerichtet ist und mal nach innen zeigt. Versuchen Sie dem nachzuspüren und dies zu verinnerlichen.

[2] Vielleicht finden Sie Gegenstände in Ihrer Umgebung, die den Formen des jeweiligen Tierkreiszeichens entsprechen. Wie fühlen sich diese an? Welche Assoziationen treten auf?

[3] Man spricht auch im Zusammenhang mit dem Wesen eines Menschen von Formen, z.B. von „Ecken und Kanten“, von „Profil“ usw. Überlegen Sie: Welche Eigenschaften auf der Ebene des menschlichen Charakters könnten die einzelnen Tierkreiszeichen-Formen haben?

Zwischenbilanz

Durch das Betrachten der den Tierkreiszeichen entsprechenden Formen haben wir weitere Eigenschaften sammeln können, die zu jedem Tierkreiszeichen gehören. Wir wollen unsere Liste von Seite 44 hier weiter vervollständigen:

Widder	wild und instinktiv; aufstrebend, durchsetzungsfähig, stark und gefährlich
Stier	verwurzelnd und verwertend; beruhigend, Sicherheit spendend, behäbig, ausschließend
Zwillinge	beweglich und vielfältig; lebendig, sprudelnd, zerstreuend/zerstreut, und unstet
Krebs	schützend / Schutz suchend und geborgen; ruhig, besinnlich, versunken, einsam
Löwe	freudvoll und spielerisch; strahlend, heiter, demonstrativ und dominant
Jungfrau	natürlich und dezent; sich einfügend, effektiv, ökonomisch, zweckorientiert
Waage	offen und interessiert; symmetrisch, ausgewogen, makellos, künstlich
Skorpion	extrem und leidenschaftlich; tiefgründig, minimalistisch, einfach, rein
Schütze	erhaben und edel; ausgedehnt, umfassend, weit, grenzüberschreitend
Steinbock	verlässlich und beständig; klar, aufrecht, geradlinig, reduziert
Wassermann	extravagant und fortschrittlich; eigenwillig, spannungsgeladen, nicht fügsam, bizarr
Fische	auflösend und verbindend; konturlos, fließend, ineinander übergehend, haltlos

Landschaften und Bilder

Aus Farben und Formen werden Gestalten, welche die Eigenschaften der einzelnen Tierkreiszeichen abbilden können. Vielleicht ist Ihnen ohnehin schon so ergangen, dass Sie vor Ihrem geistigen Auge viele Bilder entwickelt haben, während Sie sich in die Farben und Formen versenkt haben. Wahrscheinlich haben Sie schon ein richtig gutes intuitives Gespür für die einzelnen Zeichen entwickelt, das danach drängt, ausprobiert zu werden!

Die folgende Übung bietet Ihnen eine solche Gelegenheit. Hier geht es darum, sich Landschaften vor dem geistigen Auge vorzustellen. Vielleicht lesen Sie die Texte zu den einzelnen Landschaften laut vor oder bitten jemanden, sie für Sie vorzulesen. Sie können sie sich auch aufnehmen und sich diese dann in meditativer Stimmung anhören. Wichtig ist uns, dass Sie sich ganz auf die Bilder einlassen, die aus Ihrem Inneren auftauchen. Spüren Sie in die Bilder hinein und lauschen Sie, was sie Ihnen zu sagen. Vielleicht werden Sie entdecken, dass die eine oder andere Landschaft sich nicht nur einem Zeichen zuordnen lässt. Das liegt daran, dass es deutliche Verwandtschaften zwischen den Zeichen gibt, die solche Ähnlichkeiten zulassen. Doch es geht bei dieser Übung nicht darum, etwas „richtig" zu erraten oder eine Lösung zu finden. Es geht darum, dass Sie die Bilder zu sich sprechen lassen. Falls Sie eines oder mehrere besonders anspricht, dann können Sie sich tiefer mit dem Tierkreiszeichen befassen, welches Sie damit verknüpfen. Möglicherweise hat es Ihnen etwas Wichtiges zu sagen.

[1] Sie gehen durch einen Wald, immer tiefer und tiefer bahnen Sie sich Ihren Weg durch das Unterholz. Gerade als Sie sich im unzugänglichsten Dickicht des Waldes befinden, stoßen Sie auf einen Teich, dessen Ufer üppig bewachsen ist. Am Rand liegen weiche, bemooste Steine. Sie gehen näher und finden auf einmal den Eingang einer Höhle, die Sie einlädt sie zu betreten. Warme, feuchte Luft schlägt Ihnen entgegen, und es ist, als würden Sie das Innere der Erde betreten...

[2] Sie sehen vor sich eine unwirtliche, von der Glut der Sonne versengte Landschaft, die auf den ersten Blick kein Anzeichen von Leben zu offenbaren scheint. Es herrscht große Dürre, möglicherweise hat sogar ein Feuer die Erde verbrannt ... und doch! Wenn Sie genau hinschauen, kommt hier und da aus der verbrannten Erde frisches, neues Grün zum Vorschein. Noch sind es ganz zarte, kleine Spitzen, doch schon bald....

[3] Sie befinden sich auf einer Wanderung und kommen in gebirgiges Gelände. Sie steigen hoch und immer höher, bis Sie sich schließlich in einer karstigen Felsenlandschaft befinden. Wenn Sie noch weiter hinaufgehen, kommen Sie an die Grenze zu Eis und Schnee, dort, wo nur noch Fichten und Tannen wachsen, nur mehr Moose und Flechten den Felsen hier und da bedecken.

[4] Sie stehen an Deck eines großes Kreuzers und sehen, wohin das Auge reicht nur Wasser.... Hier und da tauchen aus einem Dunstschleier aus Wassertröpfchen und Nebelschwaden vereinzelte Inseln auf. Am Ufer der Inseln glitzern Korallenriffe und locken Ihr Auge in das Reich der Tiefe des unendlichen Meeres.

[5] Vor Ihrem inneren Auge entfaltet sich eine liebliche, fruchtbare Ackerlandschaft, über die Ihr Auge hinwegschweift. Weiter am Horizont sehen Sie grüne, saftige Weiden und Blumenwiesen auf sanft geschwungenen Hügeln. Über den Hügeln wölbt sich ein blauer Himmel mit vereinzelten Schäfchenwölkchen.

[6] Aus einem Hubschrauber blicken Sie auf eine lichte und helle Landschaft unter sich. Durch Wald, Wiesen und Hügel ziehen sich Wege und Straßen. Sie folgen Ihnen und gelangen von Ort zu Ort, zu größeren Städten. Wie ein Netz aus Adern ziehen sich die Verbindungswege durch das Land. Jede Abzweigung hat ein neues Ziel, folgt einer neuen Richtung.

[7] Sie stehen auf der Spitze eines Berges und vor Ihren Augen eröffnet sich ein überwältigender Ausblick hinab ins Tal. Scheinbar endlos erstrecken sich Wälder, Wiesen, Flüsse. Das Tal öffnet sich zum Horizont hin in eine Ebene, die sich bis in den Himmel zu ziehen scheint. Die Trennung zwischen Erde und Himmel scheint aufgehoben zu sein, schon erkennen sie die Grenzen nicht mehr. Fasziniert bleiben Sie stehen und schauen zu, wie die Dämmerung über das weite Tal hineinbricht und am weiten Himmel die Sterne hervorblitzen.

[8] Sie haben einen langen Tagesmarsch zu Fuß hinter sich, und kommen zur Dämmerung an ein Moor, eine Sumpfgegend. Es ist höchste Vorsicht angesagt – langsam, ganz langsam und vorsichtig

tasten Sie sich auf dem Weg voran. Ein falscher Schritt – und Sie fallen in den Sumpf. Hochkonzentriert setzen Sie Ihren Weg fort, blicken der Gefahr unter sich ins Auge und bahnen sich ihren Weg durchs Moor...

[9] Sie sind in Afrika, in der Savanne. Über dem flachen, weiten Land brennt die Sonnenglut. Die Luft flirrt vor Hitze. So weit Ihr Auge reicht, nichts als Savanne – Sand, vereinzelte Gräser und wenige, mächtige Bäume, deren olivfarbenes Grün in den blauen, wolkenlosen Himmel ragt. Im dünnen Schatten eines Baumes, leicht erhöht, sehen Sie eine Katzenfamilie – Geparden. Ihr gepunktetes, flachsgoldenes Fell hebt sich kaum von dem der Erde ab, doch Sie erkennen vier Katzen, die räkelnd im Schatten liegen und dösen. Die Savanne atmet Ruhe und Kraft aus jeder Pore.

[10] Stellen Sie sich vor, dass Sie in einem Park lustwandeln. Die Parkanlage ist höchst geschmackvoll und ästhetisch, von künstlerischer Hand gestaltet. Zwischen gepflegten Büschen, Sträuchern und Bäumen erstrecken sich mit Blumenrabatten verzierte Grasflächen. An herausragenden Punkten stehen Kunstwerke – Skulpturen aus Stein, Marmor und Granit. Überall flanieren gut gekleidete Menschen, die sich angeregt unterhalten. Alles strahlt eine gelassene Heiterkeit und Begegnungsfreude aus.

[11] Sie stehen in einer bizarren Landschaft, die Sie noch nie zuvor gesehen haben. Sie erinnert ein wenig an Bilder von der Mondlandung. Silbrig-grau erheben sich zerklüftete Felsen und runde sowie zackige Formen. Das Licht schimmert wie Perlmutt und wirkt wie die Beleuchtung in einem Fotostudio. Mit Verwunderung bemerken Sie, dass Sie drei verschiedene hellgraue Schatten in verschiedene Richtungen werfen. Sie blicken zum Himmel, über den sich ein grausilbriger Schleier zieht, aus dem einzelne Lichter skurril hervorblitzen.

[12] Sie stehen auf einem Getreidefeld, auf parzelliertem Land, das sich wie Bienenwaben bis zum Horizont erstreckt. Vor ihren Augen wogt der Weizen im Sonnenlicht, goldgelb und einladend. Ein Bauer nähert sich dem Feld mit seinem Trecker. Weiter hinten

sehen Sie Erntemaschinen und Mähdrescher sich nähern. Die Zeit ist reif.

Wenn Sie wissen möchten, welche Landschaft wir mit welchem Tierkreiszeichen verbinden, dann finden Sie hier unsere Vorschläge:

[1] Krebs – [2] Widder – [3] Steinbock – [4] Fische – [5] Stier – [6] Zwillinge – [7] Schütze – [8] Skorpion– [9] Löwe – [10] Waage – [11] Wassermann – [12] Jungfrau

Sollten Sie andere Zuordnungen gefunden haben, muss dies nicht „falsch“ sein, aber es lohnt sich vielleicht darüber nachzudenken, was wir anders wahrgenommen haben als Sie.

Stimmungsbilder malen

Als abschließende Übung zum Tierkreis möchten wir Sie einladen, Ihre ganz persönlichen Tierkreiszeichen-Stimmungsbilder zu malen. Dies kann in Form eines tatsächlich gemalten Bildes sein, in Form einer Collage aus Farbschnippseln, in Form eines Gedichtes, eines Liedes, eines Fotos oder auch nur einer Farbe und einer Form. Erschaffen Sie sich im Laufe der nächsten Tage, Wochen, Monate *Ihren* ganz persönlichen Tierkreis. Seien Sie kreativ, seien Sie schöpferisch – werden zum Meister der Bilder, seien Sie ein Künstler! Und Sie wissen ja: Es gibt nichts „Richtiges“ oder „Falsches“. Ihre Intuition hat immer Recht!

Zusammenfassung

Aus unseren Tierkreislandschaften und den von Ihnen gestalteten Stimmungsbilder lassen sich weitere Eigenschaften ableiten, die wir in unsere Liste von Eigenschaften zum Tierkreis mit aufnehmen können. Aber auch Sie selbst haben sicherlich schon das Eine oder Andere über die Eigenschaften der Tierkreiszeichen gehört oder gelesen. Auch diese Begriffe dürfen Sie in Ihre Übersichtsliste mit aufnehmen. Bleiben Sie dabei immer bei Eigenschaften, also bei Adjektiven, denn Sie wissen ja bereits: Der Tierkreis drückt *Färbungen* aus, er färbt die Häusern und Planeten ein, verleiht ihnen einen bestimmten *Anstrich*, eine *Stimmung*, ein *Kleid*. Machen Sie sich eigene Notizen, bevor Sie sich abschließend unseren Vorschlag einer Liste von Eigenschaften zu jedem Tierkreiszeichen durchlesen. Wir haben die Begriffe dabei nach eher negativ bzw. eher positiv empfundenen Eigenschaften sortiert.

Wenn Sie wissen wollen, welche Eigenschaften wir gefunden haben, dann finden Sie unsere Liste im Anhang in der Werkzeugkiste.

Eine Fantasiereise durch den Tierkreis

Nun lehnen Sie sich zurück, schließen Sie die Augen und lassen sich von uns auf eine Reise durch den Tierkreis entführen. Während wir in den vorangehenden Abschnitten stärker die Betonung auf die einzelnen Zeichen gelegt haben, zeigen wir Ihnen hier, wie sich ein Zeichen aus dem anderen entwickelt – so wie die Jahreszeiten ineinander übergehen und den Jahreskreis bilden. Immer schon waren die natürlichen Veränderungen in der Natur, wie sie über das Jahr hinweg das Leben der Menschen bestimmten und bestimmen (früher vielleicht mehr als heute), Vorbild für die Eigenschaften und Merkmale, die wir heute mit den Tierkreiszeichen verbinden. Diese Perspektive bringt viele der Bilder, die Sie bereits intuitiv geschaut haben, noch einmal in einen anderen Zusammenhang, der weitere Details offenbart und verstreutes Wissen sammeln und einordnen hilft.

Am besten, Sie lassen sich diese Reise vorlesen oder Sie nehmen sie sich auf, um sich gemeinsam mit anderen Reiselustigen auf den Weg zu machen …

Widderphase, es ist März

Es ist die Zeit des Aufbruchs in der Natur, überall beginnt es zu grünen, Keimlinge bahnen sich ihren Weg ans Licht. Der Frühling beginnt. Tage und Nächte sind gleich lang, und mit jedem Tag nimmt das Licht zu.

Stell dir vor, ein junges Pflänzchen zu sein, das den Winter als Samenkorn unter der Erde verbracht hat. Mit deinem Kopf stößt du nun gegen das Erdreich. Noch ist es hart und unbeugsam, doch schon bald zieht sich der Frost aus der Erde zurück und sie wird weicher werden. Solange musst du kämpfen. Es ist deine Aufgabe, geboren zu werden, dafür zu sorgen, dass das Leben wieder auf die Erde zurückkehrt. Du hörst nicht auf, gegen das Erdreich über dir zu stoßen, so lange, bis es nachgibt. Du spürst die Kraft des erwachenden Lebens in dir.

Stierphase, es ist April

Die Erde hat ihre letzte Härte verloren und ist nun weich und durchlässig. Die heranwachsenden Pflanzentriebe verwurzeln sich im Erdreich auf der Suche nach Stabilität.

Stell dir nun vor, dass du eine junge Pflanze bist, die Wurzeln schlägt. Du spürst, wie du dich mehr und mehr mit dem Erdboden verbindest und an Halt und Sicherheit gewinnst. Unter der Erde triffst du auf die Wurzeln anderer Pflanzen und gemeinsam findet ihr noch mehr Halt. Hungrig und durstig ziehst du Wasser und Nährstoffe aus dem Boden. Du spürst wie eine warme wohl schmeckende Flüssigkeit durch deinen Hals in deinen Körper läuft. Dein Hals wird warm und du spürst den erdigen Geschmack guter Nahrung.

Zwillingephase, es ist Mai

Die Pflanzen sind herangewachsen, die frische Luft erwärmt sich. Überall wimmelt es von neuem Leben.

Stell dir nun vor, dass du ein Strauch bist, der sich verzweigt. Du reckst deine Äste in den Wind, der Sonne und dem Himmel entgegen. Spüre in deinen Armen und Schultern wie beweglich du bist, wie du dich ausbreiten und verlängern kannst. Hebe nun ganz langsam deine Arme und lass wie wachsen wie ein Strauch oder ein Baum. Pause.

Spüre wie du Informationen über deine Äste erhältst. Sie sind wie feine Antennen, die mit ihrer Umgebung kommunizieren. Eine Biene kommt geflogen und setzt sich auf eine deiner Blüten. Sie nimmt Kontakt mit dir auf. Schau, was sie dir sagen will.

Krebsphase, es ist Juni

Der Hochsommer ist eingekehrt, der längste Tag des Jahres läutet die Sommersonnenwende ein. Die Zeit des Wachstums ist vorbei. Von nun an richtet sich die Energie wieder nach innen.

Stell dir vor, ein Strauch zu sein, dessen Blütephase vorüber ist. Du bist von einer Biene bestäubt worden und bist nun damit beschäftigt, Früchte und Samen auszubilden. Spüre die Kraft der inneren Konzentration, die Konzentration auf die innere Lebenskraft in die, auf das Unsichtbare. Richte deine Aufmerksamkeit auf deinen Bauch, auf dein Gefühl. Hier sitzt dein inneres Wissen, deine innere Führung. Wenn du einmal nicht weißt, wie du dich entscheiden sollst, besinne dich auf deinen Bauch. Er wird dir die Antwort sagen. Gibt es etwas, das du jetzt wissen möchtest? Dann horche einen Augenblick in dich hinein, werde ganz still.

Löwephase, es ist Juli

Die Zeit der inneren Konzentration trägt ihre Früchte. Überall prangen sie an den Bäumen und leuchten in den schönsten Farben. Der Weizen glänzt golden in der Sonne. Die Luft ist warm, die Sonne brennt heiß.

Stell dir nun vor, ein stolzer Baum zu sein, der hoch in den Himmel ragt und seine Früchte golden zur Schau stellt. Wenn ein Kind vorüber geht, beugst du deine voll bepackten Äste ein wenig herab, damit es sich an dir bedienen kann. Großzügig verteilst du deine Schätze. Spür die Freude, die es dir bereitet, deine Erzeugnisse zu verschenken, von Herzen zu geben und dein Licht leuchten zu lassen. Spüre, wie dein Herz sich vor Liebe weitet.

Jungfrauphase, es ist August

Die Zeit der Ernte ist gekommen. Nun darf nichts mehr verschenkt werden, die Fülle neigt sich ihrem Ende, und ein langer Winter steht bevor. Jetzt heißt es arbeiten und haushalten.

Du bist immer noch der Baum, der voller Früchte hängt. Um dich herum wird es nun geschäftig. Überall sind Erntehelfer zugange, die auch die letzte Frucht von deinen Ästen holen. Überall herrscht Fleiß und Sorgfalt vor. Du siehst, wie eingekellert und eingekocht wird, wie die Früchte deines Schaffens sorgsam verarbeitet werden. Spüre in deinen Körper das Zentrum der Verarbeitung, deinen Unterbauch mit deinem Darm. Vielleicht kannst du fühlen, wie er für dich arbeitet, sich bewegt und Verdauungssäfte produziert. Hier ist dein Erntezentrum. Schenke ihm einen Augenblick deine Aufmerksamkeit und deinen Dank für all die Arbeit, die es für dich leistet.

Waagephase, es ist September

Die Ernte ist vorüber, noch einmal dürfen wir die Leichtigkeit des ausklingenden Sommers feiern. Die Natur zeigt sich von einer ihrer schönsten Seiten – es ist Herbstanfang. Von nun an werden die Tage wieder kürzer.

Stell dir vor, ein prächtiger Baum im goldenen Blätterkleid zu sein, das sich langsam rötlich verfärbt. Du kleidest dich noch einmal in den prächtigsten Farben, erstrahlst im goldenen Sonnenlicht. Deine Schönheit ist weithin sichtbar. Menschen gehen spazieren und schauen dich an, suchen deine Nähe, heben deine Blätter auf. Sie suchen das Gleichgewicht, die Harmonie, die du verstrahlst. Spüre das Zentrum des Gleichgewichts in deinem Körper. Spüre die Harmonie in dir. Auch du hast ein natürliches Kleid, in dessen Glanz du erstrahlen kannst – deine Haut. Sie spiegelt zu jeder Zeit dein inneres Gleichgewicht wieder. Was spiegelt sie dir jetzt, in diesem Augenblick?

Skorpionphase, es ist Oktober

Die Natur nimmt Abschied. Es liegt ein Fallen und ein Versinken in der Luft, ein Sog nach unten in die Tiefen der Erde.

Du bist immer noch der prächtige Baum in seinem Blätterkleid, das nun merklich karger wird. Mit jedem Blatt, das von dir fällt, spürst du den Abschied, den Rückzug in dir. Du weißt, dass es Zeit ist, zur Ruhe zu kommen, loszulassen, um später wieder neu geboren zu werden. Doch wie jeder Abschied so fällt auch dieser nicht leicht. Du siehst wie dein einstmals schönes Blätterkleid auf dem Boden unter dir liegt und verrottet, sich langsam in Erde verwandelt. Um dich herum wandeln Menschen im Nebel – sie besuchen ihre Ahnen an ihren Grabstätten und gedenken der Verstorbenen und des Todes. Wie du, so spüren auch sie den Tod und das große Loslassen, den Prozess des Ausscheidens alter Schlacken. Besinne dich einen Augenblick auf deine Ausscheidungsorgane, auf die Teile deines Körpers, die dich von Altem und Verbrauchtem befreien.

Schützephase, es ist November

Dies ist die Phase der längsten Nächte. Die Natur liegt brach, die Erde bietet dem Auge nichts. Nun zieht es unseren Blick gen Himmel.

Sieh dich als Baum mit kahlen schwarzen Ästen, die in den blauen Himmel ragen. Am Tag bilden sie einen wunderschönen Kontrast zum Himmel, in der Nacht verschmelzen sie mit seinem Schwarz zu einer Einheit. Zwischen deinen Ästen siehst du nun, da sie ihres Blattwerks ledig sind, die Sterne blinken. Sie verleihen dir Hoffnung und Zuversicht. Auch die Menschen entzünden Lichter in ihren Häusern und ihren Herzen – es ist Advent. Mit großen Schritten streben auch sie zum Himmel, zum Himmlischen, zum Göttlichen. Spür nun die Kraft in deinem Körper, die dich voranträgt, die es auch dir ermöglicht, nach oben zu streben. Spüre die Kraft in deinen Beinen und Oberschenkeln, die dich dorthin tragen, wo du es wünschst.

Steinbockphase, es ist Dezember

Es ist Wintersonnenwende. Im tiefsten Winter, in der Zeit größter Kargheit, Kälte und Entbehrung erscheint ein Licht, das uns zum Durchhalten einlädt. Das Licht des wachsenden Tages.

Du bist immer noch ein Baum mit kahlen schwarzen Ästen, du bist ein Skelett, du bist nackt, du bist auf das Wesentliche reduziert. Dein Stamm und deine Äste, alles, was dir jetzt noch bleibt, ist dein Kern, dein innerer Halt, deine Stabilität.

Besinne dich nun auf den Halt in deinem menschlichen Körper – dein Knochengerüst. Selbst in Zeiten großer Sparsamkeit, großer Genügsamkeit, wenn deine Fettreserven schmelzen oder du dich fastend von ihnen befreist, selbst dann bleibt etwas an dir immer noch bestehen, ist von Dauer. Nichts Materielles ist für die Ewigkeit geschaffen, doch gibt es Dinge, die länger Bestand haben als andere. Über diese werden wir uns nun bewusst.

Wassermannphase, es ist Januar

Krachendes Eis. Schlittschuhlaufende Kinder. Skifahren. Gleißende Sonne auf weißem Schnee. Bilder wie aus Glas – hell, transparent und klar.

Du bist immer noch der große Baum und fühlst dich wie ein Teil eines Gemäldes, eines Wintermärchens aus Schnee und Kristall. Kühl, frisch und klar überblickst du das Treiben um dich herum. Du schaust von oben auf die weiße Welt unter dir herab, bist die Verbindung zwischen Himmel und Erde. Aus deiner Vogelperspektive wirkt die Welt skurril, fast unwirklich, ein bisschen leblos. Vögel sitzen in deinen Ästen und genießen die Aussicht.

Die Kraft der Vogelperspektive, der Sprünge nach Oben macht sich bemerkbar.

Auch dein menschlicher Körper birgt die Kraft, dich vom Alltag zu entfernen, zu entheben, eine höhere Warte einzunehmen. Deine Waden und deine Sprunggelenke verhelfen dir dazu. Sei dir bewusst, dass auch du ein Vogel sein kannst, der hoch über den Dingen leicht und gleitend dahinfliegt. Stell es dir jetzt vor, dieser Vogel zu sein.

Fischephase, es ist Februar

Der Schnee schmilzt, das Eis bricht, das trockene Erdreich öffnet sich langsam für die alles überflutende Kraft des Wassers.

Du bist immer noch der Baum, der in sich schon ein zartes Regen verspürt, eine vibrierende innere Kraft, die ahnt, dass sich ein alter Zyklus schließt und ein neuer beginnt. Noch ist nichts zu sehen, noch wird dein Stamm von Wasser umspült, noch verbirgt sich das Neue hinter den Schleiern und den Wassern der Fruchtbarkeit. Wie ein ungeborenes Baby im Mutterleib fühlst auch du dich. Stell dir vor, ein Ungeborenes zu sein, das gekuschelt im warmen Wasser liegt. Deine Füße berühren fast deinen Kopf, du kannst sie mit deinen Händen berühren, in den Mund nehmen – du bist jung und weich und beweglich. Du bist noch nicht geboren, doch schon bald wirst du dich wieder ins Leben hinausbegeben, schon bald …

Die Häuser

Nehmen wir unseren Weg durch die Bilderwelt der Astrologie an einer anderen Stelle auf: nach den Tierkreiszeichen wollen wir uns mit den Häusern beschäftigen, jener zweiten Struktur des Horoskops, die zumeist im Inneren der Grafik in Gestalt von zwölf mehr oder weniger gleich großen Feldern dargestellt wird. Sie werden entgegen des Uhrzeigersinns nummeriert und beginnen bei jener waagrechten Linie, deren linke Spitze den Aszendenten markiert.

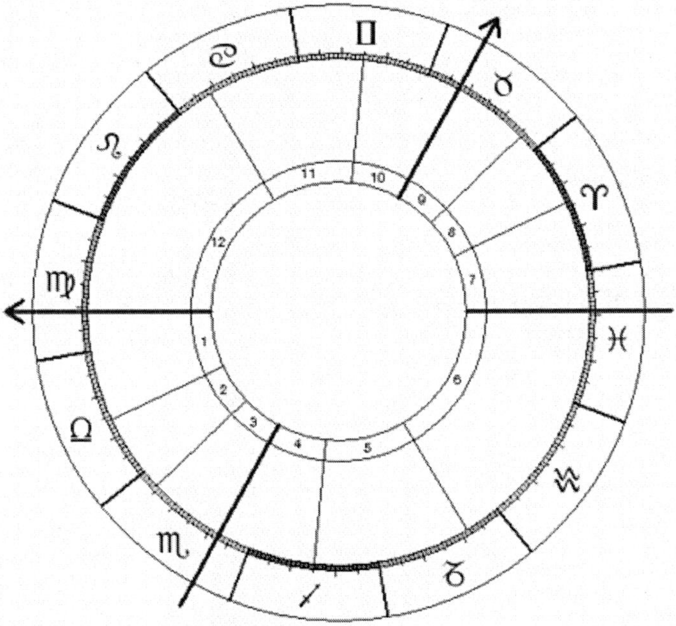

Häuserkreis

Zwei durchgezogene und mit Pfeilspitzen versehene Linie stechen besonders ins Auge. Sie bilden zwei Achsen, eine horizontale und eine mehr oder weniger vertikale, die in der Astrologie *Horizontachse* und *Meridianachse* genannt werden. Die Horizontachse verbindet den Aszendenten links mit dem genau gegenüberliegenden Deszendenten rechts. Die Meridianachse führt vom tiefsten Punkt des Horoskops, dem Imum Coeli, zum höchsten Punkt, dem Medium Coeli.

Für uns ist wichtig, dass diese beiden Achsen das Horoskop in vier Viertel oder *Quadranten* einteilen, die unterschiedliche thematische Schwerpunkte im Horoskop anzeigen. Jeder Quadrant wird wiederum in drei Häuser gegliedert, die Facetten der übergeordneten Themen des Quadranten beschreiben.

Unser Weg führt uns entlang dieser Struktur in die Bedeutung der Häuser: zunächst widmen wir uns den einzelnen Quadranten, dann wollen wir aus ihnen die Themen der einzelnen Häuser herleiten – und natürlich wollen wir dies auf eine möglichst bildhafte und intuitive Weise mit Ihnen tun.

Die vier Lebensperspektiven

Alles, was es auf der Welt gibt, können wir aus vier Blickwinkeln betrachten. Das ist so, als ob wir eine Sache oder ein Ding unter einem jeweils anderen Gesichtspunkt betrachten. In der Astrologie haben sich vier solche Blickwinkel bewährt, und mit diesen wollen wir uns jetzt beschäftigen.

Jeder dieser Blickwinkel entspricht einem der vier Häuserquadranten, die wir in den folgenden Abschnitten näher kennen lernen wollen. Das geht am besten an einem konkreten Beispiel, das wir den vier Lebensperspektiven unterziehen. Die Reihenfolge, in der wir die vier Häuserquadranten betrachten, entspricht nicht ihrer Nummerierung, sondern folgt ihrer inneren Logik: da jeder Quadrant sich mit dem gegenüber liegenden ergänzt und wechselseitig bedingt, folgen wir der in dem Wechselspiel der Quadranten innewohnenden Dynamik.

Alles, was uns auf der Welt begegnet, ist an einen Körper gebunden, damit wir es überhaupt wahrnehmen können. Selbst der noch so flüchtige Windhauch besteht aus sich bewegenden Luftmolekülen. Und selbst Gefühle, von denen wir glauben könnten, dass sie nichts Materielles an sich haben, verbinden wir mit körperlichen Empfindungen oder erkennen wir an den sichtbaren Gefühlsregungen eines anderen Menschen. Auch Gedanken, die sich frei und ungebunden bewegen können, bekommen erst Gestalt, in dem sie körperlich werden, indem sie aufgeschrieben oder ausgesprochen werden – und damit in Form von Schallwellen an unser Ohr dringen können.

Wenn wir unseren Blick auf das Körperliche einer Sache richten, dann beschränken wir uns darauf, sie im Hier und Jetzt wahrzunehmen. Nehmen wir einen Tisch. Wenn wir ihn aus dem körperlichen Blickwinkel betrachten, dann fragen wir uns vielleicht: Aus welchem Material ist er gemacht? Welche Farbe hat er? Ist er stabil? Wie fühlt er sich an? Wie riecht er? Welche Gestalt hat er? Wie ist er geformt? Vielleicht fragen wir uns auch: Woran kann ich erkennen, dass es ein Tisch ist? Was macht einen Tisch zu einem Tisch? Welche Bestandteile müssen wie zusammengesetzt sein, damit ein Ding die Gestalt eines Tisches hat?

Nehmen Sie einen beliebigen Gegenstand in die Hand – vielleicht eine Tasse, einen Stift oder das Buch, das Sie gerade lesen. Konzentrieren Sie sich ganz auf die körperliche Anwesenheit des Gegenstandes, auf seine Beschaffenheit, sein Aussehen, seine Gestalt. Ertasten Sie ihn mit geschlossenen Augen, wiegen Sie ihn in den Händen, mustern Sie ihn und suchen Sie nach besonderen Details. Versuchen Sie zu begreifen, warum sie diesen Gegenstand als Tasse, Stift oder Buch unter all den unzähligen Gegenstände, welche die Welt bevölkern, erkennen würden. Was erfahren Sie über diesen Gegenstand, wenn Sie ihn auf diese Weise betrachten?

In der Astrologie suchen wir das Körperliche im ersten Quadranten des Häuserkreises. Hier erkennen wir, aus welchem Stoff wir gemacht sind, was unsere Anlagen sind und welche körperlichen Voraussetzungen wir in diese Welt mitgebracht haben. Es geht um die materielle und substanzielle Seite unseres Lebens, die uns Stärke und Sicherheit gibt und die Basis ist, um uns in der Welt auszudrücken.

Der erste Quadrant beginnt mit dem Aszendenten und besteht aus den Häusern 1, 2 und 3. Das Zeichen am Aszendenten gibt die Grundausrichtung dieses Quadranten an.

Die Umwelt – der dritte Häuserquadrant

Alles, was einen Körper hat, befindet sich irgendwo, tritt in Beziehung zu etwas neben ihm, um ihn, bei ihm. Nichts besteht einfach so, sondern alles ist auf irgendetwas bezogen, gehört irgendwo hin: die Tasse steht auf dem Tisch, das Buch ist in Ihrer Hand, Sie sitzen auf einem Stuhl, der Stuhl steht in einem Raum, der Raum gehört zu einem Haus, das Haus befindet sich an einer Straße, die Straße liegt in einer Stadt und so weiter. Alles hat eine Umwelt.

Wir können unseren Blick ausschließlich darauf richten, wie ein Gegenstand in seine Umwelt eingebettet ist. Dann nehmen wir wahr, wie er sich hineinfügt, wie er sich mit seiner Umwelt ergänzt und auch welche Unterschiede es macht, wenn er mal in die eine und dann wieder in die anderer Umgebung gestellt wird. Unser Tisch wird einen ganz anderen Eindruck machen, je nachdem, wohin wir ihn stellen: in einem Wohnzimmer wird er anders aussehen als mitten auf der Straße oder auf einem Feld. Es wird Umgebungen geben, die besser zu passen scheinen und solche, in die er sich weniger gut fügt. So werden wir der Anwesenheit von Stühlen in seiner Umgebung nicht weitere Aufmerksamkeit schenken, denn Stühle gehören irgendwie zu einem Tisch. Wenn aber neben ihm ein Auto steht oder ein Baum, dann ist das ein vielleicht zunächst eher ungewohntes und möglicherweise nicht so passendes Bild. Je nach Kontext bekommt der Tisch eine andere Bedeutung.

Nehmen Sie sich wieder Ihren Gegenstand. Stellen Sie ihn vor sich hin und beobachten Sie, wie er sich in die Umgebung einfügt. Wie korrespondieren seine Farben, Formen, Materialien mit denen der Umgebung? Wie gut passt er? Welche Bedeutung bekommt er dort? Dann stellen Sie den Gegenstand an eine andere Stelle, vielleicht vom Tisch auf den Boden. Was verändert sich an ihm? Und wie verändert er die Umgebung? Versuchen Sie eine Stelle im Raum zu finden, an der er besonders gut passt. Was ist das für ein Platz? Warum passt der Gegenstand hier besser als an anderen Stellen? Schließlich platzieren Sie ihn an einen Ort im Raum, an dem der Gegenstand Ihrem Eindruck nach am wenigsten gut passt, wo er richtig stört. Welche Merkmale hat dieser Ort?

Im Horoskop finden wir die Umgebung im dritten Häuserquadranten. Hier erkennen wir, welche Umgebung zu uns gehört und mit unseren Anlagen korrespondiert. Wir erkennen hier aber auch, welche Umgebungen nicht so gut zu uns passen, weil wir uns in ihnen nicht so gut entfalten können, aber auch welche Umgebungen wir benötigen, um uns mit unseren Fähigkeiten zu entwickeln. Hier finden wir das Potenzial, um in der Begegnung mit Anderen zu lernen, uns immer besser gemäß unseren eigene Anlagen in der Welt zu entwickeln. Dieser Quadrant steht aus diesem Grunde auch für unsere geistige Entwicklung, die im Wesentlichen von der Bewältigung der Herausforderungen abhängt, die uns die Umwelt jeden Tag aufs Neue stellt. Deshalb finden wir hier auch unsere Welt der Ideen und Gedanken.

Der dritte Quadrant beginnt mit dem Deszendenten und umfasst die Häuser 7, 8 und 9. Das Zeichen am Deszendenten gibt die Grundausrichtung dieses Quadranten an.

Das Wesen – der zweite Häuserquadrant

Haben Sie noch den Tisch mit dem Auto daneben vor Augen? Oder neben dem Baum? Wenn wir nur von der Anlage des Tisches ausgehen, das heißt von seiner in ihm liegenden Funktion, dann erleben wir diese Zusammenstellung als ungewöhnlich und vielleicht sogar als unpassend. Aber haben Sie nicht vielleicht auch noch weiter gedacht und eine ganz andere Frage ist in Ihnen aufgetaucht, nämlich: Wie ist dieser Tisch bloß neben das Auto oder den Baum gekommen? *Was ist geschehen? Welche Geschichte verbirgt sich dahinter?*

Schon sind wir auf einer ganz anderen Ebene angelangt, einer Ebene, in der es um mehr geht als nur um die Beobachtung eines Körpers in einer Situation: Hier geht es um Prozesse, die zu dieser Situation geführt haben, es geht um Geschichte. Der Tisch neben dem Auto ist dann nicht mehr weiter ungewöhnlich, wenn wir uns die Situation als Ausschnitt eines Umzugs vorstellen. Oder der Tisch neben dem Baum könnte auf Vorbereitungen für ein Picknick hindeuten. Wenn wir das Bild als Teil einer Geschichte begreifen, erfahren wir mehr über den Gegenstand – wir kommen in Berührung mit seinem Wesen. Auch der Tisch war nicht auf einmal da – kein Ding ist aus dem Nichts aufgetaucht, sondern ist geworden, es hat einen Ursprung. Irgendwann am Anfang des Tisches stand ein Baum, aus dessen Brettern irgendjemand einen Tisch gezimmert hat, der irgendwo verkauft wurde und vielleicht schon durch viele Hände ging, bevor er den Platz einnimmt, an dem wir ihn heute sehen. Jede Station seiner Entwicklung hinterließ Spuren, prägte den Tisch, bis er schließlich das wurde, was er nun ist. Erst durch seine individuelle Geschichte bekommt jeder Tisch ein eigenes Wesen, etwas Eigentümliches. Dieses Wesen können wir äußerlich nicht immer sehen, aber wir können es inwendig spüren. Es ist da, auch wenn es nicht auf der Oberfläche sichtbar ist.

Nehmen Sie sich nun wieder Ihren Gegenstand zur Hand. Fragen Sie sich: Wie ist diese Tasse, dieses Buch, dieser Stift überhaupt in meine Hände gelangt? Was ist passiert auf dem Weg hierher? Welche Stadien der Entwicklung hat er durchlaufen, bis er diese Gestalt angenommen hat, die Sie nun beobachten können? Suchen Sie auch nach Spuren seiner Vergangenheit, nach Spuren seiner Herkunft. Was lernen Sie von diesem Gegenstand, wenn Sie seinen Werdegang zurückzuverfolgen versuchen? Welche Geschichte erzählt Ihnen dieser Gegenstand?

Das Wesen einer Sache finden wir im Horoskop im zweiten Häuserquadranten. Hier geht es hauptsächlich um die innere Seite der Dinge, um das was wir nicht auf den ersten Blick sehen können, sondern etwas, das sich uns erst offenbart, wenn wir uns mit der Kraft unserer Vorstellung und unserer Empfindungsfähigkeit auf etwas einlassen. Wenn wir aus dieser Perspektive auf einen Menschen blicken, kommen wir in Kontakt mit dem, was hinter der Fassade seines Körpers steckt und wir erfahren, wie er in die Situationen geraten ist, in denen wir ihm begegnen. Es geht hier um Empfindungen, Gefühle und andere psychische Erscheinungsformen. Hier zeigt sich uns das Eigentliche, das Wesentliche, das, worauf sich die Existenz eines Menschen aufbaut: seine Beweggründe, seine Fantasien von sich und der Welt, seine geheimen Wünsche und seine emotionalen Bedürfnisse.

Der zweite Quadrant beginnt mit dem Imum Coeli und umfasst die Häuser 4, 5 und 6. Das Zeichen am Imum Coeli gibt die Grundausrichtung dieses Quadranten an.

Die Aufgabe – der vierte Häuserquadrant

Wenn wir uns die Frage nach dem *Woher* eines Sache stellen, dann stellt sich zumeist wie von selbst auch die Frage nach seinem *Wohin.* Wenn alles irgendwo seinen Ursprung genommen hat, dann hat es auch irgendwo eine Zukunft, ein Ziel, etwas, auf das es zustrebt. Es geht um den Sinn einer Sache und um die Aufgabe, die sie in einem weiter gefassten Kontext erfüllt. Hier spielen oft Konventionen eine Rolle, denn alles, was entsteht, folgt offensichtlich einer in ihm angelegten Bestimmung. Diese Bestimmung ist oft ein Auftrag von höherer Warte aus: so dient der Tisch letztlich nicht seiner eigenen Existenz, sondern er wurde geschaffen, um andere Dinge zu ermöglichen. Der Sinn der Existenz ist aus dieser Perspektive nicht Selbstzweck, sondern an Erwartungen geknüpft, die an diese Existenz gestellt werden.

Unser Tisch beispielsweise hat einen klaren Auftrag: er ist so gebaut, dass er es ermöglicht, Dinge auf einer geeignet großen Fläche in einer geeigneten Höhe anzuordnen, sodass wir sie bequem erreichen können. Es ist sein Sinn, dass sich Menschen an ihn setzen, um dort zu arbeiten, zu essen, zu lesen, Besprechungen abzuhalten, etwas abzulegen, daraufzustellen und so weiter. Zu diesen vielfältigen Zwecken wurde der Tisch geschaffen. Vielleicht war am Anfang noch nicht ganz klar, welchen dieser Bestimmungen der Tisch am Ende in der Hauptsache erfüllen würde, aber alle diese Möglichkeiten waren von Anfang an vorhanden – und noch jede Menge mehr, die wir vielleicht anfänglich gar nicht bedacht haben: so könnte unser Tisch auch seine Bestimmung als Kunstwerk finden.

Welche Bestimmung hat nun der Gegenstand in Ihrer Hand? Welchen Zwecken dient die Tasse, der Stift, das Buch, wenn Sie nur an die in diesen Dingen angelegte Aufgabe denken? Welche anderen denkbaren Bestimmungen könnten Sie diesen Gegenständen zuordnen? Liegt es außerhalb oder innerhalb der Bestimmung der Tasse, als Stifthalter zu dienen? Ist es eine Entfremdung von der ursprünglichen Bestimmung, wenn das Buch als Türstopper benutzt wird oder wenn zwischen seinen Seiten Blumen gepresst werden? Wie vielfältig ist die Bestimmung und welche weiteren Möglichkeiten könnte es geben? Malen Sie sich besonders absurde Bestimmungen für Ihren Gegenstand aus: Woran könnten Sie eindeutig erkennen, dass der Gegenstand an seiner Bestimmung vorbei eingesetzt würde?

Im Horoskop finden wir die Themen, die vom Sinn und Ziel handeln, im vierten Quadranten des Häuserkreises. Hier geht es um die Bestimmung, den Auftrag und die Aufgabe, die wir in unserem Leben. Konventionen, die daran geknüpft werden, sind ebenso enthalten, wie unsere Fähigkeit von diesen Konventionen abzuweichen. Es geht um unsere Rolle in größeren Zusammenhängen, zum Beispiel der Gesellschaft und um die Erwartungen, die an uns im Rahmen der sozialen und kulturellen Normen gestellt werden, und natürlich um unsere Bereitschaft, diesen Erwartungen gerecht zu werden. Schließlich geht es auch um unsere Einbettung in die gesamte Welt, unsere Verantwortung in ihr, um unsere Sehnsüchte, die wir damit verbinden, unsere Spiritualität und unseren Zugang zu Themen, die über unsere irdische Existenz hinausgehen.

Der vierte Quadrant beginnt mit dem Medium Coeli und umfasst die Häuser 10, 11 und 12. Das Zeichen am Medium Coeli gibt die Grundausrichtung dieses Quadranten an.

Was wäre ich, wenn ich ein ... wäre?

Nun sind wir soweit, die ersten Deutungsschritte zu unternehmen. Dazu werden wir die Themen der vier Kardinalpunkte mit den Eigenschaften der Tierkreiszeichen verbinden, und zwar in Ihrem eigenen Horoskop – aber zunächst einmal auf eine etwas ungewöhnliche Weise, bei wir zugleich die Entsprechungen der Tierkreiszeichen wiederholen können.

Kennen Sie das Spiel: *Was wäre ich, wenn ich ein ... wäre?* Bei diesem Spiel geht es darum, einen Menschen zu erraten, wobei er als Gegenstand, Tier oder Pflanze beschrieben wird. Wir wollen dieses Spiel mit unserem eigenen Horoskop spielen, indem wir die Zeichen an den Kardinalpunkten dazu verwenden, uns als *ein Buch* zu beschreiben. Dazu können wir die Übersicht der Eigenschaften zu den Tierkreiszeichen als Baukasten verwenden (siehe Seite 56).

- Das Zeichen am Aszendent soll uns dazu dienen, die Gestalt und die Beschaffenheit des Buches zu beschreiben. Wie sieht es aus, wie fühlt es sich an?
- Das Zeichen am Deszendenten gibt uns vor, in welcher Situation dieses Buches sich befindet und wie diese Umwelt auf den Gegenstand wirkt. An welchen Ort passt es besonders gut? Wo kommen seine Merkmale besonders gut zur Geltung?
- Das Zeichen am Imum Coeli lädt uns ein, uns in den Inhalt des Buches hineinzuversetzen. Wovon handelt das Buch? Was lesen wir, wenn wir in ihm schmökern? In welcher Sprache ist es geschrieben, welche Gefühle löst es aus?
- Das Zeichen am Medium Coeli erlaubt uns, eine mögliche Bestimmung für das Buch zu beschreiben. In welchem Zusammenhang könnte dieses Buch eine sinnvolle Bedeutung bekommen? Wer liest so ein Buch – und was hat er davon?

Versuchen wir uns gemeinsam an einem Beispiel, bevor Sie ein eigenes auf Ihr Horoskop gemünztes entwerfen. Als Beispiel soll uns ein Löwe-Aszendent dienen: dieser hat selbstverständlich einen Wassermann-Deszendenten und sollte einen Widder-Medium Coeli haben, und somit einen Waage-Imum Coeli.

Übung: Was wäre ich, wenn ich ein Buch wäre?

Löwe-Aszendent – die Gestalt des Buches

Mein Buch hat einen warmen dunkelroten Umschlag aus weichem, edlem Leder. Am Rand hat es einen Goldschnitt und natürlich ist der Titel des Buches in luxuriös geschwungenen, goldenen Buchstaben in das Leder eingeprägt. Es liegt schwer und gewichtig in der Hand – kein Buch, das man auf die Schnelle liest, sondern, das man Seite für Seite goutiert, um sich an seiner edlen Aufmachung zu erfreuen: eine echte Bereicherung für jeden Freund bibliophiler Kostbarkeiten, neben dem jedes andere Buch verblasst.

Wassermann-Deszendent – die Umgebung des Buches

Es ist schwierig dieses Buch einfach zu anderen Büchern zu stellen, denn es sticht zu sehr heraus und beißt sich richtig mit seiner Umgebung. Es braucht einen ganz besonderen Platz im Regal – wenn nicht sogar eine eigene Glasvitrine, vielleicht auf einem schlichten, luftigen Unterbau aus schimmerndem Chrom auf einer seidenen Unterlage auf irisierender Seide. Der beste Ort wäre wohl ein Raritätenkabinett, in dem es neben seltenen exotischen Pflanzen, antiken astronomischen Gerätschaften und Sammlungen seltener Schmetterlinge einen ganz eigenen Platz finden kann.

Waage-Imum Coeli – der Inhalt des Buches

Aber worum mag es in diesem Buch eigentlich gehen? Wenn ich es aufschlage und darin herumblättere, lese ich Geschichten und Gedichte, die von Liebe und Romantik handeln. Schöne, wohl gesetzte Worte, die Ausgeglichenheit und Harmonie ausstrahlen. Vielleicht geht es auch in manchen Passagen um Gerechtigkeit und den Sieg von Freundschaft über Neid und Missgunst. In diesem Buch siegt das Gute und am Ende wird alles gut.

Widder-Medium Coeli – die Bestimmung des Buches

So ein herausragendes Buch ist sicherlich gut geeignet, um andere Menschen zu beeindrucken. Wer dieses Buch liest, könnte sich darin bestärkt finden, sich für die als gerecht erkannte Sache stark zu machen und sich mutig dafür einzusetzen. Es ist ein Buch, das seine Leser motiviert, sich für ihre eigenen Ideale einzusetzen und sich mit Tatkraft für das Gute einzusetzen. Die Bestimmung des Buches ist es also nicht, in seiner hübschen Vitrine bis in alle Ewigkeit sitzen zu bleiben und sich bewundern zu lassen. Nein, seine Bestimmung ist es, als Vorbild so viele Menschen wie möglich zu inspirieren und anzustoßen. Und wenn es sein muss, sich für die eigenen Ideale in die Flammen werfen zu lassen und zu verbrennen.

An diesem Beispiel können Sie gut erkennen, wie sich die Themen der sich auf den beiden Achsen gegenüberliegenden Zeichen wechselseitig ergänzen – und wie sich am Ende die beiden Achsen herausfordern und ergänzen. Und nun sind Sie an der Reihe: Was wären Sie, wenn Sie ein Buch wären?

Die vier Quadranten im Horoskop

Quadrant IV: Gesellschaft und Überpersönliches Meine Platzierung in der Welt Meine spirituellen Bedürfnisse Meine gesellschaftliche Bedeutsamkeit	**Quadrant III: meine Umwelt und mein Denken** Mein Bedürfnisse an die Umwelt Mein Umgang mit anderen Menschen Meine geistigen Bedürfnisse
Quadrant I: mein Körper und mein Äußeres Meine körperlichen Bedürfnisse Meine Anlagen Meine Selbstdarstellung	**Quadrant II: mein inneres Wesen** Meine emotionalen Bedürfnisse Meine unverwechselbare Persönlichkeit Meine Gefühle

Es wird Zeit, sich die vier Häuserquadranten des Horoskops mal genauer anzusehen. Am besten, Sie vergegenwärtigen sich noch einmal die Grundbedeutungen, die wir im letzten Abschnitt vorgestellt und intuitiv eingeübt haben, anhand der obigen Übersicht.

Nun wollen wir Ihnen die Gelegenheit geben zu prüfen, wieweit Sie mit Ihrem intuitiven Verständnis der Häuserquadranten gekommen sind. Dazu lesen Sie sich folgende Liste von Tätigkeiten durch – und dann sortieren Sie einfach diese Tätigkeiten nach den Themen der vier Quadranten! Versuchen Sie es – Sie werden sehen, dass es ganz leicht ist.

**Übung:
In welchem Quadranten
verwirklichen Sie folgende Tätigkeiten?**

Verträge abschließen, einen Beruf haben, andere Menschen treffen, berühmt werden, die Gesellschaft prägen, ein Weltbild haben, eine öffentliche Position bekleiden, einen eigenen Lebensrhythmus finden, Gefühle ausdrücken, gesellschaftliche Ziele verfolgen, Ideen aufnehmen, kreativ sein und etwas Eigenes hervorbringen, meine Berufung finden, meine Existenz absichern, meinen Fantasien nachhängen, meinen Horizont erweitern, mich als spirituelles Wesen entwickeln, mich am Leben freuen, mich bewegen, mich mimisch und gestisch artikulieren, mich durch die Umwelt bereichern und ergänzen lassen, mich ernähren, mich geborgen fühlen, mich gedanklich festlegen, mich im Arbeitsleben einbringen, mich mit gesellschaftlichen Konventionen auseinander setzen, mich nach außen präsentieren und darstellen, mich körperlich schützen, mich und meine Bedürfnisse durchsetzen, mich gegen Angriffe verteidigen, mir ein Zuhause schaffen, mit jemandem das Leben teilen, mir meiner Herkunft bewusst sein, mit mir selbst Kontakt aufnehmen, mir meine eigene Meinung bilden, spontan reagieren, sprechen, mich artikulieren, kommunizieren, Verbindungen mit Anderen eingehen, von Normen abweichen.

So würden wir die Aufgabe lösen – vergleichen Sie!

Quadrant IV: Gesellschaft und Überpersönliches einen Beruf haben, meine Berufung finden, mich im Arbeitsleben einbringen, eine Position bekleiden, gesellschaftliche Ziele verfolgen, die Gesellschaft prägen und mit verändern, berühmt werden, mich als spirituelles Wesen entwickeln, mich mit gesellschaftlichen Konventionen auseinander setzen, von Normen abweichen	**Quadrant III: Die Umwelt und die Anderen** andere Menschen treffen, Ideen aufnehmen, mich durch die Umwelt bereichern und ergänzen lassen, Verbindungen eingehen, mit jemandem das Leben teilen, an etwas teilhaben, Verträge abschließen, mich gedanklich festlegen, persönliche Prinzipien entwickeln, meinen Horizont erweitern, eine Meinung zu etwas entwickeln, ein Weltbild haben
Quadrant I: Mein Körper und mein Äußeres mich und meine Bedürfnisse durchsetzen, spontan reagieren, mich verteidigen, mich ernähren, meine Existenz absichern, mich schützen, sprechen, mich präsentieren und darstellen, kommunizieren, mich bewegen, mich mimisch und gestisch artikulieren	**Quadrant II: Mein inneres Wesen** mich geborgen fühlen, mit mir selbst Kontakt aufnehmen, mir ein Heim schaffen, mit meiner Herkunft in Kontakt stehen, mich am Leben freuen, Gefühle ausdrücken, einen Lebensrhythmus finden, den Alltag bewältigen, mich persönlich weiterentwickeln, kreativ sein und etwas hervorbringen, meinen Fantasien nachhängen

Aus vier Quadranten werden zwölf Häuser

Die grobe inhaltliche Ausrichtung der einzelnen Quadranten dürfte nun kein Problem mehr sein und es fehlt uns nur noch der alles entscheidende Schritt: Wie entstehen aus einem Quadranten drei Häuser?

Um zu verstehen, wie sich das Grundthema jedes Quadranten wiederum in drei Häuserthemen mit unterschiedlichen Schwerpunkten der einen Thematik aufgliedert, ist es hilfreich, sich an die drei Qualitäten zu erinnern, die wir schon bei den Tierkreiszeichen kennen gelernt haben:

Kardinal: In Gang setzen, eine Richtung vorgeben.
Fix: Konkret werden, Substanz bekommen, sich manifestieren.
Beweglich: sich zeigen, sichtbar werden, verteilen und verwerten.

Jeder Quadrant fächert sein Grundthema über dieses Schema auf: Das erste oder kardinale Haus eines Quadranten zeigt uns das Potenzial und die Idee des Quadranten. Hier können wir ablesen, was überhaupt im Sinne des Quadranten-Grundthemas möglich ist.

Aus diesem Grunde nennen wir die ersten Häuser eines Quadranten die „Häuser der Möglichkeiten".

Das mittlere oder fixe Haus eines Quadranten verwirklicht die Idee des ersten Hauses, indem es Substanz dazu gibt, dem Thema eine Gestalt verleiht. Wenn wir in dieses Haus sehen, betrachten wir das, was von den Möglichkeiten konkret werden kann.

Wir nennen die mittleren Häuser eines Quadranten „Häuser der Verwirklichung".

Das letzte oder bewegliche Haus eines Quadranten bringt die Umwelt ins Spiel. Was auch immer im fixen Haus Gestalt angenommen hat: nun zeigt es sich, wird gesehen und stellt sich dar. Was passiert, wenn die konkretisierten Inhalte eines Quadranten nach außen sichtbar und verfügbar werden, können wir in diesem Haus finden.

Deshalb nennen wir die letzten Häuser eines Quadranten „Häuser der Wirkung".

Übung: Von der Idee zur Tat

Jedes Haus zeigt das Thema eines Quadranten in einer anderen Phase, einem anderen Zustand seiner Entwicklung, wenn man so will. Der Dreierschritt aus kardinal – fix – beweglich zeigt, wie sich der Inhalt des Quadranten von der bloßen Idee zur Tat mit einem konkreten und sichtbaren Ergebnis entwickelt.

Um uns das bildlich zu vergegenwärtigen, können wir uns vorstellen, wie wir ein Essen zubereiten …

- *Häuser der Möglichkeit: Die Einkaufsliste*

Am Anfang steht erst einmal die Idee. Vielleicht gibt es einen Anlass, zum Beispiel eine Geburtstag oder ein romantisches Tête-à-Tête, oder Sie haben einfach nur Lust, Ihre Freunde einzuladen, um endlich wieder einmal einen Abend gemeinsam zu verbringen.

Wie auch immer – die Idee ist gefasst und nun müssen die einzelnen Schritte geplant werden. Was fehlt alles? Rezeptbücher werden gewälzt, eine Einkaufsliste wird erstellt, es wird alles notiert, was überhaupt infrage kommt. Je nachdem, was Sie geplant haben, wird diese Liste ausfallen: die Zutaten für einen Geburtstagskuchen werden sicherlich anders aussehen wie die für einen indischen Abend. Und dann sind da ja auch noch die Spezialwünsche, die es zu berücksichtigen gilt: Lisa isst nur vegetarisch, während Robert kein Milcheiweiß verträgt und Dietlinde keine Oliven mag – das schränkt die Möglichkeiten schon mal ein. Ein Raclette wäre zwar auch eine tolle Idee, aber das kommt auch nicht in Frage, weil die entsprechenden Gerätschaften sich nicht auftreiben lassen …

Nichtsdestoweniger dauert es nicht lange und das Essen ist geplant, die Zutatenliste steht und vor ihrem geistigen Auge steht schon ein duftendes, leckeres Mahl auf dem Tisch.

- *Häuser der Verwirklichung: Ans Werk!*

Nun heißt es, die Ärmel hochkrempeln und zur Tat schreiten. Nach einem ausgiebigen Einkauf kommen Sie voll bepackt nach Hause und ein Blick in Taschen zeigt Ihnen, dass es gar nicht so einfach war, alles zu bekommen: Kapern waren aus, Broccoli war nicht aufzutreiben, sondern nur Blumenkohl, und anstelle von frischen Bohnen mussten Sie mit tiefgefrorenen vorlieb nehmen. Und das Soja-Eis war Ihnen zu teuer, sodass Sie jetzt auf Soja-Pudding umgestiegen sind. Und die Mangos? Die haben Sie vergessen …

Beim Kochen geht es weiter. Anstatt mit weißem Pfeffer haben Sie aus Versehen mit schwarzem gewürzt. Die Bohnen haben ein Tick zu viel Salz erwischt und der Blumenkohl ist Ihnen fast verkocht, weil das Telefon klingelte. Da Robert wegen Grippe abgesagt hat, haben Sie sich dann entschieden, doch richtige Milch für den Pudding zu verwenden und Schokostreusel auf jeder Portion zu verteilen.

Am Ende haben Sie es geschafft: Das Menü ist fertig, der Tisch ist gedeckt – die Gäste können kommen!

- *Häuser der Wirkung: Schmeckt's?*

Nun sitzen Sie mit ihren Gästen gemeinsam am Tisch und scharen sich um die aufgetischten kulinarischen Genüsse. Und weil Sie wissen, dass das Auge mitisst, haben Sie Ihr schönstes Porzellan rausgekrant und sogar das Tafelsilber geputzt! Auf der frisch gebügelten weißen Tischdecke sieht das Ganze sehr festlich aus und wie Sie die würzig duftenden Blumenkohlröschen und die fein gedünsteten Möhren auf den Tellern mit etwas Petersilie angerichtet haben, lässt Ihren Gästen schon das Wasser im Munde zusammenlaufen. Dazu haben Sie einen passenden trockenen Rotwein ausgewählt – und natürlich gibt es eine sanfte Hintergrundmusik. Viellicht verschweigen Sie Lisa besser, dass die Bohne doch nicht aus kontrolliert biologischem Anbau sind und an Franz Nussallergie haben Sie auch nicht gedacht – der Arme kann nun den mit Walnüssen verzierten Pudding gar nicht mitessen. Sei's drum: allen scheint es zu schmecken und jeder lobt Ihre ausgezeichneten Kochkünste - alles in allem verspricht es also ein vergnüglicher und geselliger Abend zu werden.

Haben Sie Lust ein eigenes Beispiel zu kreieren? Hier ein paar Anregungen für weitere Geschichte: das Traumhaus bauen, ein Buch schreiben, ein Bild malen …

Wenn Sie nun ein Gefühl für die drei Stadien eines Quadranten bekommen haben, dann können wir nun noch einen Schritt weitergehen und uns die Quadranten und ihre Häuser im Einzelnen ansehen.

Der erste Quadrant – mein Körper und mein Äußere

Möglichkeit: Haus 1

Das erste Haus enthält die Anlagen meines Körpers, die angeborenen Informationen, die mir in die Wiege gelegt wurden und mit denen ich vorerst leben muss. Was hier nicht angelegt ist, kann sich auch nicht körperlich verwirklichen.

Grundfrage: *Was sind meine typischen körperlichen Bedürfnisse und wie will ich sie durchsetzen?*

Verwirklichung: Haus 2

Im zweiten Haus erhalten die Anlagen Substanz und werden konkret, sie bekommen einen Leib, ein physisches Vehikel. Hier kommt es darauf an, auf welche „Baustoffe", welche Materie mein Organismus zurückgreifen kann, um die Umsetzung meiner Anlagen zu ermöglichen.

Grundfrage: *Was bedeutet mir meine materielle Existenz und wie sichere ich sie ab?*

Wirkung: Haus 3

Schließlich tritt mein Körper mit meiner Umwelt in Kontakt. In dem Moment, in welchem mein Körper in der Umgebung sichtbaren Raum einnimmt, entsteht Kommunikation und Kontakt, sei es über die Sinnesorgane, die (Körper)Sprache etc.

Grundfrage: *Wie trete ich körperlich in Kontakt mit meiner Umwelt, wie kommuniziere ich mit ihr*

Die verschiedenen aufeinander folgenden Phasen des Körper-Quadranten können Sie sich anhand einer Mini-Geschichte merken:

> Im ersten Haus habe ich die Anlage für rote Haare. Das heißt für mich: mir werden niemals schwarze Haare oder blonde Haare auf dem Kopf wachsen – das liegt einfach nicht im Rahmen meiner Möglichkeiten.

Im zweiten Haus habe ich die roten Haare, und wie kräftig sie sind hängt davon ab, wie ich sie pflege und auch wie ich mich ernähre. Jetzt sind es *meine* roten Haare.

Im dritten Haus werde ich mit meinen roten Haaren sichtbar – und sie entfalten ihre Wirkung auf meine Umwelt. Vielleicht bin ich stolz auf meine rote Mähne und stelle sie extra zur Schau, vielleicht gefalle ich mir aber auch nicht damit, und dann färbe ich sie einfach um.

Fallen Ihnen noch andere Mini-Geschichten zu den drei Phasen des ersten Quadranten ein?

Der zweite Quadrant – mein inneres Wesen

Möglichkeit: Haus 4

Das vierte Haus entspricht dem Potenzial all dessen, was mich innerlich bewegt, was ich unvermittelt mag und was nicht. Hier findet sich alles, was Beweg-Grund für mich sein kann. Das vierte Haus ist wie ein Fundus an schöpferischen Motiven, mit denen ich mich identifizieren kann und auf deren Basis meine Persönlichkeit entsteht.

Grundfrage: *Welches sind meine typischen emotionalen Bedürfnisse? Woraus schöpfe ich Identität?*

Verwirklichung: Haus 5

Im fünften Haus erhält der Beweggrund „Substanz", d.h. er taucht als konkretes Gefühl auf und versucht sich in mir zu verwirklichen: die Emotion ist da und bereit, sich Ausdruck zu verschaffen. Aus der Summe all dessen, was ich ausdrücken möchte, entwickelt sich meine unverwechselbare Persönlichkeit.

Grundfrage: *Was möchte ich konkret ausdrücken? Was gibt mir das Gefühl von Persönlichkeit?*

Wirkung: Haus 6

Im sechsten Haus werden meine Gefühle für andere sichtbar. Ich habe die Möglichkeit, meine Emotionen an die gegebenen Bedingungen auszusteuern. Ich kann mich so geben, wie ich es in mir fühle, oder mich letztlich anpasse. Dabei ist entscheidend,

wie viel Raum ich meinen Gefühlen zugestehe und wie viel Respekt ich vor dem Freiraum anderer habe.
Grundfrage: *Wie trete ich emotional mit meiner Umwelt in Kontakt? Wie vermittle ich meine Gefühle?*

Auch hier wollen wir uns die drei Phasen des zweiten Quadranten anhand einer Mini-Geschichte vergegenwärtigen:

Im vierten Haus bin ich von Natur aus ein rührseliger Mensch, einfach ziemlich nah am Wasser gebaut. Nun sitze ich im Kino und sehe mir einen tragischen Liebesfilm an.

Im fünften Haus möchte ich meinen Gefühlen am liebsten freien Lauf lassen und so richtig laut losheulen. Das würde mir jetzt am besten tun und entspräche auch genau meiner Stimmungslage.

Im sechsten Haus aber merke ich, dass ich ja nicht alleine im Kino sitze – und die anderen schauen auch schon so komisch. Da beschließe ich, mich zusammen zu reißen und lieber nicht meinen Gefühlen nachzugeben, um mir einen peinliche Szene zu ersparen.

Sicherlich fallen Ihnen auch noch eigene Mini-Geschichten zum zweiten Häuser-Quadranten ein.

Der dritte Quadrant – meine Umwelt und mein Denken

Möglichkeit: Haus 7

Das siebte Haus beschreibt, was ich prinzipiell von meiner Umwelt erwarte und mir in ihr entsprechend begegnen kann. Mein Interesse kann nur wecken, was auch Bestandteil dieses Hauses ist. Da dies meine Fähigkeit einschließt, mich intellektuell mit meiner Umwelt auseinander zu setzen, enthält das siebte Haus meine Art zu denken.
Grundfrage: *Wie ist mein typischer Zugang zur Umwelt beschaffen? Wie baue ich Beziehungen auf? Was interessiert mich, zieht mich an?*

Verwirklichung: Haus 8

Das achte Haus konkretisiert die Interessen und verleiht ihnen Verbindlichkeit und Beständigkeit. Ich wähle etwas aus den mir begegnenden Möglichkeiten aus und halte daran fest. Hier finden sich die Kriterien, nach denen ich entscheide, was und wem gegenüber ich mich verpflichtet fühle. Dies erst ermöglicht mir, aus Begegnungen dauerhafte Beziehungen, sowie aus Ideen verlässliche Wertmaßstäbe zu machen.

Grundfrage: *An welche Vorstellungen und Ideen binde ich mich? Welchen Menschen fühle ich mich verbunden? Auf welche geistigen Werte stütze ich mich?*

Wirkung: Haus 9

Im neunten Haus werden meine Vorstellungen und Gedanken sichtbar, und es zeigt sich, ob meine Ideen der Wirklichkeit standhalten. Alles entscheidet sich daran, wie viel Raum ich meinen eigenen und wie viel Raum ich den Gedanken anderer zugestehe. Bin ich fähig, meine Gedanken zu vermitteln und andere Meinungen zuzulassen? Nur so werde meine eigenen Irrtümer entdecken und aus diesen lernen können.

Grundfrage: *Wie stelle ich mich geistig dar? Wie vermittle ich meine Ideen und Vorstellungen?*

Die Mini-Geschichte für den dritten Quadranten verbindet :

Im siebten Haus bin ich auf einer Party gelandet – die Gelegenheit wieder mal neue Leute kennen zu lernen. Jede Menge Menschen umgeben mich und dank meiner Offenheit und meiner Neugierde fällt es mir leicht, schnell Kontakt zu ihnen aufzubauen.

Im achten Haus habe ich mit einem besonders interessanten Menschen ein Gespräch angefangen, und das Thema beginnt mich zu faszinieren. Die Konversation entwickelt sich zu einem Streitgespräch zu einem kontroversen Thema, zu dem ich meine ganz eigene Meinung entwickelt habe.

Im neunten Haus kommt die Diskussion langsam zu ihrem Ende. Obwohl ich anfänglich wenig Verständnis für die Ansichten meines Gegenübers aufbringen konnte, ist mir jetzt um einiges klarer, wie man zu ganz anderen Standpunkten kommen kann. Ob das aber etwas an meiner Einstellung ändern wird – das wird sich zeigen …

Welche Situationen fallen Ihnen ein, welche die Abfolge der drei Phasen dieses Quadranten illustrieren?

Der vierte Quadrant – Gesellschaft & Überpersönliches

Möglichkeit: Haus 10

Das zehnte Haus umfasst alle meine Möglichkeiten, die mir zur Verfügung stehen, um meinen Lebensweg in der Gesellschaft zu gehen und zeigt mir, welcher Art mein Beitrag dabei sein könnte. In erster Linie geht es darum, welches Verhältnis ich zu den Konventionen und Normen habe, d.h. wie ich mich in der übergeordneten sozialen Situation platziert sehe.

Grundfrage: *Welche typische Bedeutung hat für mich das Leben in der Gesellschaft?*

Verwirklichung: Haus 11

Im elften Haus verleihe ich meinen Zielen im größeren Ganzen Substanz, d.h. eine fassbare Form. In die abstrakten Vorgaben fließt meine Persönlichkeit ein, die sich mit ihren Vorlieben und Talenten einen individuellen Weg suchen wird. In der Umsetzung zeigen sich die Chancen und die Schwierigkeiten, die sich ergeben, wenn ich meine persönlichen Bedürfnisse mit den öffentlichen unter einen Hut bringen möchte.

Grundfrage: *Wie sehe ich mich als Individuum in der Gesellschaft? Wo treten Widersprüche auf*

Wirkung: Haus 12

Das zwölfte Haus bringt es an den Tag. Hier wird sichtbar, was ich gesellschaftlich darstelle, welchen Platz ich in der Gesellschaft tatsächlich beanspruche – und wie sie auf meine Forderung reagiert. Dieser Moment kann sehr kritisch sein, da ich und meine Leistungen mit den öffentlichen Normen verglichen werden. Es zeigt sich auch, wie viel Raum die Gesellschaft für mich vorgesehen hat und ob sie mich fördert oder in meine Schranken verweist.

Grundfrage: *Wie zeige ich mich in der Gesellschaft? Wie sieht mich die Gesellschaft?*

In eine Mini-Geschichte verpackt, könnte man sich die drei Phasen des vierten Quadranten so vorstellen:

Im zehnten Haus habe ich eine brillante Geschäftsidee, in der ich mir meinen lange gehegten beruflichen Traum erfüllen kann: eine ganz besondere Bar im orientalischen Stil.

Im elften Haus mache ich mich auf die Suche nach einem geeigneten Objekt, in welchem ich meine Idee verwirklichen kann – ich besichtige verschiedene Räumlichkeiten, treffe mich mit Inneneinrichtungsexperten und Dekorateuren, um die Möglichkeiten der Ausstattung zu besprechen. Leider kann ich keinen Raum finden, der wirklich genau meinem Ideal entspricht, aber mit ein bisschen Einfallsreichtum und neuen Ideen gelingt es mir bestimmt, meiner Vision so nahe wie möglich zu kommen.

Im zwölften Haus habe ich meine Bar eröffnet. Sie ist zwar nicht genauso, wie ich sie in meinen Wunschträumen gesehen habe, aber ich konnte etwas verwirklichen, was ganz meiner Persönlichkeit entspricht. Nun stehe ich hinter dem Tresen und begrüße meine Gäste. Ich freue mich, wenn sie sich bewundernd in meinem Palast aus Tausendundeiner Nacht umsehen und sich auf Anhieb hier wohl fühlen.

Geschichte durch alle Quadranten

Damit beenden wir unseren ersten Rundgang durch die Quadranten und ihre Häuser. Bevor es jetzt richtig konkret wird, sollten Sie sich noch einmal vor Augen halten, dass der gesamte Häuserkreis in den Tierkreis eingebettet ist, Sodas jede Häuserspitze – die Linien, welche die Grenzen der Häuser markieren – in ein Tierkreiszeichen zeigt. Die Qualität des Zeichens färbt die Themen des entsprechenden Hauses ein, wie wir noch sehen werden.

Um Ihnen einen ersten Eindruck davon zu verschaffen, lesen Sie folgende Geschichte. Sie wird Sie noch einmal durch die verschiedenen Entwicklungsstufen der Quadranten führen, berücksichtigt diesmal aber schon, dass bestimmte Zeichenqualitäten an den Häuserspitzen eine Rolle spielen und den Verlauf der Geschichte prägen. Als Beispiel haben wir uns einen Jungfrau-Aszendenten ausgesucht, sodass das erste Haus, dessen Spitze der Aszendent ist, mit der Qualität Jungfrau beginnt. Beobachten Sie, wie sich mit dem Wechsel der Hausspitzen auch die Färbungen durch die Zeichen abwechseln.

Erster Quadrant

Stellen Sie sich vor, Sie haben in Ihrem *ersten Haus* (Jungfrau) den Lebensauftrag erhalten, ein ökologisch ausgerichteter, gesundheitsbewusster Mensch zu wer-den. Dazu bekommen Sie alle Grundanlagen mit so-wie den Willen, wirklich zu einem solchen Menschen zu werden und dies gegen alle Umstände durchzusetzen. Sie sind besonders aufmerksam, sehr sensibel und kritisch - die besten Voraussetzungen, um zwischen wohltuenden und schädigenden Einflüssen zu unterscheiden.

Im *zweiten Haus* (Waage) erhalten Sie dann Ihre »Bau-substanz«. Hier stellen Sie fest, aus welchem Holz Sie tat-sächlich geschnitzt sind. Grundsätzlich haben Sie alle Anlagen, ein gesunder und ausgewogener Mensch zu werden. Einiges an Ihnen ist sogar ausgesprochen schön. Sie haben ein Talent zur Gleichmäßigkeit und Harmonie mit in die Wiege gelegt bekommen - so kann eigentlich gar nichts schiefgehen. Jetzt gilt es, aus Ihren Anlagen das Beste zu machen. Ihr Lebensauftrag scheint zum Greifen nah...

Im *dritten Haus* (Skorpion) werden Sie in eine Umgebung gesetzt. Am liebsten hätten Sie sich ja einen schönen, weiten Landstrich aus-gesucht. Doch Sie sind ausgerechnet in einer schmutzigen Großstadt aufgewachsen, direkt neben einer chemischen Fabrik. Ihre Eltern hatten kein Geld, sich eine bessere Wohngegend zu leisten.

Zweiter Quadrant

Im *vierten Haus* (Schütze) haben Sie schon von Kindheit an den Wunsch, Land zu besitzen und ökologisch zu bebauen. Sie sehnen sich nach Weite, Freiraum und frischer Luft. Sie möchten zu Fuß über Felder spazieren oder zu Pferd weit übers Land reiten können.

All das wird Ihnen da, wo Sie aufgewachsen sind, verwehrt. Doch die Sehnsucht danach, Ihr inneres Motiv zu leben, bleibt gleich und meldet sich immer wieder zu Wort. Vorerst nehmen Sie Reitunterricht, doch Sie spüren, dass es dabei nicht bleiben darf.

Im *fünften Haus* (Steinbock) ist der Tag gekommen, da Sie Ihre Wünsche wahr werden lassen und Ihre Heimat verlassen. Sie ziehen nach Frankreich und erwerben dort günstig etwas karges Ackerland. Nun beginnt eine Phase harter Arbeit für Sie, und Sie können endlich zeigen, was in Ihnen steckt. Zum Vorschein kommt eine Persönlichkeit mit einem klaren Ziel, mit Ausdauer und Verantwortungsbewusstsein. Bescheiden und fleißig leben Sie Tag um Tag für Ihre Arbeit, und es macht Ihnen unendlich große Freude!

Im *sechsten Haus* (Wassermann) ist für die Gegend, die Sie sich zum Leben ausgesucht haben, Ihr Verhalten recht ungewöhnlich. Man betrachtet Sie dort als einen »seltsamen Kauz«. Das liegt zum einen daran, dass Sie die Sprache des Landes noch nicht so richtig beherrschen, zum anderen können Sie sich nur schwer an Gepflogenheiten anpassen. Sie machen eben lieber Ihr eigenes Ding! Doch eines Tages kommen Sie in einer Kneipe mit einigen Ihrer Nachbarn in Kontakt und merken, dass man Sie trotz Ihrer Andersartigkeit und Exotik eigentlich ganz nett findet. So überlegen Sie sich, ob Sie vielleicht zum nächsten Treffen auch wieder hingehen wollen.

Dritter Quadrant

Fern der Heimat haben Sie im *siebten Haus* (Fische) noch lange versucht, Ihre Freundschaften in Deutschland zu pflegen. Doch bei all Ihren Alltagspflichten ist es schwierig geworden, und so haben sich die konkreten Beziehungen von früher in Nichts aufgelöst. Neue Begegnungen haben Sie viele, doch auch die sind eher flüchtig. Merkwürdigerweise scheinen Sie Vagabunden und eher hilf-lose Menschen anzuziehen. Das liegt wohl an Ihrer soliden Aus-strahlung. Man spürt, dass Sie offen für Begegnung sind und anderen auch gern helfen. Doch selbst fühlen Sie sich von Ihren vielen losen Bekanntschaften nicht so richtig unterstützt.

Zuletzt lebte ein Clochard mit bei Ihnen auf dem Hof, der Ihnen zugesagt hatte, gegen Kost und Logis mitzuhelfen. Daraus wurde allerdings nie et-was.

Im *achten Haus* (Widder) haben Sie eines Tages eine einschneidende Begegnung. Es ist Erntezeit, und Ihnen sind einige Erntehelfer abgesprungen. Für den nächsten Tag droht Regen, und Sie haben Angst um Ihre Ernte. Da fassen Sie sich ein Herz und rufen einen Ihrer Nachbarn an, mit dem Sie bisher kaum Kontakt hatten. Er wohnt zwar auch auf dem Lande, hat aber kein eigenes Land. Sie haben Glück - er ist zu Hause und verspricht Ihnen sofort und ohne große Umstände zu helfen. Eine halbe Stunde später steht er mit einem Helfertrupp vor der Tür, den er spontan zusammengetrommelt hat. Alle fassen beherzt mit an, Ihr Nachbar arbeitet bis lange nach Einbruch der Dunkelheit mit Ihnen, bis die Ernte sicher eingebracht ist. Er hat Sie gerettet. Sie bleiben die ganze Nacht wach und reden. Ihr Nachbar wünscht sich schon lange, irgendwo tatkräftig mit anpacken zu können. Es ist besiegelte Sache. Sie werden Partner. Sie haben endlich jemanden gefunden, der genauso viel Pioniergeist besitzt wie Sie selbst!

Es sind einige Jahre vergangen und Sie haben sich im *neunten Haus* (Stier) zu einem angesehenen und sesshaften Mitglied der Gemeinschaft entwickelt. Auf Ihre Meinung wird Wert gelegt. Sie haben als einer der Ersten in Frankreich unter schwierigen Bedingungen ökologische Landwirtschaft betrieben – noch dazu als Aus-länder. Doch Sie haben sich schon längst einen festen Platz in Ihrem Umfeld erobert. Man schätzt Sie, und das spüren Sie. Auch Ihnen fällt es leicht, den anderen Ihre Wertschätzung zu vermitteln. Neidlos können Sie anerkennen, was andere geschaffen haben, denn Sie brauchen sich um Ihr Wohlergehen keine Sorgen zu machen. Sie haben einen Schatz an Wissen und Erfahrung und an Besitz und Sicherheit erworben, den Ihnen so leicht niemand mehr nehmen kann.

Vierter Quadrant
Sie sind älter geworden. Im *zehnten Haus* (Zwillinge) kümmern Sie sich schon lange nicht mehr selbst um die Arbeit auf dem Feld. Doch Ihre Meinung und Ihr Rat werden mehr und mehr gefragt. Sie haben sogar vor einiger Zeit Vorträge über ökologischen Anbau gehalten und wurden direkt wieder in neue Städte eingeladen, um dort zu referieren. In den letzten Monaten sind Sie viel gereist, waren oft unterwegs. Sie haben eine Journalistin kennen gelernt, die von Ihren Methoden ganz besonders begeistert ist und Sie in einem Fachmagazin groß herausbringt. Kaum ist der Artikel erschienen, haben Sie schon einen Fachbuchverlag am Apparat, der anfragt, ob Sie Ihre Erfahrungen und Ihr Wissen nicht weitergeben wollen. Ein Buch schreiben über Ihren ökologischen Ansatz, über Ihre neuartigen Methoden und Ihren mutigen Pioniergeist - warum nicht!

Im *elften Haus* (Krebs) ist Ihr Buch veröffentlicht und hat große Resonanz erhalten. Es stieß auf ebenso heftige Kritik wie großen Zuspruch. Sie berühren die Gemüter mit dem, was Sie zu sagen haben. Seit einiger Zeit haben Sie tageweise ein »offenes Haus«, an diesen Tagen können interessierte Fremde, Kritiker und Freunde Ihrer Arbeit zu Ihnen nach Hause kommen. Sie halten viel davon, direkt mit den Menschen in Kontakt zu treten, nicht nur als ein Name oder bloßes Bild in den Medien aufzutauchen. Sie wollen für andere ein Mensch aus Fleisch und Blut sein und sich mit ihnen dar-über unterhalten, was sie denken und fühlen. Einen ganz großen Vorteil haben diese Tage außerdem: Sie kochen persönlich für Ihre Gäste, und wer bis dahin noch nicht von Ihren Anbaumethoden überzeugt war, ist es spätestens nach dem Genuss Ihrer schmackhaften Gerichte mit den besten Zutaten. Aus eigener Ernte, versteht sich ...

Im *zwölften Haus* (Löwe) haben Sie sich längst vom Rummel um Ihre Person erholt und zurückgezogen. Sie leben Ihr Leben nach Ihrer eigenen Fasson. Ihr Name taucht immer noch in Fachbüchern und Zeitschriften auf, wird sogar an Universitäten zitiert, doch Sie kümmert das alles nicht mehr. Sie brauchen schon lange keinen Ruhm oder Anerkennung mehr, um sich Ihrer selbst, Ihres

Lebenswerkes und Ihrer Methoden sicher zu sein. Viele sehen in Ihnen einen großen Helden, doch Sie wissen, was Sie wirklich sind: ein Mensch, der seinem Herzen und seiner Bestimmung gefolgt ist.

Eine Villa mit zwölf Zimmern

In einem ersten Schritt haben wir uns die Grundgedanken der einzelnen Häuser aus den Themen der vier Quadranten abgeleitet – das hilft Ihnen, künftig Themen, die sie in einem Horoskop interessieren selbstständig zu finden.

Nun können wir einen vertieften Blick in die einzelnen Häuser werfen, wollen uns gewissermaßen noch einmal in ihnen umsehen und einen Blick in vielleicht noch unerschlossene oder gar bislang verborgen gebliebene Winkel werfen.

Stellen Sie sich dazu den Häuserkreis als eine Villa mit zwölf Zimmern vor. Jedes Zimmer erfüllt eine andere Funktion, steht für einen anderen Aufgabenbereich und bietet andere Möglichkeiten der Beschäftigung.

Nun hat jeder Mensch seine ganz eigene Villa, je nachdem, wie die Zimmergestaltung in seinem Horoskop angelegt ist. Wie es in den einzelnen Zimmern aussieht, dass erfahren Sie, wenn Sie das Zeichen an der Spitze eines Hauses betrachten. Dieses Zeichen erzählt Ihnen etwas darüber, welche Stimmung Sie in diesem Raum erwartet, wie es in ihm aussieht, wie er gestaltet ist – welche Tapeten, Möbel, Dekorationen, Farben und Formen Sie vorfinden werden, welcher Stil das Zimmer prägt und so weiter.

Wie ist in Ihrer eigenen Villa eingerichtet, was strahlen die Zimmer dort aus? Welches Gefühl bekommt man, wenn man ein Zimmer betritt? Wir möchten Sie im Folgenden einladen, durch Ihre ganz eigene „Villa Kunterbunt“ zu spazieren. Öffnen Sie alle Türen, werfen Sie überall einen Blick hinein und lassen Sie sich überraschen, was Sie alles an Spannendem und Interessantem, vielleicht auch Nachdenklichem finden werden … Schreiben Sie auf, was Sie entdecken. Oder wenn Sie ein Zimmer nicht in Worten beschreiben möchten, malen Sie es einfach auf! Sind Sie also bereit für einen Rundgang?

Das erste Haus (der Aszendent) – der Eingang

Welcher andere Bereich eines Hauses könnte dem ersten Haus eines Horoskops besser entsprechen als der Eingangsbereich? Jeder weiß: der erste Eindruck zählt! Manche Häuser haben mächtiges Eingangsportal, bei anderen liegt der Eingang eher versteckt und ums Eck. Wieder andere begrüßen Ihre Besucher mit schönen Dekorationen und Blumengestecken, andere wirken auf den ersten Blick eher nüchtern, zurückhaltend und weniger einladend. Vielleicht führ der Weg zu Ihrem Eingang über breite, geschwungen angelegte Wege, oder aber eher über eine Zugbrücke, die sich nicht für jeden öffnet … Wie sieht es nun bei Ihnen aus?
Das Zeichen an der Spitze meines ersten Hauses ist:

…………………………………………………………………...

In meinem Eingangsbereich könnte es so aussehen:

…………………………………………………………………...

…………………………………………………………………...

…………………………………………………………………..

Beispiel: Wie sähe so ein Eingangsbereich womöglich aus, wenn das Zeichen Schütze ihm seine Färbung verleiht? Dann wäre es ein sehr offener und weiter Eingangsbereich, vielleicht mit einer großen Glastür. Wie sähe er hingegen aus, wenn das Zeichen Krebs an der Spitze des ersten Hauses stünde? Wie würden Gäste dann willkommen geheißen? Hier könnte man sich vorstellen, in einen gemütlich eingerichteten Flur zu kommen, der gerade so groß ist, dass sich zwei Menschen bequem dort aufhalten können. Für allzu viele Leute ist dort kein Platz. Die Haustür ist sicher nicht aus Glas wie bei unserem Schütze-Aszendenten, sondern eine solide Holztür, die das sichere Gefühl verleiht, vor Eindringlingen und fremden Blicken geschützt zu sein.

Das zweite Haus – die Küche

Wenn es wie in Haus 2 um Versorgung und Ernährung geht, landen wir fast wie von selbst in der Küche – für manche Menschen der wohl wichtigste Raum. Von diesem Ort aus wird für das leibliche Wohlergehen der Menschen in Ihrer Villa gesorgt: hier wird gekocht, gesotten und gebraten. Aber auch die Speisekammer ist hier zu finden und die Vorräte. Wie gut gefüllt werden Lager sein? Wie wird es in Ihrer Küche zu gehen? Welche Lieblingsspeisen werden dort wohl zubereitet?
Das Zeichen an der Spitze meines zweiten Hauses ist:

……………………………………………………………………...

In meiner Küche könnte es so aussehen:

……………………………………………………………………...

……………………………………………………………………...

……………………………………………………………………...

Beispiel: Das zweite Haus in Widder. In dieser Küche geht es wild zu! Hier hat nicht unbedingt alles einen festen Platz – nein, es wird oft und gerne improvisiert. Der Besitzer dieser Küche kommt mit wenigen Dingen zurecht, wenn kein Nudelholz da ist, nimmt er eben eine leere Flasche. Doch gebacken und gekocht wird hier ohnehin selten. Viel eher wird gebraten oder gegrillt! Hier mag der Koch es gern deftig, und es darf auch einmal ein blutiges Steak sein. Der Inhalt der Speisekammer passt in jeden Rucksack und besteht in erster Linie aus energiereicher, schnell verwertbarer Kost.

Das dritte Haus – die Flure und Gänge

Das dritte Haus handelt ist zuständig unter Anderem zuständig für Kommunikation und in unserer Villa „kommunizieren“ die einzelnen Zimmer untereinander durch die Verbindungswege wie Treppen, Flure und Gänge. Gerade in diesen Räumen wird besonders viel Bewegung stattfinden, denn sie sind ja nicht im ei-

gentlichen Sinne Zimmer, in denen wir verweilen, und doch prägen sie den sichtbaren Charakter eines Hauses am stärksten, denn neben dem Eingangsbereich werden unsere Gäste unsere Flure und Gänge als Erstes zu Gesicht bekommen, bevor wir sie in die anderen Gemächer führen, die vom Flur aus erreicht werden, aber noch hinter verschlossenen Türen liegen. An den Fluren und Gängen kommt keiner vorbei! Und wie sieht es in Ihren Fluren aus? Sind es großzügige Fluchten mit vielen Sitzgelegenheiten und prunkvoller Dekoration? Oder gleichen sie eher labyrinthischen Wegen, in denen man schnell die Orientierung verliert? Welchen Eindruck vermitteln die Flure als Lebensnerven und Atemwege Ihres Hauses?
Das Zeichen an der Spitze meines dritten Hauses ist:

………………………………………………………………..

In meinem mein Flure und Gänge könnte es so aussehen:´

………………………………………………………………..

………………………………………………………………..

………………………………………………………………..

Beispiel: Das dritte Haus in Waage. Was für eine Freude ist es, durch diese Flure zu lustwandeln! Man hat nicht den Eindruck, sich möglichst schnell von Zimmer zu Zimmer bewegen zu müssen, sondern verharrt gern hier und da, um sich die schönen Bilder an den Wänden genauer anzuschauen. Alles ist farblich wunderschön aufeinander abgestimmt und zeugt von dem erlesenen Geschmack des Hausbesitzers. Unter bunten Fenstern finden sich kleine Sitzgruppen aus Peddigrohr unter ausladenden Palmen und laden zum Verweilen ein – ein echter Ort der Begegnung, an dem man gerne mit seinem Zimmernachbarn sich auf eine Tasse Tee trifft.

Am tiefsten Punkt des Horoskops beginnt das vierte Haus und an der geschütztesten Stelle des Hauses sollte sich unser Schlafzimmer befinden, wo wir einen nicht unbeträchtlichen Teil unseres Lebens verbringen, um uns von den Strapazen des Alltags zu erholen und Körper, Geist und Seele regenerieren. Im Schlaf und in unseren Träumen sind wir uns so nahe, wie wir den ganzen Tag über uns nicht näher waren. Dort ist der Raum, in dem wir uns unseren inneren Bildern hingeben, die uns auf der einen Seite neue Inspirationen liefern können, andererseits uns auch mit den Dingen konfrontieren werden, die wir möglicherweise den Tag über eher zu verdrängen versucht haben. Das Schlafzimmer ist daher auch ein sehr privater Raum und wir werden ihn mit Sicherheit nicht allen Gästen zeigen. Die Einrichtung eines Schlafzimmers ist daher nicht unerheblich, denn sie sagt etwas darüber aus, was wir brauchen, um uns dort wohl zu fühlen. Der Eine mag es dort vielleicht eher geräumig und elegant, weil er sich gerne im Schlafzimmer aufhält, während ein Anderer das Schlafzimmer eher funktional betrachtet und auf eine besondere Ausstattung verzichtet. Ob Schlafgemach oder Schlafkammer: Wie sieht es bei Ihnen aus?
Das Zeichen an der Spitze meines vierten Hauses ist:

………………………………………………………………...

In meinem Schlafzimmer könnte es so aussehen:

………………………………………………………………...

………………………………………………………………...

………………………………………………………………...

Beispiel: Das achte Haus in Stier. Hier geht es gediegen und solide zu. Ein großes gemütliches Holzbett aus dunkler Eiche dominiert den Raum. Dazu passen die Kommoden und der große Wandschrank. An der Decke hängt ein Leuchter mit echten Kerzen, auf dem Boden und dem Bett liegen kuschelige Schaffelle. Wer hier einschläft, der kann sich sicher und geborgen fühlen. Es duftet überall nach Lavendelkissen. Andere mögen den rustikalen Stiel vielleicht ein bisschen erdrückend finden, ich aber fühle mich hier so richtig wohl!

Das fünfte Haus – das Kinderzimmer, das Atelier

Im fünften Haus geht es um all das, was wir im Leben hervorbringen und als Ergebnis und Ausdruck unserer Persönlichkeit betrachten würden – und dazu gehören auch die Kinder, die aus diesem Grunde in diesem Haus zu finden sind: Hier ist also das Kinderzimmer! Vielleicht bewohnt das Haus aber auch ein Künstler, dann wird er hier möglicherweise sein Atelier haben, denn auch Kunstwerke sind Erzeugnisse unserer kreativen Seite. Und natürlich können wir auch beides haben – unsere Villa ist schließlich große genug! Ob Kinder oder Künstler – wie muss dieser Raum gestaltet sein, damit sich beide dort entfalten können? Was bietet genügend Inspiration? Was lädt hier zu Spiel und Spaß, zu Freude an Kreativität ein?
Das Zeichen an der Spitze meines fünften Hauses ist:

……………………………………………………………...

In meinem Kinderzimmer könnte es so aussehen:

……………………………………………………………...

……………………………………………………………...

……………………………………………………………...

Beispiel: Das fünfte Haus in Zwillinge. In diesem Kinderzimmer sieht es aus wie in einem Süßwarenladen: bunte Streifen an den Wänden, Punkte auf dem Teppich, und alles in Pastellfarben gehalten. Die Decke ist hellblau gestrichen mit ein paar Schäfchenwölkchen, und über alle Wände flattern exotische Schmetterlinge und bunte Papageien. Von der Decke hängt ein selbst gebasteltes Papier-Mobile mit Flugzeugen, Luftschiffen und einem Drahtesel. In eine Ecke stehen fünf beklebte Pappkartons mit Comicheften, die unbedingt noch gelesen werden wollen.

Ein Zimmer, in dem es darum geht, sich fit für den Alltag zu machen? Ein Ort, an dem wir uns organisieren und herrichten, damit wir gewappnet sind für die Dinge, die es zu erledigen gilt - ungestört? Für viele Menschen ist dafür kein Raum besser geeignet als das Badezimmer: Hier prüfen wir uns mit kritischen Blick im Spiegel, zupfen hier und rücken da zurecht, bis wir uns in unserer Haut wohl fühlen und den Eindruck haben, dass wir uns so auf die Straße wagen können. Wir reinigen und pflegen uns, nehmen Bäder für unsere Gesundheit – und auch die Hausapotheke könnte dort zu finden sein! Die Atmosphäre in dem Badezimmer unserer Villa sollte entsprechend gestaltet sein, dass wir uns darin wohl fühlen, um diesen ganz alltäglichen Dingen ungestört nachgehen zu können …

Das Zeichen an der Spitze meines sechsten Hauses ist:

…………………………………………………………………...

In meinem Badezimmer könnte es so aussehen:

…………………………………………………………………...

…………………………………………………………………...

…………………………………………………………………...

Beispiel: Das sechste Haus in Löwe. Unser Badbenutzer liebt es luxuriös. So hat er sich denn auch statt einer einfachen Badewanne einen Whirlpool einbauen lassen, in dem er oft und gerne und meistens nicht alleine sitzt. Auf dem rotgoldenen Kachelboden, der mithilfe einer Fußbodenheizung auch im Winter immer kuschelige 23° verstrahlt, liegen hochflorige Teppiche in warmen Curryfarben und Orangetönen, bei deren Anblick allein es einem ganz warm ums Herz wird. Ein Raumbedufter sorgt für den Duft nach Zimt und Vanille, und aus den vier eingebauten Lautsprechern tönt der Klang einer Arie von Placido Domingo.

Was früher der Salon war, in welchem die Damen und die Herren des Hauses ihre Gäste zu empfangen pflegten, ist heute das Wohnzimmer. Ganz wie es dem siebten Haus gut zu Gesichte steht, ist dies ein Ort der Begegnung und Kommunikation und zugleich auch das Aushängeschild des Hauses, was Geschmack und Stil angeht, den es zu repräsentieren gilt. Manche Villen haben mehrere Salons in verschiedenen Farben, und je nach Lust und Laune, oder auch nach Anlass lädt man in den „blauen", den „roten" oder den „grünen" Salon zur gepflegten Konversation, zu einem Literaturabend oder einer musikalischen Soiree. Wie sieht es in Ihrem Salon aus? Mit welchen Details und Accessoires begrüßen Sie Ihre Gäste? Und zu welchen Anlässen laden Sie ein?
Das Zeichen an der Spitze meines siebten Hauses ist:

……………………………………………………………………...

In meinem Salon könnte es so aussehen:

……………………………………………………………………...

……………………………………………………………………...

……………………………………………………………………...

Beispiel: Das siebte Haus in Wassermann. Was für ein Ort der Begegnung! Unserem Blick öffnet sich ein großer Raum, der viel Platz für Besucher bietet. Es gibt verschiedene Sitzecken, teilweise mit Sofas und bunten Sesseln, teilweise mit großen Tischen und Stühlen bestückt. Die ganze Einrichtung lädt ein zum Kommunizieren, zum Austausch von Ideen und zum Pläne schmieden. An den Wänden hängen einige Bilder moderner Kunst, aber auch ein großes Whiteboard ist dort, auf dem jemand mit ein paar Strichen einen Entwurf gezeichnet hat. Offensichtlich wird hier nicht nur ins Blaue hinein gequatscht, sondern es werden hier auch tatsächlich konkrete Themen besprochen. Kein Wunder – hier kommt man auch auf tolle Ideen. Das ganze Ambiente lädt dazu ein, eine sehr individuelle Einrichtung, die dennoch nicht überladen ist und Raum für freie Gedanken lässt. Die großen Fenster gewähren den freien Blick in den Himmel – keine Gardinen verhängen die Sicht. Hier sind die Gedanken wirklich noch frei!

Das achte Haus – das geheime Zimmer

Wenn man ein bestimmtes Buch in der zweiten Reihe von oben links von der Mitte leicht nach vorne kippt – dann öffnet sich das Regal und gibt den Blick frei auf einen geheimen Gang, der in ein geheimes Zimmer führt … Niemand – außer Ihnen selbst – kennt diesen Raum, denn hierhin ziehen Sie sich zurück, um ganz alleine zu sein und Ihre Privatsphäre zu genießen. Wie wird es dort aussehen? Welche Geheimnisse werden Sie dort hüten? Welche Schätze bewahren Sie dort auf? Es werden Dinge sein, die Sie nur ungern ans Licht bringen und die es wert sind an einem solch abgeschiedenen Ort verwahrt zu werden. Vielleicht ist es auch geheimes Labor, in welchem Sie merkwürdigen Experimenten nachgehen, vielleicht ein Zimmer für wertvolle Reliquien und Trophäen aus aller Welt, vielleicht aber auch nur ein Privatzimmer, in dem Sie nichts anderes wollen als ungestört ihren Gedanken nachhängen. Und – welches Geheimnis verbirgt sich in Ihrem Zimmer hinter der Regalwand?
Das Zeichen an der Spitze meines achten Hauses ist:

………………………………………………………………...

In meinem geheimen Zimmer könnte es so aussehen:

………………………………………………………………...

………………………………………………………………...

………………………………………………………………...

Beispiel: Das achte Haus in Jungfrau. Endlich allein – endlich nur für mich! Mein Zimmerchen ist nicht groß, aber dafür ist jeder Winkel genutzt. Das Sofa reicht von Wand zu Wand und ist gerade so lang, dass ich mich darauf ausstrecken kann. Die gegenüberliegende Wand besteht aus einem großen Schrank mit vielen, vielen Schubladenkästen. In denen hab ich all meine persönlichen

Schätze einsortiert: Meine Kinderfotos, die Briefe von meiner Freundin in England, meine Tagebücher, mein Strickzeug und meine Lieblingsbücher. Eine Schmetterlingssammlung, fein säuberlich beschriftet, und alte Stiche von Heilkräutern aus dem Kloster zieren die Wand. Niemand weiß von diesem Raum, und trotzdem schließe ich ihn, wenn ich darin bin, noch einmal von innen ab, denn ich mag den Gedanken nicht, jemand könnte mich zufällig dabei überraschen, wie ich mich meinen kleinen Kostbarkeiten widme.

Das neunte Haus – die Bibliothek

Wer etwas auf sich hält, der nennt eine Bibliothek sein eigen! In hohen und niedrigen Regalen warten Bücher und Folianten auf den neugierigen Leser. Tische mit Leselampen laden zum Studieren ein und gemütliche Sitzgelegenheiten zum Schmökern und Stöbern. Die Bibliothek ist ein Hort des Wissens, so wie das neunte Haus für unseren Wunsch nach Erweiterung des Horizontes steht – und damit ein Spiegelbild des Geistes seiner Bewohner: was sich hier an Literatur versammelt spricht – im wahrsten Sinne des Wortes – Bände! Und so erfahren Sie einiges über sich selbst, wenn Sie die Regalreihen entlang schlendern und die Titel auf den Buchrücken lesen … Was für ein Ort ist diese Bibliothek? Hell und einladend? Dunkel und geheimnisvoll? Schmücken Statuetten, Bilder und liebevolle Details den Raum oder ist er eher eine karge Bücherverwahranstalt? Sehen Sie sich genau um!
Das Zeichen an der Spitze meines neunten Hauses ist:

…………………………………………………………………..

In meiner Bibliothek könnte es so aussehen:

…………………………………………………………………..

…………………………………………………………………..

…………………………………………………………………..

Beispiel: Das neunte Haus in Skorpion. Wer dieses Zimmer betritt, spürt sofort: Hier gibt es Geheimnisse zu entdecken. Zwischen unauffällig aussehenden Büchern in den schwarzen Ebenholzregalen fällt der geschulte Kennerblick auch auf einige dunkle, alte, schwere und verstaubt aussehenden Bände. Diese tragen Titel wie: *Geheimes Wissen, Die zehn Totems, Kulturelle Tabus, Verborgene Schätze der Erde, Okkultismus in Europa, Die Sexualkünste Asiens* und viele andere mehr. Auch eine Krimi-Ecke gibt es. Hier scheint es besonders mörderisch und rachsüchtig zuzugehen, wie die vorwiegend rot-schwarzen Einbände mit blutrünstigen Bildern verraten. Doch was verbirgt sich wohl in dem abgeschlossenen Eckschrank, der so unscheinbar wirkt? Manche Geheimnisse werden dem fremden Besucher wohl für immer verborgen bleiben …

Das zehnte Haus – das Arbeitszimmer

Auf Ihrem Rundgang gelangen Sie an die Türe des Arbeitszimmers, eine würdige Entsprechung für das zehnte Haus, dessen Spitze – das Medium Coeli – den höchsten Punkt in Ihrem Horoskop ausmacht und deshalb auch für Ihre höchsten Ansprüche an sich selbst steht. Hier verwirklichen Sie Ihre Vorstellungen von einem angemessenen Platz in der Gesellschaft und gehen den Tätigkeiten nach, die Ihnen diesen Platz sichern sollen. Aber es geht um mehr als nur um eine Arbeitsstätte. Das Arbeitszimmer sagt etwas über die Wünsche und Hoffnungen aus, die Sie mit Ihrem Berufsleben verbinden – ob Sie viel Freiraum brauchen, gerne alleine für sich arbeiten oder auf Teamwork setzen, weswegen ein Konferenztisch unbedingt Teil der Ausstattung sein sollte. Oder ob Ihnen in Ihrem Beruf Anerkennung Ihre Leistungen wichtig ist und Sie deshalb gerne Zertifikate, Preise und andere Urkunden aufhängen, oder ob Sie lieber im Hintergrund beschäftigt sind und Ihnen ein kleiner, aber ordentlich geführter Schreibtisch genügt. Wie auch immer Ihr Arbeitszimmer aussehen wird, es ist ein Spiegel Ihrer Berufung.

Das Zeichen an der Spitze meines zehnten Hauses ist:

…………………………………………………………………...

In meinem Arbeitszimmer könnte es so aussehen:

…………………………………………………………………...

…………………………………………………………………...

…………………………………………………………………...

Beispiel: Das zehnte Haus in Krebs. Also, ganz ehrlich – ich würde hier nicht zum Arbeiten kommen! Es gibt zwar einen Tisch, aber der sieht eher aus wie ein Ahnenaltar, so voll gestellt mit Familienbildern ist er! Die Einrichtung hier ist rundum gemütlich – dunkle Möbel, ein Sofa mit samtenen Kissen, ein kuscheliger Sessel. Wahrscheinlich erzählt der Bewohner des Zimmers auch gern Geschichten über die einzelnen Möbelstücke, die entweder Familienerbstücke sind oder die er auf dem Antikmarkt erstanden hat. Und Geschäftspartner, die hier empfangen werden, fühlen sich möglicherweise gleich wie zu Hause. Das ist bestimmt eine ideale Umgebung, um seine Memoiren zu schreiben oder sich mit Geschichte und Geschichten zu befassen!

Das elfte Haus – der Partykeller

Ein Partykeller ist schon ein seltsamer Raum – wer geht schon gerne in den Keller, um dort zu feiern? Und dennoch: Viele Häuser haben einen solchen Ort, an den man sich zum Feiern begibt. Das hat dann weniger damit zu tun, dass man „zum Lachen in den Keller" geht als damit, dass man einen Ort haben möchte, an dem man sich ganz frei und ungezwungen austoben darf: Tanzen, Lachen und ausgelassen sein. Ein Kinderzimmer für Erwachsene sozusagen. Hier dürfen alle Gäste sich von ihrer kreativen Seite zeigen, da hängt eine alte Gitarre an der Wand, in der Ecke steht der CD-Player und der alte Plattenspieler, der einen DJ sucht, und in der Ecke liegen ein Paar Kastagnetten und Rasseln, für den Zeitpunkt, wenn die Stimmung dann schon fast an den Kölner

Karneval erinnert! Wie sieht es bei Ihnen aus, wenn Sie zum Feiern einladen? Wo dürfen sich Ihre Gäste austoben?
Das Zeichen an der Spitze meines elften Hauses ist:

…………………………………………………………………...

In meinem Partykeller könnte es so aussehen:

…………………………………………………………………...

…………………………………………………………………...

…………………………………………………………………...

Beispiel: Das elfte Haus in Fische. Wenn man diesen Raum betritt, ist man zuerst ein bisschen orientierungslos, weiß nicht genau, wo man sich befindet. Der erste Blick fällt meist auf das Bügelbrett mit dem Wäschestapel, der ganz offensichtlich darauf wartet, gebügelt und gefaltet zu werden. Dann wird es aber auch schon unübersichtlich. Unter einem Wust von alten Kissen und Decken verbirgt sich eine alte Couch, deren ehemals zartes Blumenmuster leicht vergilbt ist. An einer Wand sind einige alte Koffer und Reisetaschen gestapelt. Dann gibt es noch drei zerbrechlich wirkende Sessel, von denen zwei nur drei intakte Füße haben. Hier sollen also Partys gefeiert werden … Naja, immerhin steht in der Ecke ein verstaubter Plattenspieler und einen alten Kühlschrank gibt es hier unten auch.

Das zwölfte Haus – der Meditationsraum

Nach all dem Trubel tut es richtig gut, sich dem letzten Raum Ihrer Villa zuzuwenden – einer Oase der Besinnung und Ruhe: dem Meditationsraum. Wann auch immer Ihnen der Sinn danach steht, sich vom Lärm des Alltags zurückzuziehen und den Geist zu beruhigen, finden Sie hier einen Ort, an dem nichts als Frieden herrscht. Ob Sie nun sich tatsächlich in religiösen Gefühlen üben oder einfach nur Momente der innerer Versenkung genießen wollen, ist hier egal, auch wenn die Ausstattung sicherlich einen Hinweis auf Ihre persönlichen Präferenzen in dieser Richtung geben mag. Doch letzten Endes geht es ohnehin darum, die Augen von der Welt abzuwenden und zu verschließen, um nach innen zu blicken. Es geht hier um nichts und die Welt mit Ihren Anforderungen und Ansprüchen muss draußen bleiben. Zeit und Raum spielen keine Rolle – nur das Hier und das Jetzt. Und wenn Sie dann sich frisch und leicht aus Ihrer Meditation erheben, werden Sie die Welt vielleicht mit neuen Augen sehen …

Das Zeichen an der Spitze meines zwölften Hauses ist:

………………………………………………………………...

In meinem Eingangsbereich könnte es so aussehen:

………………………………………………………………...

………………………………………………………………...

………………………………………………………………..

Beispiel: Das zwölfte Haus in Steinbock. Ein bisschen komme ich mir vor wie ins Mittelalter zurückversetzt, wenn ich diesen Raum betrachte. Nichts erinnert daran, dass wir uns im 21. Jahrhundert befinden. Die Wände sind weiß verputzt, nicht tapeziert, der Boden ist mit großen rauen Steinfliesen belegt. Das Zimmer ist nicht groß, vielleicht zehn Quadratmeter, und quadratisch gebaut. Außer der Tür gibt es noch ein kleines hohes Fenster, das so angelegt ist, dass man von außen nicht hineinschauen kann. Nichts, aber auch gar nichts, zieht hier den Blick auf sich. Nichts, was einen von dem einzigen Zweck abhalten könnte, zu dem dieses Zimmer eingerichtet wurde – zur Meditation. Einige Sitzkissen in der Mitte des Raumes laden ein, sich hinzusetzen und sich zu vertiefen. Auch wer die Augen nicht schließt, kann sich hier besinnen. Man sieht nichts als weiße Wände. Schon nach kurzer Zeit wird man innerlich ganz ruhig. Kein Geräusch, keine Ablenkung dringt hier hinein. Ein Gefühl wie im Kloster, ein Gefühl, endlich beim Wesentlichen anzukommen: bei sich selbst.

Eingeschlossene Zeichen – ein Zimmer hinter dem Zimmer

In fast jedem Horoskop gibt es sogenannte eingeschlossene Zeichen. Das ist immer dann der Fall, wenn ein ganzes Tierkreiszeichen komplett in einem Haus steht. Meist fällt eine Häuserspitze, der Beginn eines Hauses, in ein Tierkreiszeichen, die nächste Häuserspitze in das nächste Tierkreiszeichen, usw. Es gibt aber immer wieder Ausnahmen. Dann beginnt ein Haus in einem Tierkreiszeichen, das nächste Zeichen steht komplett in diesem Haus, und das nächste Haus beginnt erst in dem darauffolgenden Tierkreiszeichen. Dies hat zur Folge, dass zwei andere Häuser sich ein Zeichen teilen, dass ihre Hausspitzen also in das gleiche Zeichen fallen.

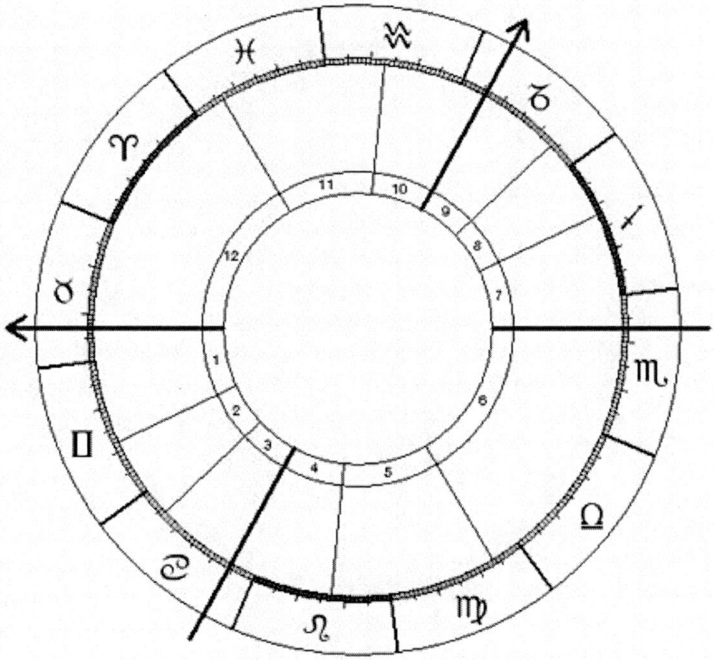

Eingeschlossene Zeichen

Ein Beispiel: Jemand, der am 22.12.2004 um 14.11 Uhr in Köln geboren wurde, hat folgende Häuserspitzen in folgenden Zeichen stehen: Es gibt also zwei Zeichen, die jeweils von zwei Häuserspitzen berührt werden: Krebs und Steinbock, und zwei Zeichen, die ganz in einem Haus eingeschlossen sind: Waage und Widder. Es ist kein Zufall, dass dies immer zwei Zeichen sind, die einander gegenüberliegen, denn die Häuserspitzen zwei einander gegenüberliegender Häuser fallen immer auf den gleichen Grad in die einander gegenüberliegenden Zeichen.

Was hat es nun mit den Häusern auf sich, in denen ein Zeichen an der Hausspitze steht und ein weiteres komplett eingeschlossen ist? Wie können wir das auf unser Beispiel mit den Zimmern eines Hauses übertragen?

Stellen Sie einmal ein Zimmer vor, das Sie vom Flur aus nicht erreichen können. Um es zu betreten, müssen Sie erst durch ein anderes Zimmer gehen. Nur dann erhalten Sie Zutritt zu diesem Raum. Das ist ein eingeschlossenes Zeichen. Die Energie dieses „Zimmers" steht uns nur dann zur Verfügung, wenn wir uns auf den Weg durch das vorhergehende Zeichen („Zimmer") gemacht haben.

Erforschen wir das Ganze einmal konkret für unser Horoskopbeispiel vor. Hier steht das Zeichen Fische an der Spitze des zwölften Hauses. Was bedeutet das? Wir gehen gemeinsam schrittweise vor:

Wir stellen uns eine der Fragen zum zwölften Haus: Was hinterlasse ich der Welt, bzw. welche „Hinterlassenschaften" nehme ich als Schicksalsaufgabe an?

Im Zeichen Fische ist diese „Hinterlassenschaft" mystisch gefärbt. Sie hat womöglich etwas damit zu tun, mehr Vertrauen in das Leben zu entwickeln, sich mit anderen Menschen verbunden zu fühlen und diese Verbundenheit durch Mitgefühl zum Ausdruck zu bringen. Nun ist das zwölfte Haus nicht gerade ein vordergründiger Lebensbereich, sondern ein „Zimmer", bei dem es möglicherweise etwas länger dauert, bis es in mein Leben wirklich integriert wird.

Nun gibt es *hinter* diesem Zimmer noch ein Zimmer, das von Widderenergie eingefärbt wird. Es scheint ein Zimmer zu sein, das wir nur ganz selten betreten, wenn wir schon das vorherliegende Zimmer nicht unbedingt täglich benutzen. Auf das Leben übertragen bedeutet das, dass etwas mit der Widderenergie in unserem Leben im Argen liegt. Vielleicht können wir mit Aggression nicht wirklich umgehen, fürchten ihre potenziell zerstörerische Kraft. Oder wir haben unsere Wut nicht unter Kontrolle – sie kommt über uns, ohne dass wir ihrer wirklich Herr sind. Einen Zugang zu diesem eingeschlossenen Zeichen und seiner Färbung entwickeln wir unter anderem dadurch, dass wir uns auf den Weg dorthin machen. Wir müssen das vorherliegende Zimmer durchschreiten und seine Qualitäten entwickeln. Dann können wir das eingeschlossene Zeichen auf einer neuen Ebene erleben.

Zusammenfassend könnte man sich also vorstellen, dass es wichtig für diesen Menschen ist, sich zuerst einmal mit anderen verbunden zu fühlen. Wenn er diese Verbundenheit fühlt und voller Mitgefühl für seine eigenen und die Schwächen anderer ist, dann wird es für ihn auch möglich, seine Aggressionen und spontanen Durchsetzungsimpulse auf einer höheren Ebene auszuleben. Solange er sich noch auf dem Weg dorthin befindet, wird das Thema Aggression, Wut, Abgrenzung und Durchsetzung immer ein wenig problematisch für ihn sein. Das „Problem" aber kann uns helfen, als Mensch zu wachsen!

Parallelen zwischen Zeichen und Häusern

Zwölf Zeichen und zwölf Häuser … ein Vergleich zwischen diesen beiden Strukturen drängt sich förmlich auf. Und tatsächlich: Dem aufmerksamen Leser wird nicht entgangen sein, dass es klare Parallelen zwischen einzelnen Häusern und Tierkreiszeichen gibt.

Lassen Sie uns das einmal an den ersten drei Häusern vorexerzieren, indem wir uns ein paar typische Stichwörter herausgreifen, welche die Merkmale dieser Häuser gut erfassen:

Haus 1

meine Bedürfnisse durchsetzen, spontan reagieren, mich verteidigen, mich dem Leben stellen, Herausforderungen annehmen etc.
Analogie zu ....

Haus 2

mich ernähren, meine Existenz absichern, mich schützen, meine Ressourcen, einen Selbstwert haben etc.
Analogie zu ....

Haus 3

sprechen, denken, mich darstellen, kommunizieren, mich bewegen, mich mimisch und gestisch artikulieren etc.
Analogie zu ....

Welche Tierkreiszeichen würden Sie in Analogie zu den ersten drei Häusern setzen? Sicherlich haben Sie nicht lange dafür gebraucht, um zu entdecken, dass es sich um die ersten drei Tierkreiszeichen handelt, um Widder, Stier und Zwillinge! Das lässt sich auch genauso fortsetzen:

Haus 4 ist verwandt mit Krebs
Haus 5 mit Löwe
Haus 6 mit Jungfrau
Haus 7 mit Waage
Haus 8 mit Skorpion
Haus 9 mit Schütze
Haus 10 mit Steinbock
Haus 11 mit Wassermann und zu guter Letzt
Haus 12 mit Fische.

Selbstredend sind Widder-Eigenschaften nicht gleichbedeutend mit dem Lebensbereich des ersten Hauses, aber es besteht eine Art Verwandtschaft zwischen beiden. Stier-Eigenheiten sind nicht das Gleiche wie unser Lebensbereich des zweiten Hauses, aber beide haben gewisse Ähnlichkeiten miteinander usw. Diese Ähnlichkeiten können sehr hilfreich sein, wenn es geht, bestimmte Themen den Häusern zuzuordnen, denn die Verwandtschaft erlaubt es, auch Themen einzuschließen, die sich vielleicht auf den ersten Blick nicht so offensichtlich ableiten lassen: Die Zeichen werden so zu Quellen der Inspiration für einen vertieften und erweiterten Blick auf den Häuserkreis!

Lassen Sie uns diesen Gedanken systematisch erschließen entlang der Fragestellung: Welche Themen aus den Tierkreiszeichen bereichern unser Wissen aus den Häusern?

Widder

triebhaft, angriffslustig, wettbewerbsorientiert, instinktiv, engagiert, willensstark, entscheidungsfreudig, direkt, abenteuerlustig, spontan, begeisterungsfähig, mutig, aktiv, durchsetzungsfähig, pionierhaft

Erweiterte Themen für Haus 1: Aggressionen, instinktive Reaktionen, Entscheidungsfähigkeit, Spontaneität, Verteidigungsmechanismen, Neuanfänge, Mut, Pionier sein etc.

Stier

triebhaft, angriffslustig, wettbewerbsorientiert, instinktiv, engagiert, willensstark, entscheidungsfreudig, direkt, abenteuerlustig, spontan, begeisterungsfähig, mutig, aktiv, durchsetzungsfähig, pionierhaft

Erweiterte Themen für Haus 2: Sicherheit, Gruppenbindung, Besitz, Beständigkeit, Genussfähigkeit, das leibliche Wohl etc.

Zwillinge

unstet, zerstreut, geschwätzig, opportunistisch, unzuverlässig, leichtfertig, zweifelnd, neugierig, schlau, beweglich, sprudelnd, geschickt, wendig, lebhaft, heiter, vielseitig, kontaktfreudig, kommunikativ, aufgeschlossen, interessiert, offen, vermittelnd

Erweiterte Themen für Haus 3: Sprachbegabung, Lernfähigkeit, Intellekt, Bewegungsapparat, Neugierde, Nachbarschaft, Humor etc.

Sie sehen: einige Themen der Häuser werden durch die Parallelen zu entsprechenden Zeichen deutlicher und plastischer. Das sollten auch Sie sich zunutze machen. Vergleichen Sie einfach die Tabelle mit der Übersicht der Eigenschaften der einzelnen Zeichen (Seite 56) mit der Übersicht über die Häuserthemen, wie wir sie aus den Quadrantenthemen abgeleitet haben (Seite 84) und überlegen Sie:

→Welche zusätzlichen Informationen kann ich aus dem Wissen um die Verwandtschaft zwischen Häusern und Zeichen für die Themen der Häuser ziehen?

Zeichen und Häuserachsen

Sie haben bereits in den vorherigen Kapiteln gesehen, dass bestimmte Themen, Häuser, Zeichen und Planeten, sich zu größeren Themengruppen zusammenfinden. So gibt es die vier Elemente, zu denen sich die Zeichen gruppieren, die drei Qualitäten, es gibt die Polaritäten, Quadranten und es gibt Achsen.

Zwei Tierkreiszeichen und zwei Häuser liegen einander immer genau gegenüber. Ihre Färbungen oder ihre Themen mögen sich auf den ersten Blick sehr voneinander unterscheiden, doch wenn man genau hinschaut, entdeckt man auch Ähnlichkeiten. Zwei einander gegenüberliegende Häuser haben immer auch etwas gemeinsam, ein übergeordnetes Thema sozusagen.

Dieses möchten wir nun mit Ihnen gemeinsam herausarbeiten, um Ihnen die Gelegenheit zu geben Ihr intuitives Wissen um die Bedeutung der Zeichen und Häuser miteinander zu verbinden und zu vertiefen. Wir wollen dazu wieder eine Achse als Beispiel wählen, nämlich die Achse des ersten und siebten Hauses. Diese entspricht der Tierkreisachse Widder-Waage.

Erstes Haus und siebtes Haus – Widder und Waage

Welche Themen begegnen uns hier? Was haben sie gemeinsam? Im ersten Haus geht es um die Selbstwahrnehmung und Selbstdurchsetzung, im siebten um die Fremdwahrnehmung und die Öffnung für den anderen. Auf der einen Seite steht das Ich, auf der anderen das Du. Im ersten Haus erobere ich etwas für mich allein, für mein persönliches Überleben, im siebten Haus begegne ich anderen Menschen und mache Raum für sie in meinem Leben. Auf dieser Achse positionieren wir also unsere eigene Person in einem Umfeld. Wir können sie daher „Begegnungsachse" oder „Beziehungsachse" nennen.

Versuchen Sie nun einmal selbst, Bezeichnungen für die anderen Achsen zu finden. Überlegen Sie sich dabei immer genau:

Welche Themen gehören zu den jeweiligen Häusern bzw. Zeichen?

Was ist das Gemeinsame und Übergeordnete daran?

Worin ergänzen sich die beiden Häuser bzw. Zeichen?

Lassen Sie sich für diese Übung Zeit. Vielleicht können Sie sich auch mit jemandem austauschen, der sich ebenfalls mit Astrologie befasst. Oder sie erzählen einem interessierten Zuhörer einfach in Ihren eigenen Worten, was die beiden gegenüberliegenden Häuser jeweils bedeuten, und fragen ihn, ob er einen Zusammenhang zwischen beiden sieht. Sammeln Sie Ideen. Erst dann sollten Sie unsere Vorschläge lesen.

Zweites und achtes Haus – Stier und Skorpion

Es geht um unsere materiellen (zweites Haus) und geistigen (achtes Haus) Werte, unser Vermögen, auch im Sinne von dem, was ich „vermag", also meine Talente (zweites Haus) sowie um das Vermögen des anderen (achtes Haus). Was habe ich an Ver-Wertbarem (zweites Haus) und an welche Wertvorstellungen (achtes Haus) binde ich mich? Dies zeigt, dass auch die Bindung, entweder die materielle/organische Bindung, im Sinne von: *Was gehört (zu) mir?* oder die geistige Bindung, im Sinne von: *Was ist meine Vorstellung?* eine große Rolle spielt. Die Pole auf dieser Achse könnten wir mit den Worten „Körper und Geist" oder auch „Idee und Manifestation" beschreiben. Mögliche Bezeichnungen für diese Achse sind „Werteachse", „Sicherheitsachse", „Vermögensachse" sowie „Bindungsachse".

Drittes und neuntes Haus – Zwillinge und Schütze

Hier geht es in beiden Häusern um Wissens- und Verständnisprozesse. Die rein intellektuellen und verstandesmäßigen Wissens- und Kommunikationsprozesse unterstehen dem zweiten Haus, während es im neunten Haus um den Überblick, das intuitive Verständnis, die Erkenntnis von sinnvollen Zusammenhängen und den Erwerb von Weisheit durch Erfahrung geht. Während das Zwillingsinteresse von Vielfalt, Zerstreuung und Details geprägt ist, bringt das Interesse des Schützen eine gewisse Zielgerichtetheit und einen bestimmten Anspruch mit sich. Deswegen bieten sich Begriffe wie „Denk- und Erkenntnisachse", „Lern- und Wissensachse" oder auch „Kommunikations- und Verständnisachse" an.

Viertes und zehntes Haus – Krebs und Steinbock

Im Schoße der Familie, in der Geborgenheit des häuslichen Umfeldes und mit der Entdeckung der persönlichen Identität (viertes Haus) beginnt unser persönlicher Wachstumsprozess. Er setzt sich mit dem Hinaustreten in die Öffentlichkeit und der Wahl einer überpersönlichen Aufgabe (zehntes Haus) fort. Krebs-Energie steht für das kleine Kind und Baby, Steinbock-Energie steht für den reifen Menschen. Es geht auf dieser Achse also um Reifungsprozesse, vom individuellen, ganz privaten Wesen, zu einer verantwortungsvollen Persönlichkeit, die sich der Außenwelt stellen kann. Wir könnten die Achse also wie folgt benennen: „Wachstums- und Entwicklungsachse", „Achse des Lebenswegs", „Achse der Chronologie und Geschichte", „Identitäts- und Reifungsachse".

Fünftes und elftes Haus – Löwe und Wassermann

Im fünften Haus erleben wir den Höhepunkt unserer persönlichen Entwicklung und unseres ganz individuellen, schöpferischen Ausdrucks. Das elfte Haus wiederum befasst sich mit der Entdeckung der eigenen, individuellen Möglichkeiten in einem größeren gesellschaftlichen Kontext. Hier fragen wir uns, wie wir unsere Fähigkeiten in einem übergeordneten Rahmen verwirklichen können. Mögliche und passende Begriffe für diese Achse sind daher: „Kreativitätsachse“, „Achse des schöpferischen Seins“, „Individualitätsachse“, „Ausdrucksachse“ und Achse der Selbstverwirklichung“.

Sechstes und zwölftes Haus – Jungfrau und Fische

Dies ist mit Sicherheit die am schwierigsten zu benennende Achse. Der Begriff „Existenz“ fasst die auf beiden Seiten angesprochenen Themen sehr gut zusammen. Im sechsten Haus sichern wir unsere persönliche Existenz ab, im zwölften gehen wir in einer höheren Existenz auf. In Haus sechs kümmern wir uns ums „Diesseitige“, in Haus zwölf öffnen wir uns für „Jenseitiges“. Die Jungfrau-Energie ist im Irdischen verankert und kümmert sich darum, Fische-Energie erkennt die Relativität der irdischen Existenz und löst sich davon. Wir könnten die Achse also „Realitäts- und Phantasieachse“, „Diesseits-Jenseitsachse“, „Achse der praktischen und spirituellen Lebensbewältigung“ oder auch einfach nur „Existenzachse“ nennen. In den Fällen beider Häuser handelt es sich um Lebensbereich, die auch Grenzerfahrungen beinhalten: Krankheit und Heilung im sechsten Haus, gesellschaftliche Berühmtheit oder Abgeschiedenheit im zwölften Haus. In beiden Häusern geht es außerdem darum, uns in Einklang mit uns selbst – sechstes Haus – und in Einklang mit einem überpersönlichen Rahmen – zwölftes Haus – zu bringen. Daher bietet sich auch der Begriff „Achse der Grenzerfahrungen und des Einklangs“ an.

Die zwölf Häuser – die Kernfragen

Lassen Sie uns ganz zum Schluss dieses Kapitels eine Zusammenfassung vorstellen in Form von Kernfragen an die Häuser. Dies kann Ihnen einerseits helfen, das bereits auf der bildhaften, intuitiven Ebene erfasste Wesen der Häuser begrifflich zu fassen und dadurch zu vertiefen, andererseits stellen diese Fragen eine Brücke zu einem abstrakteren Zugang zu den Häuserthemen dar, der den intuitiven Weg ergänzen kann. Einige zusätzliche Begriffe, die mit den einzelnen Häusern verbunden werden, runden die Profile ab.

Kernfragen des ersten Hauses (Aszendent)

Das erste Haus antwortet auf die Fragen:
- Was ist meine typische Art, auf die Welt zuzugehen?
- Was sind meine grundlegenden Voraussetzungen, um mich in der Welt durchzusetzen?
- Mit welchen Fertigkeiten bin ich auf die Welt gekommen? Was kann ich schon (auch wenn es noch trainiert werden muss)
- Wie reagiere ich spontan, wenn ich angegriffen werde?

Weitere Themen des ersten Hauses: Umstände der Geburt, Aggression, Umgang und Ausprägung mit instinktiven Reaktionen wie Angst, Verteidigungsimpulse etc.

Kernfragen des zweiten Hauses

Das zweite Haus antwortet auf die Fragen:
- Wie sichere ich meine (körperliche) Existenz?
- Welche Ressourcen stehen mir zur Verfügung?
- Was bedeutet mir Besitz?
- Wie ist es um meinen Selbstwert bestellt?

Weitere Themen des zweiten Hauses: Gruppenbindung, Zugehörigkeit, Talente.

Kernfragen des dritten Hauses

Das dritte Haus antwortet auf die Fragen:
- Wie bringe ich mich (körperlich) zur Geltung?
- Was zeige ich von mir?
- Wie stelle ich Kommunikation her? Wie nehme ich Kontakt auf?

Weitere Themen: Bewegungsapparat, Sinnesorgane, Intellekt, Lernfähigkeit, kurze Reisen, Geschwister.

Kernfragen des vierten Hauses (Imum Coeli)

Das vierte Haus antwortet auf die Fragen:
- Woraus schöpfe ich meine Motivation im Leben? Woraus schöpfe ich Identität?
- Was fühle ich in mir?
- Was treibt mich innerlich an? Welche (emotionalen) Bedürfnisse stehen dahinter?

Weitere Themen: Familie, Herkunft, Heim, Talente, Mutter, Mutter sein, Vorstellungskraft, „innere Landschaft".

Kernfragen des fünften Hauses

Das fünfte Haus antwortet auf die Fragen:
- Wie bringe ich mein Inneres zum Ausdruck?
- Woran habe ich Freude? Was gibt mir das Gefühl, ich selbst zu sein?
- Wie spiegeln meine Handlungen meine Persönlichkeit?

Weitere Themen: Vergnügen, Kinder, Risiko, Sexualität, Kreativität, Vater.

Kernfragen des sechsten Hauses

Das sechste Haus antwortet auf die Fragen:
- Wie vermittle ich meine Gefühle meiner Umwelt?
- Wie bereit bin ich, meine Persönlichkeit an Gegebenheiten auszusteuern?
- Woran lohnt es sich für mich zu arbeiten, um mich gesund zu erhalten und zu vervollkommnen?

Weitere Themen: Psychosomatik, Gesundheit, Therapie, Vernunft, nützlich sein.

Kernfragen des siebten Hauses (Deszendent)

Das siebte Haus antwortet auf die Fragen:
- Was ist mein typischer (geistiger) Zugang zur Umwelt?
- Was bereichert mich und was fehlt mir noch in meinem Leben als Ergänzung?
- Was reizt mich, fordert mich an Menschen und Ideen heraus?
- Was gilt es, in mein Leben durch Begegnung zu integrieren?

Weitere Themen: der (ideale) Partner, Freunde, Gegner, Interessen, Art und Weise des Denkens.

Kernfragen des achten Hauses

Das achte Haus antwortet auf die Fragen:
- An welchen Erfahrungen und Vorstellungen vom Leben orientiere ich mich?
- Was ist für mich persönlich verbindlich? Welche persönlichen Wertmaßstäbe sind für mich wichtig?
- An welche Menschen, Ideen und geistigen Werte binde ich mich?

Weitere Themen: Verträge, Lebensgemeinschaft, Ehe, Ideologie, Erbgut, Tod.

Kernfragen des neunten Hauses

Das neunte Haus antwortet auf die Fragen:
- Wie stelle ich mich geistig dar? Welches Weltbild habe ich?
- Wie gelange ich zu Erkenntnissen und Einsichten? Was bewirken die Erfahrungen mit anderen Menschen bei mir?
- Wie entwickle ich Visionen und gewinne eine Vorstellung von einem möglichen größeren Zusammenhang, in den mein Leben gestellt ist?

Weitere Themen: soziales Milieu, Toleranz, Philosophie, Religion, Glaube, Reisen in andere Kulturen, Studium, Horizonterweiterung.

Kernfragen des zehnten Hauses (Medium Coeli)

Das zehnte Haus antwortet auf die Fragen:
- Was muss ich entwickeln, um mich in der Gesellschaft zu verwirklichen?
- Wozu bin ich berufen, was soll ich nach außen bringen?
- Welche Einflüsse prägen das Bild, das ich von mir selbst als gesellschaftlich bedeutsame Persönlichkeit habe?
- Worin könnte ich einen Sinn im Leben finden?

Weitere Themen: Beruf, Berufung, Frage nach dem Ziel im Leben, Karriere, gesellschaftliche Position, Öffentlichkeit.

Kernfragen des elften Hauses

Das elfte Haus antwortet auf die Fragen:
- Wie kann ich meine Persönlichkeit konkret in der Gesellschaft einbringen?
- Welches Verhältnis habe ich zu freiwilligen Gemeinschaften, zu Freunden, gleich Gesinnten und zu Kollegen?
- Wie trage ich als Individuum zum Netzwerk der Menschheit bei? Auf welche Widerstände könnte ich dabei stoßen?

Weitere Themen: Fortschritt, Vision, Opposition, Gegenkurs, Reform, Freiheit.

Kernfragen des zwölften Hauses

Das zwölfte Haus antwortet auf die Fragen:

- Wie stellen sich meine gesellschaftlichen Leistungen in einem größeren Rahmen dar?
- Wie verbinde ich mich mit dem größeren Ganzen?
- Welche Prozesse aus dem Kollektiven (Kultur, Gesellschaft etc.) haben Einfluss auf mein Leben?
- Was hinterlasse ich der Welt, bzw. welche „Hinterlassenschaften" nehme ich als Schicksalsaufgabe an?

Weitere Themen: Spiritualität, Meditation, Freiheit, Isolation von der Gesellschaft, Anonymität, Aufgehen in der Gesellschaft, Aufgehen in großen Ganzen, Auflösung der Individualität, Wahrheitssuche.

Die Planeten

Tierkreiszeichen und Häuser haben wir mit Eigenschaften und Orten verglichen. Die Planeten hingegen sind wie die Bewohner des Horoskops, richtige Persönlichkeiten mit Stärken und Schwächen, denen es je nach Aufenthaltsort im Horoskop mal besser und mal schlechter zu ergehen scheint.

Jeder Planet verkörpert eine typisch menschliche Verhaltensweise in ihrer maximalen Ausprägung. Durch die Stellung in den Zeichen und den Häusern wird diese Verhaltensweise geprägt und geformt, nimmt also individuelle Gestalt an.

In diesem Kapitel wollen wir uns dieser Gestaltung der Planeten in einem Horoskop widmen, doch zuvor möchten wir Sie auf eine Entdeckungsfahrt durch das Planetenuniversum schicken, um Ihnen die Persönlichkeit der astrologischen Hauptakteure vorzustellen.

Wir beginnen mit den Planeten, die uns am nächsten liegen, was wir daran erkennen können, dass sie sich am schnellsten durch das Horoskop bewegen (vgl. Tabelle der Planeten im Anhang). Unsere Reise endet mit den entferntesten und langsamsten Planeten.

So fern uns diese Planeten auch erscheinen mögen, als Einstimmung auf diese Reise dient uns etwas, was jedem Menschen ganz nahe ist: die Erfahrung von Tag und Nacht. Diese Grunderfahrung des menschlichen Lebens zieht sich wie ein roter Faden durch das Wesen der Planeten und hilft uns, die innere Ordnung dieser Wesen, die unser Horoskop bevölkern, zu verstehen.

Um den intuitiven Zugang zu den Planeten in Ihnen zu erwecken, finden Sie bei jedem Planetenpaar auch eine Fantasiereise zu den jeweiligen Planeten. Diese erlaubt es Ihnen, die Energien in sich selbst zu erspüren. Am schönsten sind diese Fantasiereisen, wenn Sie Ihnen jemand vorliest. Doch Sie können sie auch selbst auf Kassette aufnehmen und sich diese Kassette dann in einem geeigneten Moment der Entspannung anhören. Setzen oder legen Sie sich bequem hin, ganz wie es Ihnen gut tut.

Tag und Nacht

Sind Sie ein Nachtmensch oder ein Tagmensch? Lieben Sie es, wenn sich die Dunkelheit über die Welt senkt und sich das Leben auf einmal von seiner geheimnisvollen, manchmal auch unheimlichen Seite zeigt? Oder gehen Sie lieber bei Tage Ihren Dingen nach, erfreuen sich an der Vielfalt der Dinge, an der Farbigkeit der Welt?

Nacht und Tag sind Gegensätze: hell oder dunkel, bunt oder grau, wach oder schlafend. Aber sie ergänzen sich auch, denn auf jede Nacht folgt ein Tag und auf diesen wieder eine Nacht – ohne Nacht kein Tag und umgekehrt: kein Licht ohne Dunkel, keine aktives Leben ohne nächtlichen Schlaf.

Der Wechsel von Nacht und Tag, hervorgerufen durch die Rotation der Erde um ihre eigene Achse, bedeutet auch einen Wechsel der Art und Weise, die Welt zu sehen. Wir sehen nachts anders als tagsüber, wir nehmen anders wahr, andere Dinge sind uns wichtig. Und doch gehören beiden Arten des Wahrnehmens zusammen, können nicht getrennt werden.

Nacht und Tag bilden zusammen so etwas wie die Urerfahrung alles Polaren in der Welt, eines der ersten und ursprünglichsten Ordnungskriterien der menschlichen Erfahrungen – und eines der wichtigsten in der Astrologie.

Wenn wir uns die Polarität von Tag und Nacht vergegenwärtigen, bekommen wir eine gute Intuition davon, dass das Leben in all seinen Facetten und Aspekten immer auch unter dem Gesichtspunkt des Polaren betrachtet werden kann.

Erinnern Sie sich, gehen Sie in sich – wie unterscheidet sich die Wahrnehmung am Tage von der in der Nacht? Ist es vielleicht gerade Nacht? Dann öffnen Sie Ihre Sinne für die Dunkelheit, spüren Sie in sich hinein und versuchen Sie zu erfassen, welche Qualitäten Ihnen die Nacht schenkt. Oder herrscht gerade helllichter Tag? Dann gehen Sie hinaus, öffnen Sie sich für das, was sich Ihren Sinnen präsentiert – was sehen Sie, hören Sie, empfinden Sie?

Schauen Sie sich folgende Gegenüberstellung von Erfahrungen zu Tag und Nacht an und spüren Sie nach, ob Sie mit unseren

Vorstellungen übereinstimmen können. Dann überlegen Sie selbst, welche weiteren Erfahrungen Sie ergänzen würden:

Erfahrungen des Tages	**Erfahrungen der Nacht**
Helligkeit	Dunkelheit
Die Welt ist sichtbar, laut, voller Leben.	Die Welt ist nicht sichtbar, andere Sinne sind wichtiger, z.B. hören und spüren. Die vorherrschende Qualität ist Ruhe.
Die Sinne werden eingeladen, sich nach außen zu richten, um die Welt zu erkunden. Unsere Sinne helfen uns, uns in der Welt zu orientieren. Wir fühlen uns sicher im Umgang mit der Welt.	Die Sinne werden dazu eingeladen, sich nach innen zu richten und die Innenwelt zu erkunden, z.B. im Schlaf und im Traum. Unsere Sinne können uns in der Nacht trügen, sind weniger verlässlich, wenn es darum geht, sich in der Welt zu orientieren. Andererseits sind unsere Sinne feiner und wachsamer, aber auch auf Vorsicht programmiert.
Bei Tageslicht besehen zeigen sich alle Dinge in ihrer konkreten Gestalt – wir können die Vielfalt und Unterschiedlichkeit der Welt wahrnehmen in Formen, Farben usw. Das Tageslicht ermöglicht uns, Unterschiede klar zu bestimmen.	In der Dunkelheit verlieren die Dinge ihre klaren Konturen und ihre Farben – „bei Nacht sind alle Katzen grau“. Alles verschmilzt zu einer Einheit. Bei Nacht spielen Unterschiede keine Rolle – das, was alle Dinge gemeinsam haben, tritt in den Vordergrund.
Bei Tageslicht können wir unsere Energie gut auf die Welt richten – wir können in ihr arbeiten, etwas erschaffen, kreativ sein, auf die Welt zugehen.	Bei Nacht ziehen wir uns auf uns selbst zurück, wir sammeln neue Energie für unser Tagwerk, indem wir schlafen und unsere Eindrücke in unseren Träumen verarbeiten.

Unser Blick ist auf das gerichtet, was vor uns liegt, auf das Irdische, weil bei Tage die Dinge auf der Erde sichtbar sind.	Unser Blick ist auf das gerichtet, was in uns ist und auf das, was über uns ist, auf die Bilder unserer Seele, aber auch die Bilder des Himmels (die Sterne), die nur nachts sichtbar sind.
Bei Tage geht es um Schöpfung und Kreativität.	Bei Nacht geht es um Vorstellungskraft und Fantasie.

Meine eigenen Gedanken zum Tag …

……………………………………………………………………………

Meine eigenen Gedanken zur Nacht …

……………………………………………………………………………

……………………………………………………………………………

……………………………………………………………………………

Die Wahrnehmung der Welt bei Tage öffnet uns die äußere Welt, die Welt, in die wir eingebettet sind und der wir uns bewegen, um kreativ und produktiv sein, um uns einbringen zu können. Die Wahrnehmung der Welt bei Nacht erschließt uns die innere Welt, die Sinne richten ihre Aufmerksamkeit nach innen, auf das, was in uns und mit uns passiert. Wenn wir die Welt bei Nacht wahrnehmen, beobachten wir, was die Welt mit uns macht, während wir bei Tage wahrnehmen, was wir mit der Welt machen können.

Zusammengefasst: Die Erfahrungen des Tages spiegeln unsere Fähigkeiten, uns auszudrücken, die Erfahrungen der Nacht unsere Fähigkeiten, uns beeindrucken zu lassen. Ausdruck und Eindruck – das ist auf der Ebene der menschlichen Wahrnehmung eine Entsprechung zur Erfahrung der Polarität von Tag und Nacht.

Jedes Planetenprinzip kann einer der beiden Grunderfahrungen zugeordnet werden, allen voran Sonne und Mond, denn beiden augenfälligsten Himmelserscheinungen haben gewissermaßen die Patenschaft über die Erfahrungen von Tag und Nacht übernommen: die Sonne als Regentin des Tages und der Mond als Herrscher der Nacht. Sonne verkörpert all das, was wir aus den Erfahrungen des Tages für uns ableiten können, und Mond alles, was uns die Nacht an Erfahrungen schenken kann.

Aber auch die anderen Planeten lassen sich in diese Reihe eingliedern, die angeführt von Sonne und Mond, jeder unsere Fähigkeiten zu Eindruck und Ausdruck auf einer anderen Ebene des menschlichen Lebens verkörpert:

<table>
<tr><th>Eindruck</th><th>Ausdruck</th><th>Ebene des menschlichen Lebens</th></tr>
<tr><td>Mond</td><td>Sonne</td><td rowspan="2">Persönliches, Ich-Welt.</td></tr>
<tr><td colspan="2">Merkur</td></tr>
<tr><td>Venus</td><td>Mars</td><td>Unmittelbare Umgebung, Du-Welt.</td></tr>
<tr><td>Jupiter</td><td>Saturn</td><td>Soziale Umgebung, Wir-Welt</td></tr>
<tr><td colspan="2">Uranus</td><td rowspan="2">Überpersönliches, Transpersonale Welt, „Über-Welt“</td></tr>
<tr><td>Neptun</td><td>Pluto</td></tr>
</table>

Zwei Planeten nehmen eine Sonderstellung ein: Merkur und Uranus. Sie gelten beide als neutrale Planeten, die weder für Eindruck noch Ausdruck stehen, sondern zwischen beiden Positionen vermitteln wollen – so wie es im Zyklus zwischen Aus- und Einatmen einen Augenblick gibt, der weder zum Ein- noch zum Ausatmen gehört, ein kurzer Moment, an dem sich die Bewegungsrichtung in ihr Gegenteil umkehrt. Sie verbinden und trennen auf ihre Weise die beiden Ausrichtungen, ohne Teil von ihnen zu sein. Mehr dazu später.

Wir möchten Sie gerne anhand dieser Systematik in die Welt der Planeten begleiten. Wir wollen bei der Ich-Welt aus Sonne und Mond beginnen, in der es zunächst um nichts anderes geht, als um unseren Persönlichkeitskern. In einem zweiten Schritt finden wir uns in der Du-Welt mit Venus und Mars wieder, in der es um unser Verhältnis zu den Anderen geht. Der dritte Schritt führt uns über die Grenzen der zwischenmenschlichen Begegnung hinaus in die Welt der sozialen Beziehungen, in die Wir-Welt, wie sie von Jupiter und Saturn geprägt wird. Die letzte Welt, die wir mit

Ihnen besuchen, ist die von Neptun und Pluto, eine Welt der überpersönlichen Zusammenhänge, wir könnten sie die „Über-Welt“ nennen. Unterwegs durchschreiten wir die Zwischenwelten von Merkur und Uranus.

Jede dieser Welten geht aus der anderen hervor und bedingt die nachfolgende. Wer in die Du-Welt will, muss durch die Ich-Welt, und wer Einlasse möchte in die Wir-Welt, der muss sich zunächst mit seiner Du-Welt auseinander setzen. Dieser Systematik werden wir in den nachfolgenden Kapiteln Rechnung tragen.

Sonne und Mond – Ich mit mir

Zwei der Himmelskörper unterscheiden sich allein schon aufgrund ihrer Größe und ihrer alles überstrahlenden Helligkeit von den übrigen „Wandelsternen“: die Rede ist von den Lichtern *Sonne* und *Mond*.

Ihre Erscheinung ist so dominant und ihre Wirkungen so unmittelbar auf der Erde spürbar, dass sie natürlich weit früher die Aufmerksamkeit der Menschen auf sich gezogen haben müssen als die vergleichsweise winzigen Lichtflecken der Planeten. Dies spiegelt sich auch in der Astrologie wieder, in der sie eine über alles andere herausragende Bedeutung besitzen.

Diese Bedeutung ist umfassend und wichtig für das Verständnis aller Planeten, dass wir ihnen mehr Raum geben wollen. Wenn uns später die anderen Planeten begegnen, werden Sie auf den Erfahrungen und Erkenntnissen, die Sie mit den Lichtern Sonne und Mond machen, aufbauen.

Sonne und Mond aus der Anschauung

Kein Gestirn hat die Menschen wohl so beeindruckt, wie die *Sonne*, die als Herrscherin über Licht und Dunkelheit die beiden wichtigsten Rhythmen allen Lebens auf der Erde bestimmt: den Wechsel von Tag und Nacht und den Wandel der Jahreszeiten.

Die Sonne leitet ihren Namen in praktisch allen Kulturvölkern von Wortwurzeln ab, die etwas mit „brennen“ und „leuchten“ zu tun haben – ein offensichtlicher Bezug zu der sichtbaren wie spürbaren Energie, die sie aus ihrem Zentrum in alle Richtungen abstrahlt und ohne die Leben auf der Erde undenkbar wäre.

Aber nicht nur in diesem Sinne ist sie Beginn und Zentrum alles Lebendigen: Sie ist sie der Mittelpunkt unseres Sonnensystems, um den sämtliche Planeten kreisen.

Alles, was Licht und Farbe besitzt, empfängt es im Grunde von der Sonne und reflektiert es lediglich zurück: dies verkörpert der Mond mit seinen Phasen am deutlichsten, dessen erleuchtete Seite stets in Richtung Sonne weist. Aber auch alle anderen Planeten verleiht die Sonne erst ihre Sichtbarkeit und damit ihre Bedeutung. Sie bringt die Dinge an den Tag: ihr Licht offenbart ihre Verschiedenheit und Eigenart – so wie sich der farblose Sonnenstrahl durch Brechung schließlich in alle Farben des Spektrums auffächert.

Da der *Mond* neben der Sonne die hellste Erscheinung am Himmel ist, kam er in seiner Bedeutung für den Menschen der Sonne fast gleich, übertraf sie in manchen Kulturen sogar, schließlich ist er nicht so sehr wie sie auf eine Hälfte des Tages festgelegt und ist nicht nur nachts, sondern zuweilen auch am Tage sichtbar.

Das augenfälligste Merkmal des Mondes aber ist seine rhythmische Gestaltwandlung, das Zu- und Abnehmen in wiederkehrenden Phasen. Seine stärkste Lichtkraft entwickelt er als Vollmond: dann regiert er alleine und souverän das nächtlichen Firmament, während er die Welt mit seinem kühlen silbrigen Schimmern in ein unwirkliches Szenario taucht.

Die Regelmäßigkeit seiner Phasen machte ihn zu einem idealen Zeitmesser, der den Jahreslauf der Sonne in kleinere Abschnitte, die Monate, gliedert, welche ursprünglich der Zeitspanne von einem Vollmond zum nächsten entsprachen, also etwa 29 Tage. Überhaupt würdigt sein Name in vielen Sprachen diese Eigenschaft und leitet sich von Worten mit der Bedeutung „messen“ ab. Viele Zyklen des irdischen Lebens hängen offensichtlich mit dem Mond zusammen, allen voran der Wasserzyklus von Ebbe und Flut, welcher auf der Anziehungskraft des Erdtrabanten beruht und nachweislich einige einfache Lebensformen beeinflusst. Aber auch eher unwissenschaftliche Zusammenhänge verweisen auf die Macht, die man ihm gerne zuschreibt, wie das Umschlagen des Wetters, Geburtenhäufigkeiten und die berüchtigte „Mondsüchtigkeit“ und das Schlafwandeln. Die Übereinstimmung des lunaren mit dem weiblichen Regelzyklus schließlich hat Menschen dazu veranlasst, ihn als Verursacher dieser Rhythmen anzusehen. Immer wieder wurde er deshalb auch als Herrscher über die Fruchtbarkeit der Natur angesehen.

Seine fleckige Oberfläche weckte die Fantasie der Menschen und lud sie zu allen erdenklichen Geschichten über das ein, was sie darin wahrzunehmen glaubten, sei es der berühmte „Mann im Mond“, ein Hase oder einfach ein Gesicht, dessen Tränen als Morgentau auf den Gräsern zurückbleiben …

Sonne und Mond erfahren

Auch wenn Sie sich gerade erst am Anfang Ihres Astrologie-Studiums befinden – über die Bedeutung von Sonne und Mond wissen Sie mit Sicherheit schon jede Menge! Jeder hat schon bestimmte Erfahrungen mit diesen Gestirnen in seinem Leben gesammelt und bestimmte Bilder prägen unsere Vorstellungen von ihnen. Bevor wir Ihnen also eine fertige Deutung für Sonne und Mond liefern, möchten wir Sie einladen, diesem inneren Wissen, dass Sie mitgebracht haben, ein wenig Raum zu schenken und sich Sonne und Mond als innere Bilder wach zu rufen. Was fühlen Sie dabei? Welche Geschichten fallen Ihnen ein? Was empfinden Sie? Welche Begriffe spielen für Sie dabei eine Rolle? Was sehen Sie vor Ihrem inneren Auge?

Aktivität und Ruhe – Sonne und Mond als Gegensatz

Sonne und Mond sind die beiden Planeten, die der Polarität von Eindruck und Ausdruck an erster Stelle im Horoskop Gestalt verleihen, und zwar auf der Ebene unserer Persönlichkeit. Wir möchten Sie einladen, sich der Bedeutung von Sonne und Mond ganz intuitiv zu nähern, über Ihre eigenen Assoziationen. Wir verbinden die Sonne mit dem Tag, den Mond mit der Nacht. Dies wollen wir uns für unseren Zugang zu unserer inneren Bilderwelt zunutze machen.

Nehmen Sie sich etwas Zeit, und überlegen Sie, was Ihnen alles zu dem Begriff „Tag“ einfällt. Notieren Sie sich alles. Wenn Ihnen ein Gegensatzpaar in den Sinn kommt, dann schreiben Sie beide Begriffe nebeneinander. Lassen Sie sich dabei ganz von Ihrem persönlichen Empfinden leiten – es gibt nichts „Falsches“ oder „Richtiges“, allein Ihre Assoziationen zählen. Dann sammeln Sie Ihre Ideen zum Begriff „Nacht“. Es wäre schön, wenn Sie möglichst viele Gegensatzpaare finden würden. Erst wenn Sie auf Ihr eigenes inneres Wissen zurückgegriffen haben, sollten Sie sich unseren Vorschlägen und Assoziationen zuwenden. Zum Beispiel:

Nacht – Mond	**Tag - Sonne**
dunkel	hell
Ruhe	Aktivität

....

....

....

Unsere Vorschläge:

Nacht – Mond	**Tag – Sonne**
dunkel	hell
unscharf und grau sehen	klar und farbig sehen
Ruhe	Aktivität
das Unbewusste	das Bewusste
Schlaf, Traum	Realität
Geborgenheit, Nähe	Selbstbewusstsein, selbständig
Entspannung	Anspannung
Loslassen, auftanken	Lebenswille, Vitalität
Eindruck	Ausdruck
Kontakt zur Innenwelt	Kontakt zur Außenwelt
Vergangenheit	Gegenwart und Zukunft

Tagsüber werden andere Bereiche unseres Körpers und Wesens angesprochen als nachts. Während wir uns tagsüber im Wesentlichen an der *Außenwelt* orientieren, an dem, was wir sehen, hören, was uns begegnet so reduzieren sich diese Reize nachts auf ein Minimum. Nachts sehen wir weniger, lenkt uns kein Telefonklingeln, kein Autohupen und keine Aufgabe von uns selbst ab. Wir werden automatisch ein Stück auf uns selbst zurückgeworfen und *richten unsere Aufmerksamkeit nach innen.*

Wer schon einmal nachts wach gelegen hat, weil ihn etwas beschäftigt hat, weiß, welchen Raum *Gefühle* zu dieser Tageszeit einnehmen können. Sie erscheinen uns größer als am Tag, wir haben mehr Gelegenheit, uns ihnen zu widmen und können ihnen schlechter durch *Beschäftigung und Aktivität* ausweichen.

Nachts schlafen und träumen wir im Allgemeinen, wir nehmen also mit unserem *Unterbewusstsein* Kontakt auf. Die Welt der Nacht ist die der *Innenwelt, der inneren Bilder* und der *gespeicherten Erfahrungen* des Tages. Wenn wir nachts wach sind, geben wir uns stärker unseren *Stimmungen* hin als am Tag – wir sind nicht gebunden durch *Aufgaben, Ziele* und *geistige Aktivitäten*, wir können die *Seele* baumeln lassen und uns *entspannen.* Während wir uns tagsüber *Ausdruck* verleihen, wirken nachts die *Eindrücke* in uns nach. Nur wenn wir unsere Gefühle und *Bedürfnisse* kennen, können wir ihnen Ausdruck verleihen und uns in der Tageswelt *verwirklichen.*

Eindruck und Ausdruck – Sonne und Mond als Ergänzung

Sonne und Mond verkörpern nicht nur den Gegensatz von Aktivität und Ruhe, sondern sie ergänzen sich auch. So können wir z.B. sagen, dass die innere *Verarbeitung von Erlebtem* in der Nacht nötig ist, damit die *Erfahrungen, die wir tagsüber gemacht haben*, sich in uns verankern können. Lassen Sie uns gemeinsam nach weiteren Ergänzungen dieser Art suchen, die wir ebenfalls in eine Liste eintragen:

Nacht – Mond	Tag - Sonne
Erlebnisse verarbeiten	erleben
ruhen lassen	herstellen
Vorstellungen entwickeln	Vorstellungen umsetzen
Vergangenheit berücksichtigen	Ziele für die Zukunft aufnehmen
sich entspannen	Leistung erbringen

....

....

....

Lebendige Erfahrungen mit Sonne und Mond

Stellen Sie sich einmal ein kleines Kind vor. Vielleicht Sie sind auch Vater oder Mutter und kennen dies aus eigener Anschauung. Kinder in einem bestimmten Alter weichen der Mutter nicht von ihrer Seite. Sie suchen dauernde *Geborgenheit*, ständigen *Schutz* und *Nähe*. Dies ist ihr innerer Mond, der dieses Bedürfnis nach Verbundenheit symbolisiert. Doch irgendwann lassen Sie die Hand der Mutter einmal los und gehen allein auf große Entdeckungsreise. Sie laufen drei Schritte voran, drehen sich dann zur Vergewisserung noch einmal um, ob die Mutter auch noch da ist, laufen noch drei Schritte weiter und rennen schnell wieder zur Mama. Mit einem strahlenden Lächeln, so als wollten sie sagen: „Guck mal, bin ich nicht schon groß und selbstständig!“ Sie entwickeln *Selbstbewusstsein* und *Eigenständigkeit.*

Doch sie schaffen es nur durch das Wechselspiel zwischen Geborgenheit und Nähe, ihr Selbstvertrauen so weit aufzubauen, dass ihre Eigenständigkeit immer größer werden kann. Dafür ist ihre innere Sonne ein Symbol – die Selbstständigkeit und das Selbstverstrauen.

Dieser wechselseitige Aufbau geschieht Schritt für Schritt. Selbst als Erwachsene sind wir nicht in der Lage, nur eine Seite zu leben, immer nur selbstbewusst und eigenständig zu sein (Sonne). Manchmal brauchen wir einfach eine Schulter zum Anlehnen

(Mond). Und umgekehrt gilt das Gleiche. Niemand fühlt sich wohl, wenn er immer beschützt, behütet und geborgen ist. Ein Teil von uns fehlt dann, wir spüren das, und es drängt uns danach, diesen Teil zu entwickeln. Deswegen laufen Kinder auch gerade dann von zu Hause weg, wenn sie überbehütet werden, weil sie spüren, dass sie sonst niemals selbstständig werden können.

Ein anderes Bild, das uns dienlich sein kann, ist das des kreativen Schaffens. Vielleicht haben Sie schon einmal ein Bild gemalt oder ein Gedicht geschrieben. Möglicherweise musizieren Sie, basteln gerne oder sind passionierter Fotograf. Sicherlich fällt Ihnen eine Situation ein, in der Sie besonders kreativ waren. Wie war die Umgebung in diesem Augenblick, wie die Stimmung? Was hat Sie in diesem Moment inspiriert?

Wenn wir ein romantisches Dinner vorbereiten, ist es nicht sinnvoll, dies im grellen Neonlicht, bei lauter Musik in aller Hektik zu tun, um dann mit einem hochgradigen Adrenalinpegel im Blut den Liebsten oder die Liebste zu empfangen. Das Mahl wird sicherlich dem Anlass angemessener, wenn Sie sich schon beim Kochen Ihre Lieblingsmusik auflegen, Kerzen anzünden und in aller Ruhe die Düfte der Gewürze genießen, die Sie einsetzen.

Wir können also nur das *ausdrücken*, was wir als *Eindruck* erhalten haben. Wenn wir uns mit aggressiven Eindrücken überladen, können wir uns nicht sanft und einfühlsam ausdrücken. Wenn wir Schmusemusik hören und ein Bad zur Entspannung nehmen, haben wir danach keine Lust mehr, joggen zu gehen. Eindruck und Ausdruck bedingen einander also wechselseitig.

Und noch ein Bild: Stellen Sie sich vor, Sie stehen vor der Berufswahl. Vielleicht ist Ihnen diese Situation noch ganz vertraut, vielleicht ist sie noch nicht so lange her oder wird gerade erneut aktuell. Aber vielleicht erinnern Sie sich auch noch ganz gut, wie es damals war. Sie haben sicherlich viel überlegt und sich informiert, mit anderen Menschen gesprochen usw. Doch das Wichtigste in dieser Situation ist es doch eigentlich, auf die eigenen Gefühle und Bedürfnisse zu hören. Wenn wir uns in einer solchen wegweisenden Entscheidung allein von der Vernunft, von Ratschlägen und guten Argumenten leiten lassen, dass laufen wir unter Umständen Gefahr, später unglücklich zu sein. Nur wenn wir unsere *Gefühle* und *Bedürfnisse*, unsere *Herzenswünsche* kennen, können wir uns die richtigen *Ziele* und *Aufgaben* auswählen.

Das gleiche gilt für unser Verhalten in der Außenwelt. Wir mögen uns zwar manchmal wünschen, durchsetzungsfähiger, charmanter oder selbstbewusster zu sein, doch wir können es nicht erzwingen, dass wir uns so *nach außen präsentieren*. Würden wir das allein vom Kopf her entscheiden, es wäre eine Farce, ein Schauspiel. Wir müssen *zu uns selbst finden*, unsere Stärken und Schwächen kennen lernen und dazu stehen. Nur wenn wir uns darüber klar sind, wie wir *innerlich strukturiert* sind, können wir dies im Äußeren *authentisch ausdrücken*.

Und zu guter Letzt haben wir es bei der Ergänzung von Sonne und Mond noch mit einer zeitlichen Komponente zu tun. Vielleicht haben Sie auch schon einmal festgestellt, dass Sie sich zu bestimmten Mondphasen anders fühlen als sonst. Möglicherweise sind Sie bei Vollmond leicht gereizt, besonders aufgekratzt oder haben auch an anderen Tagen den Verdacht, „dass es am Mond liegt". Der Mond ist es mit Sicherheit nicht „schuld", wenn wir launisch sind – er spiegelt uns unsere Launen einfach nur. *La luna*, der Mond, ist *die Laune*, die Stimmung, das Gefühl. Er repräsentiert die *natürlichen Rhythmen* des Alltags, das wandelbare Prinzip. Wir sehen ihn nur in der Nacht - am Tag verblasst er neben der Sonne oder steht gar auf der anderen Halbkugel der Erde und ist für uns nicht zu sehen. Sein Auf- und Untergehen ist für uns nicht so leicht nachvollziehbar wie das der Sonne – der Mond hat seinen ganz eigenen Rhythmus, er entzieht sich allzu starrer Logik. Er zeigt uns das irrationale und *zyklische Element* im Leben. Alle Dinge haben ihren inneren Rhythmus, ihre Zeit.

Während der Mond für die *zyklische Entwicklung* steht, für das innere Wachsen und Vergehen, steht die Sonne für das zielgerichtete Handeln, für die gerade Strecke zum Ziel. Der Sonne, dem Weg des geradlinigen Handelns, können wir nur zeitweise folgen, dann sind wir wieder erschöpft. Sie können eben nur 12 Stunden bei Tageslicht im Garten arbeiten. Sie sehen nichts mehr, es wird dunkel, Sie werden müde und der Rücken tut Ihnen weh. Doch während Sie schlafen, hört die Welt und Ihr Garten ja nicht auf zu *sein*. Nur weil Sie nichts *tun*, heißt es noch lange nicht, dass nichts *geschieht*.

Vielleicht kennen Sie dies auch aus Ihrem eigenen Lebensweg. Sie haben einmal ein Ziel verfolgt, zum Beispiel einen Menschen kennen und lieben gelernt. Mit dem lebten Sie dann zusammen, bis auf einmal kein Ziel mehr da war, auf das es sich hinzuarbeiten lohnte. Ihre Wege trennten sich. Dies war der Weg der Sonne. Doch eines Tages, eine lange Zeit später, haben Sie ihn wiedergetroffen. Und Sie wussten: Die Beziehung war nicht einfach so vorbei. Etwas hat sich weiterentwickelt, lebt immer noch weiter, wenn auch auf einer ganz anderen Ebene und ohne, dass Sie etwas dazu beitragen müssen. Das ist der Weg des Mondes.

Schauen Sie im Folgenden einmal auf unsere weitere Übersicht für Sonne und Mond:

Sonne	**Mond**
Selbstbewusstsein, selbstständig	Geborgenheit, Nähe
Gestaltung, Kreativität	Stimmung, Atmosphäre
ausstrahlen	empfangen und widerspiegeln
Ausdruck	Eindruck
sich präsentieren	zu sich selbst finden
Ziel und Aufgabe	Bedürfnisse und Gefühle
Zielgerichtetheit	der Zyklus, die Entwicklung

Eine Fantasiereise zu Sonne und Mond

Wir unternehmen jetzt eine kleine Reise zu unserer inneren Sonne. Die Sonne bringt Bewusstsein und Lebenskraft in unser Leben und versorgt uns mit Energie. Sie ist der Tagesteil unseres Wesens, der aktive, handlungsorientierte Teil von uns.

Stell Sie sich jetzt vor, dass Sie winzig klein sind und sich als klitzekleines Teilchen innerhalb Ihres eigenen Körpers bewegen können. Begeben Sie sich jetzt auf die Reise zum Zentrum Ihres Herzens.

Sobald Sie spüren, dass Sie sich am richtigen Ort befinden, schauen Sie sich dort um. Sie gehen einen Gang entlang, der geradewegs auf eine Tür am Ende des Ganges zuführt. Auf dieser Tür steht Ihr Name.

Sie öffnen die Tür und betreten Ihren inneren Herzensraum. Er ist groß, weit und hell. In der Mitte des Raumes brennt eine offene Flamme, Ihre Lebensflamme. Dies ist Ihr Sonnenraum. Hier leben die Wünsche und Sehnsüchte Ihre Herzens, Ihre äußeren Ziele und Werte. Schauen Sie sich jetzt genau in Ihrem Herzensraum um. Wie sieht er aus? Welche Gegenstände, Farben, Formen und Symbole sehen Sie?

Sie haben jetzt Zeit, sich in Ihrem inneren Raum aufzuhalten, ihn zu erleben und zu erkunden. Vielleicht begegnet Ihnen ein Wesen, das in diesem Raum lebt. Sie können mit ihm Kontakt aufnehmen und ihm Fragen stellen. Legen Sie nun Ihre rechte Hand auf Ihr Herz und erleben Sie Ihren inneren Raum.

Wenn Sie spüren, dass es Zeit wird, sich zu verabschieden, nehmen Sie die Hand von Ihrem Herzen. Bedanken Sie sich bei Ihrem inneren Raum, dass er Ihnen Einlass gewährt hat und bei den Wesen, die Ihnen möglicherweise begegnet sind. Verlassen Sie den Raum nun durch die Tür, durch die Sie ihn betreten haben und gehen Sie den Gang entlang zurück. Auf der linken Seite sehen Sie einen Fahrstuhl. Sie steigen hinein und sehen viele Knöpfe, alle sind beschriftet. Auf einem steht „Bauch“, auf diesen drücken Sie nun und fahren von Ihrem Herzen hinunter in Ihren Bauch. Ungefähr auf der Höhe Ihres Bauchnabels hält der Aufzug an. Sie steigen aus und gehen den Gang entlang. Auch er endet wieder mit einer Tür, auf der Ihr Name steht.

Sie betreten nun den Raum Ihres Bauches und Ihrer Gefühle. Er ist nicht sonderlich hell, aber Sie können genug erkennen. In der Mitte des Raumes befindet sich ein Brunnen – er ist die Quelle Ihrer Gefühle und Empfindungen. Dies ist Ihr Mondraum. Hier leben die Bedürfnisse und Wünsche Ihres inneren Kindes, Ihre inneren Werte und versteckten Anteile. Schauen Sie sich jetzt genau in Ihrem Mondraum um. Hier lebt Ihr nächtliches Selbst, der Teil von Ihnen, der die Erlebnisse des Tages in Gefühle und Träume verwandelt. Schauen Sie, ob Sie Kontakt mit diesem Anteil von sich aufnehmen können. Legen Sie nun Ihre linke Hand auf Ihren Bauchnabel und achten Sie auf all Ihre Empfindungen und Gefühle. Sie haben jetzt ausreichend Zeit dazu.

Es wird nun Zeit, sich zu verabschieden. Nehmen Sie die Hand von Ihrem Bauch. Bedanken Sie sich bei Ihrem inneren Raum, dass er Ihnen Einlass gewährt hat und bei den Wesen, die Ihnen möglicherweise begegnet sind. Verlassen Sie den Raum nun durch die Tür, durch die Sie ihn betreten haben, gehen Sie den Gang entlang und steigen Sie in den Fahrstuhl eine Etage höher. Steigen Sie aus und sehen Sie, dass Sie zu Hause sind, in einem Zimmer, in dem Sie sich gerne aufhalten. Setzen Sie sich in Ihrer Vorstellung in einen Sessel oder auf einen Stuhl und erinnern Sie sich nochmals daran, wie es sich anfühlte, in Ihrem Sonnenraum zu sein. Legen Sie jetzt Ihre rechte Hand auf Ihr Herz. Behalten Sie das Gefühl in sich und erinnern Sie sich jetzt an Ihren Mondraum. Wie fühlte es sich an, dort zu sein? Legen Sie jetzt Ihre linke Hand auf Ihren Bauch. Verbinden Sie in Ihrer Vorstellung beide Wesensanteile von sich und gewähre ihnen beiden gleichermaßen Aufmerksamkeit.

Kehren Sie dann langsam wieder zurück, strecken Sie sich und öffnen Sie Ihre Augen.

Sonne und Mond in den Tierkreiszeichen

Irgendwo in Ihrem Horoskop stehen Sonne und Mond, und zwar in einem Tierkreiszeichen und in einem Haus. Jetzt geht es darum, das, was wir über Sonne und Mond an Bildern und Erkenntnissen gesammelt haben, auf diese Stellungen im Horoskop zu beziehen. Der erste Schritt besteht darin, Sonne und Mond in ihren Tierkreiszeichen zu deuten.

Das bedeutet, dass wir die zu den Lichtern gefundenen Begriffe mit Eigenschaften verbinden, die einem Zeichen zugeordnet werden. Wie können wir dabei vorgehen? Nehmen wir das Zeichen Jungfrau als Beispiel. Zum Prinzip der Jungfrau gehören:

Anpassung an notwendige Gegebenheiten und Erfordernisse des Alltags, sorgt vor, kümmert sich um alles, was notwendig ist, um sich gesund zu halten, ökonomisch und vernünftig, beobachtet und analysiert, hilft und unterstützt, engagiert sich für den Schutz des Lebens, ist gewissenhaft und effektiv, achtet auf das Detail , liebt Ordnung, Schutz und Überschaubarkeit, ist vorsichtig und sicherheitsorientiert …

Wenn nun Sonne und Mond in diesem Zeichen stehen, müssen wir uns die Frage stellen:

→ *Was passiert mit dem Mond oder der Sonne, wenn Sie im Zeichen der Jungfrau stehen?*

Das Mondzeichen – der Blick durch die Brille

Beginnen wir unsere Überlegungen mit dem Mond. Als ersten Schritt wählen wir uns einige Begriffe aus dem Repertoire von Mond und Jungfrau aus, mit denen wir beginnen wollen. Zum Beispiel:

Mond	**Jungfrau**
Innenwelt, innere Bedürfnisse Gefühle, Wahrnehmungen, Unterbewusstsein, Entspannung	ist ängstlich und sicherheitsorientiert, liebt Ordnung, Schutz und Überschaubarkeit, hilft und unterstützt Anpassung an Gegebenheiten beobachtet und analysiert…

Was also wird aus der „Innenwelt" des Mondes, wenn sie mit der „Ängstlichkeit" und „Sicherheitsorientierung" der Jungfrau verbunden wird?

Versuchen Sie einmal, die oben stehenden Begriffe zu kombinieren und daraus Schlussfolgerungen zu ziehen. Machen Sie sich am besten Notizen. Lesen Sie unseren Vorschlag erst, wenn Sie sich wirklich ein eigenes inneres Bild gemacht haben. Wenn Sie nichts aufschreiben möchten, können Sie auch ein Bild malen oder sich vor Ihrem inneren Auge ganz plastisch eine Situation vorstellen. Versetzen Sie sich in die Mond- und Jungfrau-Entsprechungen hinein und spüren Sie einfach in sich hinein, welche Assoziationen dies auslöst.

Unser Vorschlag:
In diesem Menschen herrscht immer eine gewisse „*Habachtstellung*". Er ist innerlich ständig ein wenig besorgt, ob wohl alles gut geht. Daraus entsteht sein *tiefes inneres Bedürfnis nach überschaubaren Situationen.* Seine Wahrnehmung ist sehr auf das Detail orientiert, das macht in *sehr feinfühlig.* Er nimmt schnell wahr, wo er anderen helfen kann und verspürt den inneren Wunsch, seine Umgebung zu unterstützen und so in Ordnung zu halten. Sein Unterbewusstsein ist auf Anpassung trainiert. *Er wird eine mögliche Krisensituation schon von weitem wittern* und sich der Situation bestmöglich anpassen, um sich und andere zu schützen. Wie steht es bei einem solchen Menschen wohl um Entspannung? Man kann es sich denken, dass ihm das nicht so leicht fällt. Das ständige Beobachten und Analysieren lässt ihn innerlich selten zur Ruhe kommen. Er ist immer wachsam und *kann schlecht abschalten …*

Der Mond entspricht in unserem Horoskop am ehesten einem empfangenden Prinzip: er steht für alles, was wir uns einverleiben, in uns aufnehmen. Er ist zwar nach außen gerichtet, aber er nimmt eher wahr, als dass er aktiv in das eingreifen würde, was er dort sieht, hört, fühlt, erlebt. Er ist die Stelle im Horoskop, an der wir am beeindruckbarsten sind, an der uns die Eindrücke aus unsere Umwelt auf eine ganz bestimmte Art und Weise erreichen.

Diese Art und Weise wird durch das Tierkreiszeichen verkörpert. Wenn wir uns den Mond als ein Wahrnehmungsorgan vorstellen, als ein Auge, das ununterbrochen damit beschäftigt ist, Eindrücke und Impulse in uns hinein zu lassen, dann entspräche das Tierkreiszeichen der Brille, die wir dabei aufhaben. Diese Brille färbt unsere Sicht der Dinge ein und tönt unsere Perspektive auf die Welt. Wir könnten uns daher fragen:

→ *Auf welche Art und Weise nehmen wir die Welt, die uns umgibt, bevorzugt wahr? Womit identifizieren wir uns automatisch, wenn wir in die Welt blicken?*

Das kann man sich am besten mit einer Bilderübung vergegenwärtigen. Setzen wir daher einfach mal die Jungfrau-Brille auf – wie würde die Welt für uns dann aussehen?

Stellen wir uns einmal die Brille der Jungfrau vor: Unsere Brillengläser könnten eine Art eingezeichnete Planquadrate haben, so dass wir alles, was wir wahrnehmen, sofort einzuordnen wissen, ähnlich wie beim „Schiffe versenken".

Nehmen wir eine ganz alltägliche Situation: Eine Mutter mit Jungfrau-Brille auf der Nase kommt in das Zimmer ihres Sohnes. Dort sieht es chaotisch aus. In Planquadrat D 3 – auf dem Schreibtisch - liegen eine Jeans und haufenweise T-Shirts und Socken herum, die dort eindeutig nicht hingehören. Mit raschem Blick erfasst die Mutter, dass dies alles Dinge sind, die in Planquadrat A 4 gehören – in den Schrank. Ihr Bedürfnis nach Ordnung und Überschaubarkeit lässt den Wunsch in ihr aufkommen, die Dinge an den rechten Platz zu räumen. Plötzlich stürmt ihr Sohn zur Tür herein und bleibt abrupt stehen, als er den kritischen Blick seiner Mutter über sein Zimmer schweifen sieht. „Ich räume morgen auf", murmelt er. Es fällt ihr schwer, nichts zu erwidern – die mahnenden Worte liegen ihr schon auf der Zunge. „Hast du heute schon etwas Vernünftiges gegessen?" fragt sie ihn. „Hab keinen Hunger", lautet seine Antwort. Schweigend und in Gedanken versunken verlässt sie sein Zimmer. Sie macht sich ein bisschen Sorgen um ihn – sie hat ihn seit Tagen nichts Richtiges essen sehen, und schließlich braucht doch jeder Mensch eine warme Mahlzeit am Tag! Ihrer scharfen Aufmerksamkeit entgeht nichts. Sie spürt, dass ihr Sohn Sorgen hat. Heute Abend wird sie ihn darauf ansprechen, wenn sie die Blumen eingepflanzt und gewässert hat. Das ist jetzt das Wichtigste, sonst gehen sie ein, sie stehen schon viel zu lange in der Sonne …

→ *Und nun sind Sie an der Reihe: In welchem Zeichen steht Ihr Mond? Und welche Brille hat er folglich auf?*

Das Sonnenzeichen – die Prägung unseres Verhaltens

Wir bleiben beim Zeichen der Jungfrau, tauschen den Mond gegen die Sonne und wählen für diese folgende Begriffe aus:

Sonne	Jungfrau
Gestaltung, Kreativität Ausstrahlung Sich präsentieren Ziel und Aufgabe Ausdruck	ist ängstlich und sicherheitsorientiert, liebt Ordnung, Schutz und Überschaubarkeit, hilft und unterstützt, Anpassung an Gegebenheiten beobachtet und analysiert

Wie prägt die Jungfrau das durch die Sonne verkörperte Verhalten? Was strahlt sie aus, wie präsentiert sie sich? Bei der Sonne handelt es sich nicht mehr um Gefühle und Eindrücke wie beim Mond, sondern um aktives Tun. Überlegen Sie, wie ein Mensch mit Jungfrau-Sonne sich in bestimmten Situationen verhalten würde:

- wenn er gestalterisch tätig wird
- wenn er sich in einer Gruppe von Menschen bewegt
- wenn er ein Ziel verfolgt
- wenn er sich zu etwas äußert.

Schreiben Sie eine kleine Geschichte auf, in der Sie die oben stehenden Begriffe zu sinnvollen Bildern verbinden. Lesen Sie unseren Vorschlag bitte erst dann, wenn Sie sich eigene Gedanken gemacht oder zumindest innerlich ein eigenes Bild zu jeder Situation entworfen haben.

Unsere Geschichte:
Gabriele ist heute verabredet. Sie fährt schon ganz früh los, um einer Freundin bei den Vorbereitungen zu einer Party zu helfen. Kaum kommt sie bei ihrer Freundin an, steckt sie schon mittendrin in der Arbeit. Sie sieht sofort, wo Not am Mann ist, wo etwas gebraucht wird, und springt helfend herbei. Dabei stört es sie auch gar nicht, dass die Küche ziemlich klein ist – sie kann sich wunderbar an die Gegebenheiten anpassen, wenn sie eine Aufgabe hat. Selbst nach drei Stunden körperlicher Arbeit, in der sie zwischen Tischbeinen herumgekrochen ist und Stühle aus dem Keller geholt hat, Kartoffeln geschält und Gemüse geputzt hat, sieht Gabriele noch aus wie aus dem Ei gepellt. Wenn wir nicht wüssten, dass dazu keine Zeit war, könnte man annehmen, dass sie sich

zwischendurch frisch gekämmt und neu geschminkt hat. Sie wirkt so adrett und ordentlich wie am frühen Morgen, als sie bei ihrer Freundin eintraf. Erst am Nachmittag, als die Lampions und Girlanden aufgehängt werden, gerät sie ein wenig aus der Fassung. Erstens geht ihre Freundin da so planlos ran – sie hatte vorher gar nicht überlegt, wie sie die Lampions und Girlanden eigentlich im Raum verteilen wollte – nun ist es ein heilloses Durcheinander. Aber viel schlimmer noch: Gerti, ihre Freundin, steigt doch tatsächlich in ihren Pumps auf die Fensterbank anstatt sich auf die Leiter zu stellen, die Gabriele zusätzlich noch festhalten würde. Einfach unmöglich – was da alles passieren könnte!

Wenn Sie sich die Position Ihrer Sonne im Tierkreis ansehen - wie würde denn Ihr Sonnenzeichen eine Party organisieren?

Die Hauptrollen unserer Erlebniswelt

Wir können die Sonne und den Mond als die Hauptdarsteller unserer Erlebniswelt betrachten. Sie stehen uns als so genannte „persönliche“ Planeten am nächsten und verbinden sich zu den Polen unserer Ich-Welt. Beide sind fest in unserer Persönlichkeit verankert und bilden die grundlegendsten Bedürfnisse des Menschen ab, wie wir sie schon von Kindesbeinen an in uns tragen und verwirklichen wollen. Deshalb können wir uns beide Lichter auch in Gestalt zweier Kinder vorstellen – unserem inneren Mondkind und dem innerem Sonnenkind.

Der Mond wäre dann unser inneres bedürftiges Kind, der Teil von uns, der sich wohl, geschützt und geborgen fühlen will. Die Sonne wäre weniger das kleine schutzbedürftige Kind als das neugierige weltoffene Kind, das spielerisch und selbstständig seinen Weg durch die Welt geht.

Das Mondkind in uns braucht Sicherheit und Nähe. Es zeigt sich nur dem, dem es vertraut. Das Sonnenkind in uns braucht Spiel und Spaß und Eigenständigkeit. Es geht offen auf die Welt zu und präsentiert sich. Gemeinsam bilden die beiden ein Team, ein Paar, das wesentliche Persönlichkeitsanteile von uns symbolisiert.

Sonne und Mond als Team

In dieser Übung möchten wir Sie einladen, Sonne und Mond in einem Tierkreiszeichen einmal als Team zu deuten. Stellen Sie sich dabei den Mond als die bedürftige innere kindliche Seite in dem Menschen vor, die Sonne als sein spielerisches Vergnügen und als das, was seine Lebenslust weckt. Wir deuten zwei Beispiele mit Ihnen gemeinsam, danach können Sie diese Übung mit Ihrem eigenen Horoskop selbst machen.

Beispiel 1: Mond in Schütze, Sonne in Zwillinge
Was braucht unser Mondkind hier, um sich wohl zu fühlen? Mit Schütze verbinden wir Eigenschaften wie: *übertrieben, überspannt, sendungsbewusst, begeisternd, bejahend, ausgedehnt, optimistisch.*

Dieser Mensch wird sich also am wohlsten fühlen, wenn er in großen und optimistischen Gefühlen schwelgen kann. Er braucht etwas, wofür er sich innerlich begeistern kann, eine Botschaft, die er verkünden möchte. Falls er seine Umwelt an seinem Gefühlsleben teilhaben lässt, so findet diese seine Gefühle möglichweise zuweilen übertrieben und überspannt, und fühlt sich von seinem „himmelhoch jauchzend – zu Tode betrübt“ etwas überfordert. Doch für diesen Menschen ist das seine innere Nahrung, die er braucht, um sich sicher und geborgen zu fühlen.

Der sonnige, handelnde Anteil in diesem Menschen wird durch das Zeichen Zwillinge gefärbt, dem wir unter anderem die folgenden Eigenschaften zuordnen: *geschwätzig, altklug, unzuverlässig, oberflächlich, neugierig, sprudelnd, lebhaft, heiter, vielseitig, kontaktfreudig, interessiert.*

Wie wird dieses Sonnenkind nun seine Gefühle und Bedürfnisse wohl umsetzen? Wie wird es handeln? Dieser Mensch wird natürlich jedermann mitteilen, was ihn gerade innerlich begeistert und bewegt! Er wird immer einen klugen Rat wissen, viele Fragen stellen, sich für andere interessieren, aber vor allem auch versuchen, seine innere Mission an den Mann oder an die Frau zu bringen. Doch da er in seinem äußeren Kontakt mit der Welt immer wieder auf neue Dinge stößt, die ihn interessieren, wird sich auch seine Botschaft von Zeit zu Zeit wandeln. Das lässt ihn in den

Augen anderer zuweilen etwas oberflächlich oder wankelmütig erscheinen. Er ist einfach so interessiert an allem, dass immer wieder etwas anderes seine großen Gefühle anregt, die er dann wiederum sprudelnd und lebhaft zum Ausdruck bringt.

Beispiel 2: Mond in Steinbock, Sonne in Widder

Was braucht unser Mondkind hier, um sich wohl zu fühlen? Mit Steinbock verbinden wir Eigenschaften wie: *scheu, unzugänglich, unflexibel, nicht spontan, reduziert, ehrgeizig, verlässlich, beständig, ernst, klar, aufrecht, geradlinig, bescheiden, aufrichtig, diszipliniert, pflichtbewusst.*

Dieses Mondkind wird sich also am wohlsten fühlen, wenn es sich in einer berechenbaren und strukturierten Situation befindet. Solange ein Mensch mit dieser Mondstellung sich auf die Dinge und Menschen in seiner Umgebung verlassen kann, geht es ihm gut. Seine Gefühle behält er am liebsten für sich, offenbart nicht gern aller Welt, wie es ihm gerade geht. Von außen mag man da zuweilen den Eindruck haben, es mit einem ziemlich unzugänglichen Menschen zu tun zu haben, der wenig emotionale Höhen und Tiefen hat. In der Tat versucht das innere Mondkind hier, seine Gefühle auf ein Mindestmaß zu reduzieren und keine allzu großen Gefühlsschwankungen zu erzeugen. Damit geht es ihm nicht so gut. Dies bedeutet allerdings nicht, dass dieser Mensch keine Gefühle hat – nur gibt er ihnen weniger Raum als andere, manchmal womöglich zu wenig.

Wie sieht denn nun der handelnde, sonnenhafte Teil dieses Menschen aus? Bei Widder finden wir Eigenschaften wie: *aggressiv, ungeduldig, instinktiv, willensstark, entscheidungsfreudig, direkt, aufrichtig, abenteuerlustig, spontan, begeisterungsfähig, mutig, aktiv, durchsetzungsfähig, motivierend.*

In seinen Handlungen ist dieser Mensch also sehr direkt, spontan und mutig. Ganz im Gegensatz zu seinen Gefühlen, denn da ist er viel weniger spontan! Möglicherweise begeistert er sich schnell und entscheidungsfreudig für ein Abenteuer, bei dem er sich unter Umständen nachher doch nicht so wohl fühlt. Bei diesem Menschen kann das äußere Verhalten manchmal über sein inneres Befinden hinwegtäuschen. Alles scheint in Ordnung zu sein, doch da gibt es noch ein unausgesprochenes Gefühl in ihm. Das kann er jetzt auch gar nicht äußern, denn es „passt“ gerade nicht. Schließlich weiß er ja, sich gefühlsmäßig in Bescheidenheit zu üben, wenn das innere Pflichtbewusstsein und die Disziplin das verlangen!

Sie sehen, schon aus dem Stand der Sonne und des Mondes im Tierkreiszeichen lässt sich eine Menge über einen Menschen herausfinden. Wie sieht das nun bei Ihnen aus?

→ *Was braucht Ihr inneres Mondkind, und wie handelt Ihr sonniges Naturell am liebsten? Wie passt beides zusammen?*

Mein inneres Mondkind: Mond im Zeichen ....

Mein inneres Sonnenkind: Sonne im Zeichen ....

Sonnenzeichen-Kombinationen

Zum Abschluss für dieses Kapitel wollen wir Sie anregen, sich ein wenig im einfachen und schnellen Kombinieren von Sonne bzw. Mond und Tierkreiszeichen zu üben. Wir wählen im Folgenden einige der zur Sonne gehörenden Begriffe aus und kombinieren diese mit den Attributen und Färbungen der Tierkreiszeichen. Ein Beispiel:

- Sonne: Aktivität
- Stier: verwertend
- Sonne in Stier: verwertende Aktivität

Nun überlegen wir uns, was man sich unter einer verwertenden Aktivität vorstellen könnte. Zum Beispiel könnte dies jemand sein, der eigene Früchte aus seinem Garten erntet und sie einmacht. Oder eine Gärtnerin, die Blumen pflückt, um daraus einen Blumenstrauß zu binden. Unser inneres Sonnenkind hätte mit dieser Kombination sicherlich eine große Freude daran, Blumen zu pflücken, um sie der Mama mitzubringen!

Machen Sie diese Übung einmal für verschiedene Begriffe, die wir der Sonne zuordnen, in allen Tierkreiszeichen. Suchen Sie sich diese frei aus. Fragen Sie sich dabei immer, wie eine konkrete Situation aussehen könnte. Woran hätte dieser Mensch Freude? Wie würde er sich ausdrücken und präsentieren? Wie würde er sich verhalten? Wenn Sie keine Ideen haben, fragen Sie Ihr inneres Sonnenkind, was es mit dieser Kombination anfangen würde, woran es Spaß hätte. Ihm fällt mit Sicherheit etwas ein!

Natürlich machen wir Ihnen auf den folgenden Seiten auch einige Vorschläge. Seien Sie sich jedoch bewusst, dass es sich immer nur um eine von vielen Kombinationsmöglichkeiten handelt, die wir Ihnen hier vorstellen. Es ist nur eine Idee von vielen möglichen. Deswegen ist das, was Sie selbst finden, auch auf gar keinen Fall „falsch", wenn Sie die Begriffe sinnvoll miteinander kombinieren.

Unsere Beispiele für Sonne in den Tierkreiszeichen:

Sonne im Zeichen	**Kombination von Begriffen**	**Beispiel aus dem Alltag**
Sonne in Widder	spontane Gestaltung	einen Pinsel in die Hand nehmen und malen, ohne nachzudenken; Ideen haben und diese direkt ausführen
Sonne in Stier	verwertende Aktivität	eigene Früchte aus dem Garten ernten und einmachen; Blumen pflücken, um daraus einen Blumenstrauß zu binden
Sonne in Zwillinge	vielfältiger Ausdruck	verschiedene Sprachen sprechen, sich mit Gestik und Mimik artikulieren; verschiedenste Arten von Menschen kennen
Sonne in Krebs	vorsichtige Präsentation	sich selbst nicht in den Vordergrund stellen; sich bei einem neuen Kontakt dem anderen langsam nähern und nicht alles von sich erzählen
Sonne in Löwe	freudiges Selbstbewusstsein	ein gesundes Selbstbewusstsein ausstrahlen; sich seines eigenen Wertes bewusst sein
Sonne in Jungfrau	zurückhaltendes Auftreten	Hilfsbereitschaft und Rücksichtnahme anderen gegenüber zeigen

Sonne in Waage	harmonische Gestaltung	Wert auf einen ausgewogenen Zustand in jeder Hinsicht legen, z.B. zu Hause, auf der Arbeit, in der Partnerschaft
Sonne in Skorpion	extreme Zielgerichtetheit	sich hundertprozentig auf eine Sache konzentrieren, wenn man sich etwas vorgenommen hat, und sich nicht ablenken lassen
Sonne in Schütze	edles Bewusstsein	sich hohe Ziele stecken, das Beste denken, hoffen und anstreben; Ideale pflegen
Sonne in Steinbock	Beständiger Ausdruck	sich eine Aufgabe suchen, die man mit Ausdauer verfolgen kann, z.B. ein Haus zu bauen, eine Firma aufzubauen
Sonne in Wassermann	extravagante Kreativität	bei Projekten auf ausgefallene Ideen kommen, neue Wege gehen, z.B. in der Musikbranche als Talententdecker arbeiten
Sonne in Fische	mitfühlende Ausstrahlung	empathisch auf andere Menschen eingehen können, Vertrauen wecken; Außenseiter in eine Gruppe integrieren

Mondzeichen-Kombinationen

Die gleiche Übung wollen wir nun auch für den Mond machen. Auch hier wollen wir mit einem Beispiel vorangehen:

- Mond: Nacht
- Widder: wild
- Mond in Widder: eine „wilde“, sprich ruhelose Nacht

Dies könnte zum Beispiel ein Mensch sein, der sehr nachtaktiv ist, oder der nachts spontane Einfälle hat, oder auch jemand, der viel und intensiv träumt.

Machen Sie auch diese Übung einmal für verschiedene Begriffe, die wir dem Mond zuordnen, in allen Tierkreiszeichen, bevor Sie sich unseren Vorschlag durchlesen. Seien Sie sich auch hier wieder bewusst, dass es sich nur um eine von vielen Kombinationsmöglichkeiten handelt, die wir Ihnen vorstellen.

Unsere Beispiele für Mond in den Tierkreiszeichen:

Mond im Zeichen	**Kombination von Begriffen**	**Beispiel aus dem Alltag**
Mond in Widder	ruhelose Nacht	ein Mensch sein, der sehr nachtaktiv ist, oder der nachts spontane Einfälle hat, oder auch jemand, der viel und intensiv träumt.
Mond in Stier	genießerische Entspannung	eine heiße Tasse Kakao mit Sahne schlürfen, um sich von der Arbeit zu erholen; in die Sauna gehen zum Entspannen
Mond in Zwillinge	lebhafte Stimmung	eine lebendige, angeregte Stimmung schaffen durch Austausch und Neugier; Menschen durch Fragen aus der Reserve locken
Mond in Krebs	Schutz suchende Nähe	ein Bedürfnis nach vertrauter Geborgenheit haben; Nähe zu den Menschen suchen, die einem Schutz bieten

Mond in Löwe	spielerisches Gefühl	verspielt und kindlich-offen auf eine Situation zugehen, sich dabei unbeschwert fühlen
Mond in Jungfrau	umsichtige Geborgenheit	jemand, der sehr vorsichtig mit ihm anvertrauten Dingen und Menschen umgeht; jemand, der sich wohl fühlt, wenn vorgesorgt ist
Mond in Waage	offenes Unbewusstes	sehr offen und aufnahmefähig für alles sein, was um einen herum vorgeht; eine große innere Beeindruckbarkeit
Mond in Skorpion	leidenschaftliche Aufnahme	sich ganz und gar in etwas hineinversetzen, z.B. einen spannenden Film hautnah mitfühlen
Mond in Schütze	anspruchsvolle Bedürfnisse	Bedürfnisse und Wünsche haben, die nicht ganz leicht zu erfüllen sind; das Beste als gerade gut genug empfinden
Mond in Steinbock	verlässliche Innenwelt	beständige Gefühle hegen, loyal sein; eine ausdauernde innere Aufnahmefähigkeit haben
Mond in Wassermann	fortschrittliche Nähe	neue Wege im Umgang mit Nähe und Bindung finden; unkonventionelle Verbindungen pflegen; keine permanente körperliche Nähe zu anderen brauchen
Mond in Fische	unterschiedslose Wahrnehmung	viele Eindrücke gleichermaßen wahrnehmen, beeindruckbar und offen für Stimmungen und Atmosphären sein

Sonne und Mond in den Häusern

Nicht nur in einem Zeichen stehen Sonne und Mond im Horoskop, sondern auch in einem der zwölf Häuser. Dem Einfluss dieser Hausposition auf die Deutung der beiden Lichter gehen wir in den kommenden Abschnitten nach. Am Ende wird es darum gehen, die Zeichenposition mit der Häuserposition zu verbinden.

Für den Einstieg in die Deutung der Häuserstellungen greifen wir auf das Bild der Häuser als Zimmer einer großen Villa zurück.

Der Mond in den Häusern

Stellen Sie sich den Mond einmal als ein kleines Kind in den entsprechenden Zimmern vor, und fragen Sie sich: Wie fühlt er sich dort womöglich? Wie steht es um seine Geborgenheit? Machen Sie sich ein paar Notizen oder malen Sie etwas, machen Sie kleine Skizzen des Kindes in jedem Raum, bevor Sie sich unsere Gedanken dazu anschauen.

Wir haben überlegt, dass das Mondkind sich in den einzelnen Zimmern etwa so fühlen könnte:

Das erste Haus – der Eingang: Hier bin ich eigentlich nur selten gern. So richtig geborgen fühle ich mich hier nämlich nicht – ständig droht die Gefahr, dass jemand Fremdes in meine Schutzzone eindringt.

Das zweite Haus – die Küche: Hier ist es toll! Mama kocht immer so lecker, es duftet gut und warm ist es auch. Wenn Mama Gemüse schnipselt, sitze ich ihr gern auf dem Schoß, und wenn sie Plätzchen bäckt, dann helfe ich mit.

Das dritte Haus – die Flure und Gänge: Hier ist es ganz nett. Man kann prima rumlaufen und Ball spielen und hat viel Platz. Aber manchmal zieht es so und Papa macht immer die Tür zu seinem Zimmer zu – dann fühle ich mich irgendwie allein gelassen.

Das vierte Haus – das Schlafzimmer: Hier bin ich total gerne. Das Kopfkissen von meiner Mama ist so weich und das von Papa riecht so gut. Mmhhh … wenn ich nur öfter hier schlafen dürfte!

Das fünfte Haus – das Kinderzimmer: Hurra! Mein Reich. Hier kann ich mich austoben und keiner schimpft, wenn es nicht aufgeräumt ist.

Das sechste Haus – das Badezimmer: Also, hier habe ich ziemlich gemischte Gefühle. Wenn ich abends Zähne putzen soll, finde ich das Badezimmer doof. Aber wenn ich samstags mit meinem Schwesterchen und meinem Quietschentchen baden gehe, dann finde ich das super!

Das siebte Haus – das Wohnzimmer, der Salon: Hier ist immer was los. Darauf hab ich nicht immer Lust. Mit meinen Freunden spiele ich hier gerne verstecken. Manchmal sitzen da aber auch so komische Leute auf meinem Lieblingsplatz, und Papa lässt mich dann gar nicht auf seinen Schoß …

Das achte Haus – das geheime Zimmer: Muss ich hier bleiben? Es gruselt mich ein bisschen hier. Eigentlich sollte ich hier auch nicht sein, aber toll wäre es schon, wenn Mama mich an der Hand nähme und mit mir gemeinsam in die Ecken gucken würde …

Das neunte Haus – die Bibliothek: Hier ist es eigentlich langweilig, nur wenn Papa mir was vorliest – das finde ich toll! Manchmal nehme ich mir auch einfach eins von den großen Büchern mit den vielen Bildern aus dem Regal und gucke mir die Fotos an.

Das zehnte Haus – das Arbeitszimmer: Nee, das Zimmer mag ich gar nicht. Da muss ich mich immer benehmen und aufpassen, dass ich nichts umstoße. Papa schimpft immer, wenn ich mal was durcheinander bringe.

Das elfte Haus – der Partykeller: Hier ist es lustig! Man kann so toll spielen – auch wenn Mama sagt, die Sachen sind gar nicht zum Spielen. All die vielen bunten Flaschen mit ihren hübschen Etiketten sind klasse – und aus den Kissen und Kisten kann man prima Burgen bauen.

Das zwölfte Haus – der Meditationsraum: Mama sagt immer, ich muss ruhig sein, wenn ich hier bin. Sie hört dann so merkwürdige Musik, von der ich müde werde, und von dem seltsamen Duft wird mir manchmal ganz schwummrig. Ich schlaf dann immer gleich ein.

Eine ähnliche Übung wollen wir nun für die Sonne machen. Hier kommt unser spielerischer, aktiver Anteil stärker zum Vorschein. Sie erinnern sich sicherlich noch, dass Sie sich als Kind öfter Gedanken darüber gemacht haben: „Wenn ich mal groß bin..." Stellen Sie sich die Sonne doch einmal als kreatives Kind mit einem Wunsch nach Verwirklichung vor. Welchen Wunsch hegt es in welchem Haus? Was möchte es „mal werden, wenn es groß ist?" Dies kann ein Beruf oder eine Tätigkeit sein, ein Hobby oder ein Traum, eine Vision oder ein reales Ziel. Machen Sie sich auch hier wieder ein paar Notizen oder malen Sie etwas, machen Sie kleine Skizzen des Kindes mit seinem Traum vom „Groß-Sein", bevor Sie sich unsere Gedanken dazu anschauen.

Unsere Ideen, was das Sonnenkind werden will, wenn es groß ist:

Die Sonne im ersten Haus: Wenn ich mal groß bin, dann werde ich Pirat und entdecke eine Schatzinsel!

Die Sonne im zweiten Haus: Wenn ich mal groß bin, dann habe ich ein großes Haus und einen Garten – und einen großen Schäferhund!

Die Sonne im dritten Haus: Wenn ich mal groß bin, werde ich Tänzerin oder Schauspielerin.

Die Sonne im vierten Haus: Wenn ich mal groß bin, dann habe ich eine große Familie mit mindestens zehn Kindern!

Die Sonne im fünften Haus: Wenn ich mal groß bin, dann wird ich Dirigent – dann stehe ich immer im Mittelpunkt und alle müssen tun, was ich sage.

Die Sonne im sechsten Haus: Wenn ich mal groß bin, dann gründe ich ein Tierheim für alle armen Hunde und Katze.

Die Sonne im siebten Haus: Wenn ich mal groß bin, dann werde ich eine feine Dame und habe ganz viele Freunde.

Die Sonne im achten Haus: Wenn ich mal groß bin, werde ich Detektiv und löse jeden Fall.

Die Sonne im neunten Haus: Wenn ich mal groß bin, wandere ich aus – am liebsten nach Australien.

Die Sonne im zehnten Haus: Wenn ich mal groß bin, dann werde ich Chefin einer großen Firma und bin ganz furchtbar wichtig.

Die Sonne im elften Haus: Wenn ich mal groß bin, dann werde ich Erfinder und löse die Energieprobleme der Menschheit.

Die Sonne im zwölften Haus: Wenn ich mal groß bin, dann werde ich Nonne – oder doch lieber Popstar!

Kombination von Zeichen und Häusern für Sonne und Mond

Nun wollen wir einmal schauen, wie es unseren beiden Hauptdarstellern in den verschiedenen Lebensbereichen der Häuser *und* Zeichen ergeht. Verfolgen Sie zunächst einmal unserem Beispiel.

Beispiel 1: Mond im ersten Haus und im Skorpion
Wir könnten wie folgt schrittweise vorgehen Zunächst schauen wir nach dem Häuserthema. Dazu gehören beispielsweise: die typische Art, auf die Welt zuzugehen, die grundlegenden Voraussetzungen, um mich in der Welt durchzusetzen, Verteidigungsimpulse etc.

Mit dem Mond im ersten Haus beeinflusst mein persönliches Kontaktverhalten zur Welt automatisch mein Wohlbefinden. Ich bin besonders empfänglich für Eindrücke, die mich und meine Durchsetzungsfähigkeiten im Leben betreffen. Ich reagiere instinktiv, sozusagen „aus dem Bauch heraus" auf Angriffe von außen, und ich habe das Bedürfnis, mir eine persönliche Schutzzone an meinem „Kontaktpunkt" verschaffen zu müssen, weil ich da besonders verletzlich bin. Wenn mir jemand nahe steht, dann regen sich ganz spontan ich Beschützerinstinkte in mir. Jeder, mit dem ich mich identifiziere, wird in meinen Verteidigungsmechanismus mit aufgenommen und beschützt, wie eine Löwin ihren Jungen verteidigt.

Wenn wir dieses Verhalten noch mit einem Tierkreiszeichen einfärben, bekommt es noch mehr Anschaulichkeit. Nehmen wir beispielsweise einmal das Zeichen Skorpion. Einige Färbungen dieses Zeichens lauten: *extrem, provokativ, drastisch, kontrollierend, besitzergreifend, unbeirrbar, selbstbeherrscht, leidenschaftlich, opfer- und wandlungsbereit.*

Ein Mensch mit einem Skorpion-Mond im ersten Haus hat also möglicherweise ein besonders sensibles Gespür für potenzielle Gefahren und reagiert zu seiner Verteidigung mit einem extremen Gefühlsausbruch. Er wird seine Bedürfnisse mit Leidenschaft verfolgen und instinktiv durchzusetzen versuchen. Wenn ihm etwas oder jemand nahe steht, dann bringt er eine hohe Opferbereitschaft mit. Sein Wohlbefinden ist davon abhängig, ob er sich sein Wunsch nach Tiefe und Intensität erfüllen lässt. Wenn er das Gefühl hat, mit seinen Bedürfnissen und auch Ängsten nicht ernst genommen zu werden, ist das besonders schlimm für ihn.

Beispiel 2: Sonne im ersten Haus und in Löwe.
Für die Sonnenseite eines Menschen mit Sonne in Haus 1 ist es wichtig, sich aktiv einzubringen. Seine Persönlichkeit entwickelt sich am besten, wenn er sich durchsetzen kann. Dieser Mensch ist stark auf sich selbst und die Entwicklung seiner ganz persönlichen Eigenart bezogen – es ist für ihn wichtig, sich selbst viel Aufmerksamkeit zu schenken. Er kann sich am besten gegen Angriffe verteidigen, wenn er sich souverän verhält und nicht aus der Ruhe bringen lässt. Für ihn ist es eine besondere Lebensaufgabe, auf sich selbst vertrauen zu lernen. Seine Lebenslust wird daher am meisten geweckt, wenn er sich selbstständig und spielerisch mit einer Sache befassen kann, die ihm Aufmerksamkeit sichert und seine Kompetenz und sein Selbstvertrauen stärkt.

Wie diese Tätigkeit aussehen könnte, darüber verrät uns das Tierkreiszeichen mehr. Hier soll die Sonne im Zeichen Löwe stehen. Das verbinden wir mit Eigenschaften wie: *theatralisch, geltungsbedürftig, stolz, selbstsicher, lebendig, kreativ, ausdrucksstark, individuell und verantwortungsbewusst.*

Für diesen Menschen eignet sich also eine Aufgabe, die sein Geltungsbedürfnis unterstützt und wo er sich möglichst lebendig und kreativ einbringen kann. Wir könnten ihn uns gut als Künstler vorstellen. Doch auch wenn er anderen Tätigkeiten nachgeht, macht er daraus vielleicht immer ein kleine „Show“ mit viel Unterhaltungswert für andere. Dass er der Mittelpunkt der Aufmerksamkeit sein muss, wird durch die Löwefärbung noch verstärkt.

→ Nun sind Sie dran! Wie schaut es mit Ihrem Mond und Ihrer Sonne in den Häusern aus? Was verraten sie Ihnen über sich selbst?
Mein Mond steht im Zeichen ………….. und in Haus ….………

Meine Sonne steht im Zeichen …………und in Haus ………….

Venus und Mars – Ich und die Anderen

Venus und Mars begegnen uns recht häufig im Alltag. So zum Beispiel als Symbole an WC-Türen für „das schöne Geschlecht", Venus, und für „das starke Geschlecht", Mars. Sie begegnen uns überdies in der Sprache und in der Kunst. Während „Mars mobil macht", verfangen wir uns in der „Venusfliegenfalle". Nun wäre es jedoch ein Fehlschluss, anzunehmen, dass Venus für Frauen und Mars für Männer steht. Schließlich hat jeder Mensch eine Venus und einen Mars im Horoskop. Beide Prinzipien stehen für bestimmte Anteile in uns Menschen, die sich natürlich je nach körperlichem Geschlecht, nach Kultur, Erziehung und sexueller Orientierung - und nicht zuletzt je nach Horoskop - unterschiedlich stark ausprägen. Letztlich trägt jeder Mensch beide Prinzipien in sich.

Und doch lassen sich die Eigenheiten von Venus und Mars im alltäglichen Leben sehr gut an unseren Vorstellungen von Frau und Mann ablesen. Ein erster intuitiver Zugang zu diesen beiden Planetenprinzipien kann durchaus über diese Schiene laufen. Venus und Mars können wir dann auch als unsere „innere Frau" und unseren „inneren Mann" betrachten.

Venus und Mars im Horoskop

Im vorigen Kapitel sind wir dem Gegensatzpaar von Sonne und Mond begegnet, der Außen- und der Innenwelt, dem Ausdruck und dem Eindruck, dem Bewusstsein und dem Unterbewusstsein, dem Handeln und den Gefühlen. Auf der ganz persönlichen Ebene von Sonne und Mond bleiben die damit verbundenen Prinzipien noch recht undifferenziert und abstrakt. So sprechen wir beim Mond davon, dass wir uns unter bestimmten Umständen *wohl oder unwohl fühlen*, bei der Sonne davon, ob wir *ein handlungsstarker oder eher abwartender Mensch* sind.

Auf der nächsten Ebene, die der zwischenmenschlichen Planeten in der Du-Welt, haben wir es wieder mit einem Gegensatzpaar zu tun. Diese formen die eher undifferenzierten Analogien zu Sonne und Mond der Ich-Welt weiter aus, machen sie konkreter und fassbarer. Venus steht dabei in einer engen Verbindung zum Mond, Mars in enger Verbindung zur Sonne. Wir können also sagen, *dass Mars die Ziele der Sonne konkret angeht und verfolgt*, bzw. *dass Venus das Wohlgefühl des Mondes in konkrete Wünsche und Vorlieben umsetzt.*

Lassen Sie uns einmal versuchen, gemeinsam herauszufinden, welche Bereiche es hier zu konkretisieren gibt. Wir nehmen uns dazu erneut die Begriffsreihe der Sonne zur Hand und vervollständigen diese mit konkreten Handlungsanweisungen für das Planetenprinzip Mars.

Wir stellen uns dabei bei jedem Begriff zur Sonne die Frage:
→ Was muss ich im Leben tun, um die Sonnenthemen konkret umzusetzen? Welche Konsequenzen hat es für mein Leben, wenn ich diese Prinzipien bezogen auf meine Mitmenschen und meine Umwelt überhaupt verfolge?

Sonne	**Mars**
aktiv sein, handeln	konkret etwas erschaffen, einer Arbeit nachgehen, sich engagieren und einsetzen
Realität	sich der Realität stellen, sie in Angriff nehmen
Selbstbewusstsein, Selbstständigkeit	sich durchsetzen, gegen den Strom schwimmen, sich gegen andere Menschen abgrenzen
Anspannung	Anspannung ausagieren, sich streiten oder auseinandersetzen
Lebenswille, Vitalität	den Willen in die Tat umsetzen, sich holen, was man will
ausstrahlen	die eigene Energie gezielt einsetzen und anwenden

Zielgerichtetheit	sein Ziel verfolgen, sich wieder und wieder darum bemühen
sich zeigen, präsentieren	sich der Gefahr aussetzen, kritisiert oder angegriffen zu werden, sich verteidigen
Selbstverwirklichung	eigene Interessen vertreten
Kontakt zur Außenwelt	sich mit anderen Menschen auseinander setzen, Kontakt aufnehmen
Ziel und Aufgabe	tatkräftig voranschreiten (lat. *aggredi*), Aggression zeigen

Wenn Sie diese Vorgehensweise verstanden haben, können Sie nun selbst Konkretisierungen für Venus aus der Begriffsreihe des Mondes herleiten. Stellen Sie sich dabei vor, dass die eher abstrakten Begriffe für den Mond eine konkrete Form annehmen. Sie werden irdisch und greifbar, beziehen sich auf körperliche und zwischenmenschliche Vorgänge. Stellen Sie sich die Frage:

„Was geschieht in meinem Leben, wenn ich die Mondthemen konkret angehe? Welche Konsequenzen hat es für mein Leben, wenn ich diese Prinzipien auf meine Mitmenschen, meine Umwelt verfolge?“ Versuchen Sie es einmal:

Mond	**Venus**
das Unterbewusstsein	konkrete Wünsche und Sehnsüchte haben
Geborgenheit, Nähe	...
Entspannung	
Stimmung, Atmosphäre	
Loslassen, auftanken	
empfangen, aufnehmen	
widerspiegeln	
Eindrücke und Wahrnehmungen	
Kontakt zur Innenwelt, innere Bedürfnisse	

Unser Vorschlag für eine Konkretisierung in Form des Venus-Prinzips lautet wie folgt:

Mond	**Venus**
das Unterbewusstsein	konkrete Wünsche und Sehnsüchte haben
Geborgenheit, Nähe	sich zu jemandem tatsächlich hingezogen fühlen; sich Menschen suchen, die zu einem passen
Entspannung	was ich konkret brauche, um mich körperlich wohl zu fühlen
Stimmung, Atmosphäre	die Umgebung dem eigenen Geschmack entsprechend gestalten wollen
Loslassen, auftanken	etwas für das eigene Wohlbefinden tun, je nach Geschmack, z.B. eine Massage bekommen oder geben, in die Sauna gehen
empfangen, aufnehmen	ein Geschenk bekommen, etwas essen
widerspiegeln	auf einen Menschen reagieren, ihn abstoßend oder anziehend finden
Eindrücke und Wahrnehmungen	körperliche Eindrücke, sinnliche Empfindungen
Kontakt zur Innenwelt, innere Bedürfnisse	konkret wissen, was man mag und was man nicht mag

Sollten Ihre Ideen nicht vollständig mit unseren übereinstimmen, verwerfen Sie sie nicht gleich wieder, sondern denken Sie einfach eine Weile darüber nach. Astrologie ist eine kreative Deutungskunst, in der es keine starren Grenzen zwischen „richtig“ und „falsch“ gibt, sondern einen fließenden Übergang. Entscheiden Sie selbst, welche Ihrer eigenen Begriffe Sie auch weiterhin benutzen möchten.

Nun haben wir Begriffe für Venus und Mars aus den Urprinzipien Mond und Sonne hergeleitet. Im nächsten Schritt gilt es, Venus und Mars als ergänzende Prinzipien zu betrachten. Diese beiden ergänzen einander wie Schlüssel und Schloss. Venus hat Hunger, Mars kauft etwas zu essen. Venus mag Sport, Mars geht joggen. Venus sucht Anschluss, Mars gibt eine Kontaktanzeige auf.

Versuchen wir nun einmal, einige der oben gefundenen Konkretisierungen für Mars und Venus in eine Gegenüberstellung zu bringen, also Ergänzungen zu bilden.

Venus	**Mars**
konkrete Wünsche und Sehnsüchte haben	den Willen in die Tat umsetzen, sich holen, was man will
sich zu jemandem tatsächlich hingezogen fühlen; sich Menschen suchen, die zu einem passen	sich mit anderen Menschen auseinander setzen, Kontakt aufnehmen
auf einen Menschen reagieren, ihn abstoßend oder anziehend finden	die Anspannung ausagieren, sich streiten oder auseinander setzen; oder auch: die Anziehung ausagieren, auf den anderen aktiv zugehen
konkret wissen, was man mag und was man nicht mag	seine eigene Interessen auch aktiv vertreten, sich dafür einsetzen und sich damit auch der Gefahr aussetzen, kritisiert oder angegriffen zu werden

Wir möchten Sie dazu einladen, im Folgenden weitere eigene Überlegungen anzustellen. Fragen Sie sich selbst:

„Wie könnte eine Ergänzung durch das aktive Mars-Prinzip bei diesen Venus-Entsprechungen aussehen? Welche aktiven Handlungen ergeben sich möglicherweise, wenn wir unseren Venus-Wünschen folgen?“

Venus	Mars
was ich konkret brauche, um mich körperlich wohl zu fühlen	für dieses körperliche Bedürfnis sorgen, sich dafür einsetzen, es durchsetzen
die Umgebung dem eigenen Geschmack entsprechend gestalten wollen	...
etwas für das eigene Wohlbefinden tun, je nach Geschmack, z.B. eine Massage bekommen oder geben, in die Sauna gehen	
Ein Geschenk bekommen	
körperliche Eindrücke, sinnliche Empfindungen	
Was mich anzieht, interessiert, was ich haben will	

Unser Vorschlag für mögliche Ergänzungen durch das Mars-Prinzip lauten wie folgt:

Venus	Mars
was ich konkret brauche, um mich körperlich wohl zu fühlen	für dieses körperliche Bedürfnis sorgen, sich dafür einsetzen, es durchsetzen
die Umgebung dem eigenen Geschmack entsprechend gestalten wollen	mir die notwendigen Mittel zur Umsetzung besorgen, mir die gewünschte Umgebung konkret erschaffen
etwas für das eigene Wohlbefinden tun, je nach Geschmack, z.B. eine Massage bekommen oder geben, in die Sauna gehen	mich dafür einsetzen, mir Zeit nehmen, meine Wünsche unter Umständen gegen die Wünsche anderer durchsetzen
Ein Geschenk bekommen	Seinen Wunsch äußern
körperliche Eindrücke, sinnliche Empfindungen	auf die Empfindungen reagieren: mich kratzen, wenn es juckt; trinken, wenn ich Durst habe; sinnliche Lust in sexuelle Aktivität umsetzen
Was mich anzieht, interessiert, was ich haben will	Wie ich darauf zugehe, wie ich es mir hole

Doch Venus und Mars ergänzen einander nicht nur – sie stehen auch im Gegensatz zueinander. Dies macht sich vor allem in der zwischenmenschlichen Begegnung bemerkbar. Denn dort bewegen wir uns zwischen dem Spannungsfeld der Anziehung (Venus) und der Abstoßung (Mars), der Liebe (Venus) und des Hasses (Mars), der Attraktion (Venus) und des Angriffs (Mars), der Verführung (Venus) und Verteidigung (Mars).

Aber auch in uns selbst bilden Mars und Venus Gegensätze. Ein Teil von uns wünscht sich das Schlaraffenland, das Paradies mit immer währender Harmonie (Venus), während ein anderer Teil sich gern an anderen Menschen und Herausforderungen reibt, den Wettbewerb und die Eroberung liebt (Mars). Auch diese polaren Gegensätze werden durch Venus und Mars symbolisiert.

Lassen Sie uns gemeinsam nach Gegensätzen dieser Art suchen. Einige Begriffe zum Planeten Mars suchen nämlich noch nach einer Venus-Entsprechung:

Mars	**Venus**
sich der Realität stellen, sie in Angriff nehmen	träumen und sich in Wünschen ergehen
sich durchsetzen, gegen den Strom schwimmen, sich gegen andere Menschen abgrenzen	sich mit jedermann gut verstehen, sich mit anderen Menschen verbinden
die eigene Energie gezielt einsetzen und anwenden	Energie sparen, sie für gemeinsame Zwecke einsetzen, wenn es sich lohnt
sein Ziel verfolgen, sich wieder und wieder darum bemühen	es sich bequem machen, den anderen die Arbeit überlassen
tatkräftig voranschreiten (lat. *aggredi*), Aggression zeigen	warten, bis von selbst etwas geschieht; auf den Lauf der Dinge vertrauen

Versuchen Sie jetzt noch einmal selbst, zu einigen Venus-Begriffen Gegensätze zu finden, die durch Mars symbolisiert werden:

Venus	**Mars**
Harmonie	Auseinandersetzung
sich attraktiv und anziehend machen	...
flirten, turteln	
sich an andere Menschen anpassen	
der Wunsch nach Schönheit	
Gemeinsamkeit	
Sicherheit	
Duldsamkeit	
Lieb sein	

Hier sind unsere Vorschläge für mögliche Gegensatzpaare:

Venus	**Mars**
Harmonie	Auseinandersetzung
sich attraktiv und anziehend machen	jemanden für sich erobern
flirten, turteln	diskutieren, sich streiten
sich an andere Menschen anpassen	sich von anderen unterscheiden
der Wunsch nach Schönheit	der Mut zur Hässlichkeit
Gemeinsamkeit	Alleingang
Sicherheit	Risiko
Duldsamkeit	Ungeduld
Lieb sein	Gemein und rücksichtslos sein

Es versteht sich von selbst, dass ein glückliches und ausgewogenes Leben am besten erreichbar ist, wenn beide Prinzipien gleichermaßen ausgeprägt sind und gut funktionieren. Dieser Idealzustand ist natürlich im tatsächlichen Leben selten erreichbar, und so hat jeder Mensch mit dem ein oder anderen Übergewicht auf der einen und einem Mangel auf der anderen Seite zu kämpfen.

Um herauszufinden, wie es um Ihren inneren Mars und Ihre innere Venus bestellt ist, unternehmen wir nun eine kleine Fantasiereise zu diesen beiden Planeten.

Fantasiereise zu Mars

Wir wollen nun unseren inneren Mars bereisen, ihn entdecken und vor unserem geistigen Auge entstehen lassen. Auch hier ist es wieder hilfreich, wenn Ihnen jemand diesen Abschnitt vorliest. Sie können ihn jedoch auch durchaus erst einmal durchlesen, sich die wichtigen Stationen und Fragen merken, und die Reise dann innerlich für sich selbst leiten.

Mars ist das Symbol für Aufbruch, Energie und Eroberung. Machen Sie es sich dazu bequem, schließen Sie Ihre Augen und atmen Sie ganz ruhig. Lassen Sie vor Ihrem inneren Auge eine Landschaft entstehen, die in Ihnen Ihren Abenteuergeist weckt. Wie sieht diese Landschaft aus? Ist es ein Dschungel? Eine Wüste? Eine Berglandschaft? Das offene Meer? Was weckt Ihre Lust auf Eroberung, Entdeckerfreude und Ihren Pioniergeist?

In dieser Landschaft bewegen Sie sich nun vorwärts. Und das ist nicht so einfach. Immer wieder stellen sich Ihnen Hindernisse und Gefahren in den Weg. Im Dschungel kann dies dichtes Unterholz oder eine Schlange sein, in der Wüste ist es möglicherweise ein Sandsturm oder eine Horde wilder Nomaden. In den Bergen begegnet Ihnen vielleicht ein gefährlicher Bär, auf dem Meer braust ein heftiger Sturm heran. Sie haben Abenteuer zu bestehen. Versetzen Sie sich ganz in diese Vorstellung.

Wie bestehen Sie die Herausforderungen, die Ihnen begegnen? Wie verteidigen Sie sich bei Gefahr? Welche Waffen setzen Sie ein? Kämpfen Sie mit Schwert und Dolch oder mit List, Schnelligkeit und Verstand? Sind Sie mutig oder kraftvoll, geschickt oder einfühlsam? Lassen Sie sich ganz auf Ihr Abenteuer ein.

Wenn Sie es bestanden haben und Sie fühlen, dass es Zeit wird, heimzukehren, nehmen Sie etwas von Ihrem Abenteuer mit. Es kann ein großer Gegenstand sein oder ein kleiner. Sobald Sie ihn gewählt haben, schrumpft er auf die Größe einer Haselnuss. Sie können ihn überall in mitnehmen. Und immer, wenn Sie ihn brauchen, ist er da, einsatzbereit, um Ihnen bei Ihrem nächsten Abenteuer zur Seite zu stehen.

Wir unternehmen jetzt eine kleine Reise zu unserer inneren Venus. Für diese Reise gilt das Gleiche wie für die Fantasiereise zu Mars – suchen Sie sich eine passende Form aus, in der Sie sich durchführen möchten.

Venus symbolisiert die Lust, Liebe und Schönheit in uns. Schließen Sie Ihre Augen, machen Sie es sich bequem und atmen Sie eine Weile ganz ruhig und tief.

Richten Sie sich nun einen inneren Raum ein, der so ganz Ihrem Geschmack entspricht. Wie sieht dieser Raum aus? Wie groß ist er? Welche Farben finden Sie dort vor? Wie ist er eingerichtet? Lassen Sie sich genügend Zeit, ihn in aller Ruhe zu visualisieren.

Nun haben Sie Gelegenheit, in diesem Raum das zu tun, was Sie gerne tun oder immer schon mal gern tun wollten. Falls Sie gern Musik hören, richten Sie den Raum mit allem ein, was Sie dazu benötigen. Falls Sie gern selbst musizieren, holen Sie sich Ihre Instrumente einfach in Ihren inneren Raum. Falls Sie am liebsten mit anderen musizieren, laden Sie andere Menschen mit in diesem Raum ein. Er ist wandelbar und passt sich ganz Ihren Wünschen an.

Wenn Sie gern in den Zirkus gehen, wird Ihr innerer Raum vielleicht zu einer Manege, wenn Sie gern Schlittschuh laufen, wird er zu einer Eishalle. Wenn Sie gern in den Himmel schauen, dann hat er ein Glasdach, durch das Sie die Sterne glitzern sehen. Sie haben die Wahl und die Freiheit der Gestaltung. Dieser Raum ist nur dazu da, Ihnen zu gefallen und Freude zu bereiten.

Wenn Sie innerlich ganz erfüllt und gesättigt von der Erfüllung Ihrer Wünsche sind, kommen Sie einen Augenblick zur Ruhe und fragen Sie sich, wem Sie nun gern Ihrerseits eine Freude bereiten möchten. Wen möchten Sie beglücken, wem Ihre Liebe zeigen? Stellen Sie sich vor, was Sie tun könnten, um einen anderen Menschen, der Ihnen etwas bedeutet, glücklich zu machen. Was auch immer es ist, jetzt haben Sie Gelegenheit dazu.

Wenn Sie zum Ende Ihrer Fantasiereise gelangt sind, lassen Sie das Bild Ihres inneren Raumes vor Ihrem geistigen Auge immer kleiner und kleiner werden, bis es nur so groß wie eine Murmel ist.

Diese Murmel bringen Sie an einer Stelle Ihres Körpers unter, wo Sie hinzupassen scheint. Dort bleibt sie für immer, und Sie können jederzeit auf sie zurückgreifen.

Venus in den Tierkreiszeichen deuten

Nun wollen wir wieder versuchen, einige der für Venus gefundenen Begriffe mit Eigenschaften zu verbinden, die einem bestimmten Tierkreiszeichen zugeordnet werden. Erinnern wir uns daran, was wir über das Zeichen Löwe gesagt haben.

Zum Prinzip des Löwezeichens gehören unter anderem die Eigenschaften: „*lebensfroh, spielerisch, strahlend, heiter, dominant, herzlich*".

Ihre Aufgabe besteht nun wiederum darin, diese Eigenschaften auf den Planeten Venus zu beziehen. Wir gehen also der Frage nach:

→ *Was passiert mit Venus, wenn sie in einem bestimmten Tierkreiszeichen steht, zum Beispiel in Löwe?*

Beginnen wir unsere Überlegungen gemeinsam. Wenn wir nun einige der Begriffe für Venus mit den Eigenarten des Zeichens Löwe kombinieren, können wir daraus zum Beispiel folgende Erkenntnisse gewinnen:

Venus	**Löwe**
Harmonieempfinden	Ich habe ein dominantes Harmonieempfinden. Harmonie ist mir sehr wichtig.
was ich mag, mein Geschmack	Ich mag Herzlichkeit.
wie ich mich attraktiv mache	Ich werde attraktiv durch Heiterkeit und ein strahlendes Lächeln.
meine Art zu flirten	Ich habe eine spielerische Art zu flirten.
Wünsche und Sehnsüchte	Ich sehne mich nach Lebensfreude und Lachen. Ich wünsche mir Spaß am Leben.

Wie sähe das nun für einen Menschen mit Venus in Steinbock sowie für einen mit Venus in Fische aus? Versuchen Sie einmal, die unten stehenden Begriffe zur Venus mit Steinbock- und Fische-Eigenschaften zu kombinieren und daraus Schlussfolgerungen zu ziehen. Machen Sie sich am besten Notizen.

Venus	**Steinbock bzw. Fische**
Harmonieempfinden	…
was ich mag, mein Geschmack	
wie ich mich attraktiv mache	
meine Art zu flirten	
Wünsche und Sehnsüchte	

So würden wir diese Aufgabe für Venus in Steinbock lösen:

Venus	**Steinbock**
Harmonieempfinden	Ich habe ein klares Harmonieempfinden.
was ich mag, mein Geschmack	Ich mag Geradlinigkeit und Aufrichtigkeit.
wie ich mich attraktiv mache	Ich mache mich sehr dezent und reduziert attraktiv, so dass man es kaum bemerkt.
meine Art zu flirten	Ich flirte unaufdringlich und mit kühler Zurückhaltung. Darin liegt mein besonderer verführerischer Reiz.
Wünsche und Sehnsüchte	Ich wünsche mir Beständigkeit und Verlässlichkeit.

Und so würden wir diese Aufgabe für Venus in Fische lösen:

Venus	**Fische**
Harmonieempfinden	Ich habe ein feinsinniges Harmonieempfinden.
was ich mag, mein Geschmack	Ich mag fantasievolle Menschen und fantastische Geschichten.

wie ich mich attraktiv mache	Ich mache mich attraktiv durch meine mitfühlende Art. Ich bin eine gute Zuhörerin.
meine Art zu flirten	Ich flirte gern und viel, mal mit diesem, mal mit jenem, doch immer auf eine verstohlene, subtile Art.
Wünsche und Sehnsüchte	Ich sehne mich nach Verbindung und Verschmelzung.

Die Gewänder der Venus

Wir können uns Venus auch ganz bildhaft in einer ihrer bevorzugten Rollen vorstellen, zum Beispiel als eine verführerische junge Frau, die sich schön macht, um auf eine Party zu gehen. Wie würde sich Venus je nach Tierkreiszeichen kleiden, was würde sie tragen, wie würde sie sich schminken? Entwerfen Sie einmal einige mögliche Bilder. Machen Sie sich Notizen oder malen Sie, was Sie vor Ihrem inneren Auge sehen.

Ihre eigene Venus im Horoskop

In welchem Tierkreiszeichen steht Ihre Venus? Machen Sie eine der vorangehenden Übungen für sich selbst. Stellen Sie sich entweder Fragen zu Ihrer Venus

- Was mag ich? Was mag ich nicht?
- Was suche ich in anderen Menschen? Was interessiert mich?
- Welche konkreten Wünsche habe ich? Was will ich haben?
- oder stellen Sie sich vor, wie Sie Ihre Venus kleiden würden.

Was für ein Gewand würde sie tragen?

Im nächsten Schritt wollen wir nun die Position von Venus in einem Haus und einem Zeichen miteinander kombinieren. Wir bedienen uns dazu zunächst der intuitiv-bildhaften Ebenen, die wir gemeinsam entwickelt haben, bevor wir zur Deutung auf einer Charakterebene kommen. Hier zwei Beispiele.

Beispiel 1: Venus im zehnten Haus in Zwillinge

Zuerst einmal müssen wir uns eine angemessene Umgebung im Sinne des zehnten Hauses für unsere Venus überlegen. Im zehnten Haus ist unsere Venus dem Auge der Öffentlichkeit ausgesetzt. Wenn wir uns Venus als Prinzessin vorstellen, dann könnte das zehnte Haus der Ballsaal des Schlosses sein, in dem sie in die Gesellschaft eingeführt wird. Hier muss sie sich den gesellschaftlichen Regeln und Normen unterwerfen und sich „benehmen". Wie meistert unsere Venus dies nun auf Zwillingsart? Sowohl ihr Äußeres als auch ihre Handlungen sind von Zwillingsenergie geprägt. So ist ihr Kleid womöglich leicht und luftig, verspielt und farbenfroh. Zum Mitternachtstanz erscheint sie ganz plötzlich in einem neuen Outfit. Flink und unbemerkt hat sie sich umgezogen. Auf dem gesellschaftlichen Parkett bewegt sie sich wortgewandt und charmant. Zwitschernd wie ein Vögelchen fliegt sie von einem Gast zum anderen, ohne lange bei einem zu verweilen. Sie flirtet hier, flirtet dort und genießt die Aufmerksamkeit und Bewunderung, die ihr von allen Seiten zuteil wird. So manch einer hätte gern mehr von ihr und vor allem länger, doch dazu ist sie zu flatterhaft.

Wie können wir dieses Bild nun auf die heutige Welt übertragen? Welchen Beruf könnte unsere Zwillings-Venus im zehnten Haus denn gut ausüben? Welches gesellschaftliche Parkett käme ihr entgegen? Vielseitig müsste es sein. Im zehnten Haus repräsentieren wir uns, die Firma für die wir arbeiten oder unsere selbst gewählte Position nach außen. Wer Venus dort stehen hat, dem ist die Zuneigung anderer Menschen gewiss, denn er oder sie hat die Fähigkeit, die Herzen anderer Menschen ihm Rahmen seiner gesellschaftlichen Position leicht zu erobern. Die Zwillingsenergie färbt den Charme dieses Menschen leicht und locker, macht ihn zu einem interessierten und interessanten Gesprächspartner und einem guten Verkäufer. Als Firmenchef würden wir so jemanden gern im Außendienst, in der Empfangshalle oder in der Kundenberatung einsetzen. Wenn eine Zwillings-Venus eine Reklamation entgegennimmt, ist der Schaden für den Kunden aufgrund der Freundlichkeit und guten Laune, die ihm entgegenkommt, schon halb behoben.

Es versteht sich, dass ein Mensch mit dieser Konstellation gern soziale Kontakte pflegt und mit seinen Talenten und Fähigkeiten (Venus) zuweilen im Rampenlicht steht (10. Haus). Für ihn oder sie ist es wichtig, das, was ihm/ihr Freude bereitet (Venus), anderen zu vermitteln und mit ihnen zu teilen (Zwillinge und 10. Haus). Sein oder ihr Sinn für Ästhetik und Harmonie entfaltet sich am besten auf eine leichte und lockere Art und Weise, die zur Unterhaltung beiträgt (Zwillinge), und die für alle sichtbar ist (10. Haus).

Beispiel 2: Venus im 2. Haus in Krebs

Wie sieht der Ort aus, an dem sich unsere Venus zu ihrer vollen Schönheit entfalten kann? Das zweite Haus ist die Schatzkammer unserer Prinzessin – hier verwahrt sie alles, was von Wert und Bedeutung für sie ist. Wenn man anschaut, was sie hier sammelt, lernt man viel über unsere Prinzessin und das, was ihr wichtig ist. Mit einer Krebsfärbung liebt sie vor allem Dinge, zu denen sie eine emotionale Bindung hat. Diese Gegenstände können durchaus klein und unbedeutend für jemand anderen sein – für unsere Prinzessin sind sie ganz wichtig. So hebt sie hier eine kleine Spieluhr aus ihrer Kindheit auf, ihre ersten Babyschuhe, das Foto von ihrer Lieblingsfreundin und eine Kommode, die sie von ihrer Großmutter geerbt hat. Vertrautheit und Nähe zählen für unsere Prinzessin mehr als alles andere. Den Menschen, die ihr lieb und teuer sind, hält sie ein Leben lang die Treue. Deswegen ist sie auch gar nicht so leicht zu erobern, die Gute! Schon so mancher Prinz hat sich an ihr die Zähne ausgebissen, denn noch keiner hat das Rätsel lösen können, das sie jedem Freier stellt: Herauszufinden, welches ihr größter Schatz ist. Geraten haben dies schon viele, aber noch keiner hat ihn entdeckt. Und so wartet sie und wartet, bis endlich der Richtige kommt, der ihr ins Herz zu blicken vermag. Selbst wir werden das Rätsel nur schwerlich zu lösen vermögen...

Nun können wir dieses Bild auf eine Charakterebene übertragen. Die „Schatzkammer“, der gehütete Besitz der Prinzessin, sind die Werte und Talente, die ein Mensch hat. Mit Venus in Krebs sind dies ganz persönliche Werte: Gefühle und Fantasien, Bilder, die Bindung an ganz bestimmte Menschen, Dinge, die einen Bezug zur eigenen Vergangenheit und der der Familie haben. Dieser Mensch schätzt Kontinuität und Fortsetzung von Bewährtem. Er wirft nicht leichtfertig etwas Altes für etwas Neues fort. Seine Freude schöpft er aus allem, was ihm ein Gefühl tiefer Geborgenheit und emotionaler Sicherheit vermittelt. Er oder sie hat ein Talent, den Wert von Gefühlen und von überlieferten Traditionen zu erkennen und für sich und andere nutzbar zu machen. Diese Venus ist im wahrsten Sinne des Wortes die Hüterin des Familienschatzes. Wer diesen Menschen einmal erobert, hat einen Freund oder eine Freundin fürs Leben. Doch dafür muss er oder sie sich auch ziemlich anstrengen!

Eigene Beispiele deuten

Deuten Sie weitere Beispiele, vielleicht Ihre eigene Venus im Haus und Zeichen, oder die von Ihrem Partner oder Ihrer Partnerin, von einer Freundin oder auch einfach ein fiktives Beispiel. Beginnen Sie immer mit einer ganz bildhaften Ebene. Stellen Sie sich Venus als Person in einer Umgebung vor, und färben Sie dann ihr Aussehen und ihre Handlungen mit der Energie des Tierkreiszeichens ein. Wenn Sie einmal keine Idee haben, können Sie sich zwischendurch immer mal von unserer Begriffssammlung zu den Tierkreiszeichen, den Planeten und Häusern auf Seite xx inspirieren lassen. Doch vertrauen Sie vor allem auf Ihre eigene Bildersprache und Intuition!

Im nächsten Schritt lassen Sie Ihre Deutung dann etwas abstrakter werden und gehen mehr auf die Bedeutung auf der Charakterebene ein. Fragen Sie immer: Wie (Tierkreiszeichen) entfaltet sich welcher Wesensanteil (Planet) an welchem Ort (Haus) am besten?

Mars in den Tierkreiszeichen deuten

Nun wollen wir uns auch Mars in den Tierkreiszeichen nähern. Wir stellen ihn uns zu diesem Zweck einmal ganz bildhaft in einer seiner bevorzugten Rollen vor: Als Kämpfer, Eroberer und Verteidiger. Welche Art von Kämpfer wäre er in den einzelnen Tierkreiszeichen? Machen Sie sich eigene Gedanken und Notizen, bevor Sie sich unserem Vorschlag zuwenden.

Unsere Beispiele für Mars in den Tierkreiszeichen:

Mars im Tierkreiszeichen	Kombination der Begriffe	assoziiertes Bild dazu
Mars in Widder	Der wilde Kämpfer	Krieger eines afrikanischen Stammes
Mars in Stier	der verwertende Eroberer	Kolonialmacht, Söldner
Mars in Zwillinge	der bewegliche Verteidiger	Fechter, Schwertkämpfer
Mars in Krebs	der beschützende Verteidiger	Bodyguard
Mars in Löwe	der spielerische Eroberer	Don Juan, Casanova
Mars in Jungfrau	der unauffällige Verteidiger	getarnter Begleitschutz
Mars in Waage	der anmutige Kämpfer	asiatische Kampfkünste
Mars in Skorpion	der Kämpfer aus Leidenschaft	Berufsboxer
Mars in Schütze	der erhabene Verteidiger	Ritter
Mars in Steinbock	der autoritäre Eroberer	General eines Heeres
Mars in Wassermann	der fortschrittliche Eroberer	Astronaut
Mars in Fische	der Kämpfer ohne Gegner	Schattenboxen, Spiegelkampf

Die Gewänder des Mars

Die oben vorgestellten Bilder lassen sich noch weiter ausschmücken. Wie würde Mars sich je nach Tierkreiszeichen kleiden, was würde er tragen, wenn er in den Kampf zieht, womit würde er sich bewaffnen? Entwerfen Sie einmal einige mögliche Bilder. Machen Sie sich Notizen oder malen Sie, was Sie vor Ihrem inneren Auge sehen.

Ihr eigener Mars im Horoskop

Stellen Sie sich einmal unabhängig von der Stellung Ihres eigenen Mars im Horoskop folgende Fragen:

- Wie ausgeprägt ist mein innerer Verteidiger? Wie grenze ich mich gegen andere Menschen ab?
- Wie setze ich meine Interessen durch, wenn mir etwas wichtig ist? Wie hole ich mir das, was ich haben will?
- Wie gehe ich mit Auseinandersetzungen um?

Wenn Sie sich dazu Notizen gemacht haben, schauen Sie sich an, in welchem Tierkreiszeichen Ihr Mars steht. Überlegen Sie, ob Sie Parallelen zu Ihren Notizen finden. Was erinnert Sie daran an das Tierkreiszeichen, in dem Ihr Mars steht? Welche anderen Verhaltensmöglichkeiten gäbe es noch für Sie? Betrachten Sie das Tierkreiszeichen Ihres Mars als unterstützende Eigenschaft, um Ihre Durchsetzungskraft bestmöglich zu steuern. Hier ein Beispiel – und raten Sie beim Lesen gleich mal mit, in welchem Zeichen dieser Mars wohl stehen dürfte:

Wie ausgeprägt ist mein innerer Verteidiger? Wie grenze ich mich gegen andere Menschen ab?

Wenn ich mich angegriffen fühle, setze ich mich spontan zur Wehr. Ich reagiere sehr schnell und automatisch. Manchmal wird mir erst hinterher bewusst, dass mich eigentlich niemand angreifen wollte.

Mir ist es wichtig, mich von anderen abgrenzen zu können. Ich habe häufig keine Lust, das zu tun, was alle anderen tun. Dann ziehe ich mich zurück und gehe meinen eigenen Aktivitäten nach.

Wie setze ich meine Interessen durch, wenn mir etwas wichtig ist? Wie hole ich mir das, was ich haben will?
Wenn mir etwas wirklich wichtig ist, versuche ich es auf jeden Fall durchzusetzen. Kompromisse gehe ich zwar ein, doch ungern, und nur im äußersten Notfall. Wenn die anderen nicht zu Kompromissen bereit sind, kann es vorkommen, dass ich einen Alleingang riskiere.

Wie gehe ich mit Auseinandersetzungen um?
Ich scheue keine Auseinandersetzung, ganz im Gegenteil – manchmal suche ich sie regelrecht! Wenn ich mich streite, dann kann ich auch schon mal laut und heftig werden. Das ist dann allerdings meist schnell wieder vorüber. Und wenn es ausgesprochen ist, ist es auch schon wieder vergessen. Nachtragend bin ich überhaupt nicht. Sie haben es sicherlich längst erkannt in welchem Tierkreiszeichen dieser Mars steht: in Widder!

Mars in den Häusern und Zeichen

Nun deuten wir auch die Position von Mars in einem Haus und einem Zeichen. Auch hier bedienen wir uns dazu zunächst der mehr bildhaften Ebenen, bevor wir zur Deutung auf einer Charakterebene kommen.

Beispiel 1: Mars im neunten Haus im Zeichen Waage
Wie könnten wir uns die Umgebung des neunten Hauses räumlich vorstellen? Da Mars eine Planetenenergie ist, die gerne etwas entdeckt, sollten wir uns die Umgebung so großzügig wie möglich vorstellen. Das neunte Haus kommt diesem Bedürfnis nach Raum und Weite sehr entgegen, da es hier darum geht, neue Horizonte zu entdecken. Wir könnten uns Mars hier zum Beispiel als Kreuzritter vorstellen, der für seinen Glauben in den Kampf zieht. Im neunten Haus geht es um unsere Überzeugungen und Meinungen, und Mars wird sich dafür kämpferisch einsetzen wollen.

Wie ist unser Mars nun ausgestattet und gekleidet? Was sind seine Waffen? Im Luftzeichen Waage ist seine Rüstung sicher nicht grob und seine Waffe ist kein blutiges Schwert. Als Planet mit Waagefärbung hält sich seine Aggression lieber an geistige Waffen: Er setzt sein Wort und sein strategisches Denken zum Erreichen seiner Ziele ein. Unser Kreuzritter ist kein ausgesprochen stürmischer Kämpfer für seine Überzeugungen, eher ein wohlüberlegter. Aus diesem Grunde ist auch seine Rüstung mehr Schein als Sein. Vor allem ist sie gut gepflegt, sieht gut aus und glänzt in der Sonne. Ob sie jedoch bei einem Schwerthieb wirklich standhält, ist fraglich!

Wie können wir dieses Bild nun auf den Charakter eines Menschen und in den heutigen Alltag übertragen? Wir fragen uns dazu: Wie (Tierkreiszeichen) entfaltet sich welcher Wesensanteil (Planet) an welchem Ort (Haus) am besten? Dieser Mensch in unserem Beispiel soll seine Tatkraft, seinen Mut und seine aggressive Kraft (Mars) vor allem auf dem Gebiet der Meinung und Überzeugung (9. Haus) einbringen. Das Einsatzgebiet, wo sich sein Drang nach Aktivität so richtig ausleben kann, ist der Lebensbereich der Welt-Anschauung, im wörtlichen oder im übertragenden Sinne. Er kann seine Kraft dazu einsetzen, sich die Welt anzuschauen, zu reisen und neue Kulturen zu entdecken, oder sich eine Weltanschauung zu erobern, diese zu verteidigen und gegenüber anderen durchzusetzen. Mit dem Zeichen Waage erhält dieser Wunsch nach Verteidigung von Anschauungen eine Note von Gleichgewicht, Ausgleich und Gerechtigkeit. Wir könnten es hier mit einem „Kämpfer“ zu tun haben, der das „Recht“ verteidigt, sich für das einsetzt, was „gerecht“ und „richtig“ ist bzw. für das, was er dafür hält. Es ist vorstellbar, dass dieser Charakterzug den oder die Betreffende dazu bringt, sich mit Recht und Unrecht zu befassen, und Jura zu studieren. Es ist auch vorstellbar, dass ein Mensch mit diesem Mars die Welt bereist (9. Haus), um sich diplomatisch zu betätigen, dass er zwischen verschiedenen Parteien, die einander feindlich gesinnt sind (Mars) vermittelt, schlichtet und Kompromisse herbeiführt (Waage). Auf jeden Fall werden wir es mit jemandem zu tun haben, der oder die gern diskutiert und zur

Meinungsbildung beiträgt. In dieser Konstellation liegt ein hohes Überzeugungspotenzial verborgen, da hier das Prinzip der Energie (Mars) im Bereich der Überzeugung und der Erkenntnis (9. Haus) zum Einsatz kommt. Weil dieser Mars sehr kultiviert und strategisch vorgeht (Waage), kann ihm guter Erfolg beschieden sein.

Beispiel 2: Mars im sechsten Haus im Zeichen Jungfrau
Auch hier wollen wir mit der bildhaften Ebene beginnen. Im sechsten Haus geht es um den Bereich der Arbeit, der Gesunderhaltung, den Schutz des Lebens und der Vorsorge. Unser Mars ist daher sicherlich kein Kreuzritter oder umherstreunender Vagabund, eher jemand, der seine Kraft in den Dienst des Schutzes von Leben und körperlicher wie seelischer Gesundheit stellt. Wie wir im Tierkreis-Kapitel bereits erfahren haben, geht es dem Zeichen Jungfrau ebenfalls nicht darum, immer mehr Raum einzunehmen, sondern eher darum, vorhandenen Raum zu strukturieren. Wir könnten uns bei diesem Mars also einen Erbauer vorstellen, jemanden, der hilft, die Stadtmauern zu bauen und zu festigen, um so die Verteidigung eines mittelalterlichen Städtchens zu gewährleisten. Da Jungfrau ein nach innen gerichtetes Zeichen ist und kein expansives, ist dieser Mars weniger auf Angriff aus als auf Verteidigung. Doch in seinem Verteidigungs- und Schutzmechanismus geht er durchaus marsisch aggressiv vor. An seinem Schutzwall sind möglicherweise böse Widerhaken angebracht, die einem Angreifer ähnlich wie ein Stacheldraht das Leben schwer machen sollen, oder er lässt kleine Löcher in der Mauer, die als Schießscharten dienen.

Wie könnte ein modernes Bild eines solchen Kämpfers zum Schutz und zur Gesunderhaltung aussehen? Wir könnten uns einen Chirurgen vorstellen, der sein scharfes Messer (Mars) ganz gezielt und wohl überlegt einsetzt (Jungfrau), um durch präzise Schnitte den „Feind" aus dem Körper herauszuschneiden. Wie wirkt sich dies auf einer Charakterebene aus? Welche Art von Angriff oder Verteidigung haben wir von einem solchen Menschen zu erwarten? Dieser Mensch wird wahrscheinlich selten zum Angriff übergehen, wenn es nicht nötig ist. Seine Kraft setzt er dosiert und effizient ein (Jungfrau). Er schaut, wo sie gebraucht wird, wo sie wirklich nötig ist (6. Haus). Dort wiederum kann er sich dann ganz und gar einsetzen und die Dinge vorantreiben. Er ist dann ein fleißiger und sehr effektiver Arbeiter, handwerklich begabt und mit viel Energie fürs Detail ausgestattet. Ihn anzugreifen, kann sehr gefährlich sein, denn seine Waffen sind immer gut gepflegt und scharf geschliffen. Falls er gern in der Küche arbeitet, kann man ihn sicher ebenfalls geschickt mit vielen Messern hantieren sehen.

Eigene Beispiele deuten
Deuten Sie weitere Beispiele, vielleicht Ihren eigenen Mars im Haus und Zeichen, oder den von Freunden, Ihrem Partner oder Ihrer Partnerin oder einfach ein fiktives Beispiel. Beginnen Sie immer mit einer ganz bildhaften Ebene. Stellen Sie sich Mars als Person in einer Umgebung vor, und färben Sie dann sein Aussehen und seine Handlungen mit der Energie des Tierkreiszeichens ein. Wenn Sie einmal keine Idee haben, können Sie sich immer mal wieder von unserer Begriffssammlung zu den Tierkreiszeichen und Häusern inspirieren lassen.

Im nächsten Schritt lassen Sie Ihre Deutung dann etwas abstrakter werden und gehen Sie mehr auf die Charakterebene ein. Fragen Sie sich immer: Wie (Tierkreiszeichen) entfaltet sich welcher Wesensanteil (Planet) an welchem Ort (Haus) am besten?

Jupiter und Saturn – Ich und die Gesellschaft

Wir haben bei den bisherigen Planeten, die wir als Paar vorgestellt haben – Mond und Sonne, Venus und Mars – bereits gesehen, dass es immer einen Planeten in einem Paar gibt, der einen eher empfangenden, nach innen gerichteten Charakter hat (Mond und Venus), und einen, der einen eher aktiven, nach außen gerichteten Charakter hat (Sonne und Mars). Dies gilt auch für das nun folgende Planetenpaar, Jupiter uns Saturn. Während sich die Gegensatzspannung von Mond und Sonne auf einer sehr persönlichen, innerlichen Ebene abspielt, richtet sich die Gegensatzspannung von Venus und Mars auf die zwischenmenschliche Ebene, auf die Interaktion mit anderen Menschen.

Das Planetenpaar Jupiter und Saturn bezieht seine komplementären Energien wiederum auf eine noch höhere Ebene, nämlich auf die soziale Interaktion in einer größeren Gemeinschaft, auf die Entfaltung des Einzelnen in der Gesellschaft. Im Verlauf unseres Lebens und mit zunehmender Individuation erfolgt auch zugleich eine Integration von uns selbst als persönliches Wesen mit persönlichen Beziehungen in einen größeren, gesellschaftlichen Bezugsrahmen. Bei diesem Prozess helfen uns diese zwei Grundprinzipien. Sie zwingen uns zu einer Auseinandersetzung mit den Grenzen zwischen uns selbst und der Gesellschaft. Beide Archetypen sind maßgeblich für unsere Entwicklung in einem größeren Rahmen.

Jupiter ist dabei das Symbol für Wachstum und Entwicklung. Wo er steht, fühlen wir uns in unserem Glauben an uns selbst und an unsere Fähigkeiten bestärkt. Hier suchen und finden wir Unterstützung und Förderung. Wir haben das Gefühl, vom Leben und der Gemeinschaft getragen zu werden. Jupiters Energie verleiht uns Vertrauen in das Leben, hier fühlen wir uns aufgehoben und entdecken einen Sinn in unserem Dasein und in unserem Tun.

Saturns Stellung im Horoskop hingegen symbolisiert den Bereich und die Art und Weise, wie wir gesellschaftliche Verantwortung übernehmen sollen. Hier werden wir nicht getragen, hier tragen wir selbst. Wo Saturn steht, fühlt man sich zuweilen schon in früher Kindheit belastet, beschwert oder gehemmt. Nur durch Arbeit an uns selbst und Annahme der dahinterstehenden Aufgabe können wir hier zu Erfolg kommen. Dieser Erfolg ist dann aber auch höchst real und sichtbar.

Jupiter und Saturn im Horoskop

Wir wollen zunächst einmal gemeinsam die Bedeutungen von Jupiter und Saturn aus dem vorangehenden Planetenpaar Venus und Mars herleiten. So hatten wir Venus z.B. folgende Bedeutungen zugeschrieben:

Venus
konkrete Wünsche und Sehnsüchte haben
sich zu jemandem tatsächlich hingezogen fühlen; sich Menschen suchen, die zu einem passen
was ich konkret brauche, um mich körperlich wohl zu fühlen
die Umgebung dem eigenen Geschmack entsprechend gestalten wollen
etwas für das eigene Wohlbefinden tun, je nach Geschmack, z.B. eine Massage bekommen oder geben, in die Sauna gehen
Ein Geschenk bekommen
auf einen Menschen reagieren, ihn abstoßend oder anziehend finden
körperliche Eindrücke, sinnliche Empfindungen
konkret wissen, was man mag und was man nicht mag

Wenn wir diese Begriffe nun auf Jupiter übertragen wollen, müssen wir uns bei jedem Begriff die Frage stellen:

→ *Wie wirkt sich das Venus-Prinzip auf einer höheren Ebene aus, wenn es nicht mehr nur um mich und andere als Einzelwesen, sondern um die menschliche Gemeinschaft geht?*

Venus	**Jupiter**
konkrete persönliche Wünsche und Sehnsüchte haben	höhere Wünsche und Ziele haben, Ideale verfolgen, Erwartungen an das Leben haben
sich zu jemandem tatsächlich hingezogen fühlen; sich Menschen suchen, die zu einem passen	sich für Menschengruppen, für andere Kulturen interessieren, sich für internationalen Austausch öffnen
was ich konkret brauche, um mich körperlich wohl zu fühlen	was ich brauche, um mich geistig erfüllt zu fühlen
die Umgebung dem eigenen Geschmack entsprechend gestalten wollen	zur Gestaltung der Welt und der weiteren Umgebung beitragen wollen

etwas für das eigene Wohlbefinden tun, je nach Geschmack, z.B. eine Massage bekommen oder geben, in die Sauna gehen	etwas für die eigene Horizonterweiterung tun, je nach Interesse, z.B. ein Buch lesen, reisen, sich mit anderen Menschen austauschen, studieren
ein Geschenk bekommen	Unterstützung auf dem eigenen Lebensweg erhalten, geistige Nahrung finden

Die gleiche Übertragung können wir für Mars und Saturn herstellen. Wenn wir die für Mars gefundenen Begriffe auf Saturn übertragen wollen, müssen wir uns ebenfalls bei jedem Begriff die Frage stellen:

→ *Wie wirkt sich das Mars-Prinzip auf einer höheren Ebene aus, wenn es nicht mehr nur um mich und andere als Einzelwesen, sondern um die menschliche Gemeinschaft geht?*

Mars	**Saturn**
konkret etwas erschaffen, einer Arbeit nachgehen, sich engagieren und einsetzen	auf einer gesellschaftlichen Ebene etwas erschaffen, sich engagieren und für eine höhere Aufgabe einsetzen
sich der persönlichen Realität stellen, sie in Angriff nehmen	sich der gesellschaftlichen Realität stellen, diese in Angriff nehmen
sich persönlich durchsetzen, sich gegen andere Menschen abgrenzen	sich gesellschaftlich behaupten, eine Position einnehmen
sich streiten oder auseinander setzen, um persönliche Interessen zu verteidigen	sich (gerichtlich) auseinander setzen, um die Wahrung der eigenen Interessen innerhalb gesellschaftlicher Regeln auszutragen
den persönlichen Willen in die Tat umsetzen, sich holen, was man will	Wünsche zur Entfaltung in die Tat umsetzen, sich um seine Lebensziele bemühen

die eigene Energie gezielt einsetzen und zum persönlichen Überleben anwenden	Energie gezielt einsetzen, um gesellschaftliche Verantwortung zu übernehmen
sein persönlichen Ziele verfolgen, sich wieder und wieder darum bemühen	seine gesellschaftlichen / beruflichen Ziele verfolgen, sich wieder und wieder darum bemühen
sich der Gefahr aussetzen, kritisiert oder angegriffen zu werden, sich verteidigen	sich der Gefahr aussetzen, von einer Menschengruppe bei der Verfolgung höherer Interessen kritisiert zu werden
eigene Interessen vertreten	gesellschaftliche Interessen vertreten

Wunsch und Wirklichkeit – Jupiter und Saturn als Ergänzung

Nun haben wir einige Begriffe für Jupiter und Saturn aus den Prinzipien Venus und Mars hergeleitet. Im nächsten Schritt gilt es, Jupiter und Saturn als ergänzende Prinzipien zu betrachten. Auch diese beiden Planeten ergänzen einander. Jupiter wünscht sich Erfolg, Saturn arbeitet konkret daran. Jupiter bringt Menschen verschiedenster Couleur zusammen, Saturn stellt Regeln für ihr Zusammenleben auf usw.

Versuchen Sie doch einmal, einige der oben gefundenen Konkretisierungen sowie weitere Begriffe für Jupiter und Saturn in eine Gegenüberstellung zu bringen, also Ergänzungen zu bilden. Fragen Sie sich selbst:

→ *Wie könnte eine Ergänzung durch das aktive Saturn-Prinzip bei folgenden Jupiter-Entsprechungen aussehen? Welche aktiven Handlungen ergeben sich möglicherweise, wenn wir unseren Jupiter-Wünschen folgen?*

Jupiter	Saturn
höhere Wünsche und Ziele haben, Ideale verfolgen, Erwartungen an das Leben haben	…
sich für Menschengruppen, für andere Kulturen interessieren, sich für internationalen Austausch öffnen	
zur Gestaltung der Welt und der weiteren Umgebung beitragen w	
etwas für die eigene Horizonterweiterung tun, je nach Interesse, z.B. ein Buch lesen, reisen, sich mit anderen Menschen austauschen, studieren	

Unsere Vorschläge für mögliche Ergänzungen durch das Saturn-Prinzip lauten wie folgt:

Jupiter	Saturn
höhere Wünsche und Ziele haben, Ideale verfolgen, Erwartungen an das Leben haben	eine höhere Aufgabe übernehmen, Ideale lebbar machen, Verantwortung für das Leben übernehmen
sich für Menschengruppen, für andere Kulturen interessieren, sich für internationalen Austausch öffnen	das Zusammenspiel verschiedener Gruppierungen von Menschen strukturieren und regeln
zur Gestaltung der Welt und der weiteren Umgebung beitragen	die Realität akzeptieren und im Rahmen des Möglichen eine Gestaltung vornehmen
etwas für die eigene Horizonterweiterung tun, je nach Interesse, z.B. ein Buch lesen, reisen, sich mit anderen Menschen austauschen, studieren	die so gewonnenen Erkenntnisse konkret anwenden, Regeln daraus ableiten
sich Unterstützung wünschen	Unterstützung und Halt geben

Übermaß und Beschränkung – Jupiter und Saturn als Gegensatz

Doch auch Jupiter und Saturn ergänzen einander nicht nur – sie stehen auch im Gegensatz zueinander. Dies macht sich vor allem auf der Ebene unserer höheren Lebensziele bemerkbar. Denn dort bewegen wir uns zwischen dem Spannungsfeld der Hoffnung (Jupiter) und der Realität (Saturn), der Erfüllung (Jupiter) und der Frustration (Saturn) oder auch der leeren Erwartungen (Jupiter) und dem verdienten Lohn (Saturn). Lassen Sie uns gemeinsam nach Gegensätzen dieser Art suchen:

Jupiter	**Saturn**
den Weg des geringsten Widerstands gehen	sich den eigenen Defiziten widmen, Hindernisse überwinden
Vertrauen und Zuversicht haben	Ängste und Hemmungen haben
an eine höhere Kraft glauben, die uns trägt	sich auf die eigenen Fähigkeiten verlassen
Erwartungen haben	die Realität sehen
wünschen und hoffen	umsetzen und verwirklichen

Versuchen Sie jetzt noch einmal selbst, zu einigen weiteren Begriffen Gegensätze zu finden, die dem jeweiligen Prinzip entsprechen:

Jupiter	**Saturn**
Fülle	?
?	Grenzen setzen
Vergnügen	?
?	Realität
Optimismus	?
?	Reife
Wachstum	?

Lesen Sie hier unsere Vorschläge für mögliche Gegensatzpaare:

Jupiter	**Saturn**
Fülle	Mangel
Grenzen überschreiten	Grenzen setzen
Vergnügen	Pflicht
Theorie	Realität
Optimismus	Pessimismus
Jugend	Reife
Wachstum	Beschränkung

Fantasiereise zu Jupiter

Diese Fantasiereise können Sie sich vorlesen lassen, selbst auf Kassette sprechen oder sich auch gut durchlesen und anschließend im Geiste nacherleben.

Wir wollen nun unseren inneren Jupiter bereisen, ihn entdecken und vor unserem geistigen Auge entstehen lassen. Setzen Sie es sich dazu bequem hin, schließen Sie Ihre Augen und atmen Sie ganz ruhig. Lassen Sie vor Ihrem inneren Auge einen Raum entstehen, der Sie in eine optimistische Stimmung versetzt. Dies kann ein geschlossener Raum sein oder auch eine offene Landschaft. Wie sieht es dort aus? Schauen Sie sich gut um. Irgendwo an diesem Ort wartet jemand auf sie. Wenn Sie ihm oder ihr begegnen, werden Sie wissen, dass dies ein guter Freund oder eine gute Freundin für Sie ist. Suchen Sie den Kontakt – sie können viel daraus lernen. Ihr Freund hält Antworten auf viele Fragen von Ihnen bereit, kann Ihnen weise Ratschläge erteilen, Ihnen Mut zusprechen, Sie unterstützen und Ihnen einen Teil Ihrer Last abnehmen. Sie haben jetzt genügend Zeit, ihn oder sie kennen zu lernen und miteinander zu kommunizieren. Gleichgültig, ob Sie einem Menschen, einem Baum, einer Pflanze, einem Tier oder einem anderen Wesen begegnen, seien Sie sich bewusst, dass es Ihnen helfen kann.

Wenn Sie das Gefühl haben, dass die Zeit zum Abschiednehmen gekommen ist, geben Sie Ihrer Freundin oder Ihrem Freund zu verstehen, dass Sie jetzt gehen möchten. Lassen Sie sich nicht dazu verführen, länger zu bleiben als Sie es eigentlich wollen. Ihr Freund hat zum Abschied noch ein Geschenk für Sie. Bedanken Sie sich bei ihm oder ihr, für alles, was Sie bekommen haben. Das Geschenk verwahren Sie gut in Ihrem Herzen – es kann Ihnen Hilfe und Rettung in so manch misslicher Lage sein. Kehren Sie dann langsam und behutsam ins Hier und Jetzt zurück.

Fantasiereise zu Saturn

Nun unternehmen wir noch eine kleine Reise zu unserem inneren Saturn. Diese Fantasiereise können Sie sich ebenfalls vorlesen lassen, selbst auf Kassette sprechen und abspielen oder sich gut durchlesen und anschließend vor Ihrem inneren Auge nacherleben. Schließen Sie noch einmal Ihre Augen, machen Sie es sich bequem und atmen Sie eine Weile ganz ruhig und tief. Um Ihrem inneren Saturn zu begegnen, brauchen Sie viel Ruhe. Saturn ist Ihr innerer Lehrer, der sich Ihnen nur zeigt, wenn Sie ganz gesammelt und konzentriert sind. Er erwartet von Ihnen volle Aufmerksamkeit und Respekt.

Wo Sie ihm begegnen können, müssen Sie selbst herausfinden. Und auch wie Sie ihm entgegentreten, werden Sie selbst entscheiden müssen. Seien Sie sich bewusst, dass Sie Ihrem inneren Lehrer mit Achtsamkeit und einer gewissen Ehrerbietung begegnen müssen, wenn Sie von ihm etwas bekommen wollen. Gehen Sie jetzt auf die Suche nach ihm oder ihr.

Wenn Sie ihn gefunden haben, befinden Sie sich in der Anwesenheit einer wichtigen inneren Autorität. Dieses Wesen weiß, welche Aufgaben für Sie anstehen, welcher Verantwortung Sie sich stellen müssen, was Sie als nächstes zu lernen haben. Es ist Ihr innerer Führer. Doch von ihm bekommen Sie keine einfachen Antworten. Im Gegenteil, wahrscheinlich stellt er Ihnen Fragen. Um diese zu beantworten, müssen Sie sich dem Leben stellen. Mit Ihrer so gewonnenen Erfahrung können Sie ihm wieder begegnen. Bitten Sie ihn oder sie um eine Aufgabe oder Fragen, wenn Sie ihn finden. Lassen Sie sich von ihm sagen, was als nächstes für Sie ansteht. Und wenn er Ihnen Antwort gegeben hat, bedanken Sie sich und ziehen Sie sich respektvoll zurück. Sie haben ein wertvolles Geschenk erhalten.

Bewahren Sie diese Aufgabe, diese Frage gut in Ihrem Herzen. Sie wird Sie durch die nächsten Tage, Wochen oder Monate geleiten und Ihnen helfen, Ihre nächste Lebensetappe zu bestehen. Mit dieser Frage oder dieser Aufgabe gehen Sie nun mit einem neuen Bewusstsein in Ihren Alltag, wenn Sie sich langsam wieder aus Ihrer inneren Welt in die äußere begeben.

Jupiter in den Tierkreiszeichen

Natürlich wollen wir auch für Jupiter versuchen, einige der für ihn gefundenen Begriffe mit Eigenschaften zu verbinden, die einem bestimmten Tierkreiszeichen zugeordnet werden. Erinnern wir uns daran, was wir über das Zeichen Stier gesagt haben.

Zum Prinzip dieses Zeichens gehören unter anderem folgende Eigenschaften und Farben: *Die Farben der Erde, Grün- und Brauntöne, unbeweglich, sicherheitsorientiert, beruhigend, behäbig, pragmatisch, zuverlässig, treu, gastfreundlich.*

Ihre Aufgabe besteht nun wiederum darin, diese Eigenschaften auf den Planeten Jupiter zu beziehen. Wir bedienen uns dazu vorerst wieder der bildhaften Ebene und stellen uns Jupiter als eine Person oder ein Wesen vor. So könnte Jupiter zum Beispiel ein wohlhabender Onkel sein, der unser Pate ist und der uns seine Hilfe und Unterstützung zukommen lässt, wann immer es sich ergibt. Das Bild, das wir von ihm malen könnten, sähe möglicherweise folgendermaßen aus:

Er ist ein äußerlich etwas behäbiger und unbeweglicher Mann – vielleicht aufgrund seiner Körperfülle -, der eine beruhigende Ausstrahlung hat. Er trägt gern traditionelle Kleidung oder Jägermode, in Grün- und Brauntönen, was ihn sehr erdverbunden wirken lässt. Er handelt äußerst pragmatisch und ist sehr bedacht darauf, das, was er hat, zu schützen. Dies gilt auch für seine Geschenke für andere – er verteidigt sie zuverlässig. Er ist ein treuer Freund und großzügiger Gastgeber, der gern mit anderen gemeinsam genießt.

Wenn wir von der bildhaften, intuitiven Ebene auf die Charakterebene schließen wollen, sollten wir uns überlegen, was mit dem Jupiter-Prinzip geschieht, wenn es durch das Tierkreiszeichen Stier eingefärbt wird.

Wir können uns dann beispielsweise fragen, wie es um das Prinzip Fülle, Vergnügen, Theorie, Optimismus und Wachstum in unserem Leben bestellt ist.

Die Stierfärbung gibt der Fülle eine körperlich-sinnliche Note. Ein Mensch mit Jupiter in Stier wird Fülle womöglich als etwas ganz Konkretes und Irdisches erleben: Gutes Essen, ein Sinn für Formen und Farben etc. Vergnügen bereiten diesem Menschen sinnliche Erlebnisse und die Mehrung seiner Ressourcen. Seine Theorien haben immer einen praktischen Hintergrund, sind selten abgehoben, sein Optimismus ist unerschütterlich und beständig, und er hat einen Sinn für ein organisches, natürliches Wachstum.

Prüfen Sie selbst, ob diese eher abstrakte Herleitung charakterlicher Merkmale auch zu dem weiter oben entwickelten Bild des Jupiter-Onkels passt. Können Sie erkennen, wie sich das eine aus dem anderen ergibt?

Sie haben im nächsten Teil Gelegenheit, Ihr Verständnis für Jupiter in den Tierkreiszeichen zu verfeinern und objektiv zu überprüfen.

Jupiter-Persönlichkeiten

Sie finden im Folgenden elf kurze Beschreibungen, die jeweils einer Jupiter-Position in einem Zeichen entsprechen. Es sind Visualisierungen einer Person, die stellvertretend für den inneren Jupiter steht. Finden Sie heraus, in welchem Tierkreiszeichen hier Jupiter jeweils steht?

Der Onkel aus Amerika. Schon früh den heimatlichen Gefilden entflohen, mit einem Drang nach der großen Freiheit, hat Onkel Willi aus Amerika alles, was ein Mann von Welt braucht: Hohe Ansprüche an sich selbst und andere, viel Abenteuergeist und Entdeckerfreude, ein Talent für Sprachen und Freude am Reisen!

Die Lieblingstante. Tante Gertrud ist die erklärte Lieblingstante der Kinder! Obwohl sie nicht wirklich die Tante von ihnen allen ist, hat sie für jedes Kind ein offenes Ohr, eine heiße Schokolade für kalte Händchen, ein Pflaster für die Schrammen und offene Arme für müde Köpfchen. Bei Tante Gertrud fühlt man sich eigentlich immer wie zu Hause und hat gleichzeitig das Gefühl, mindestens zwanzig Geschwister zu haben, die alle bei ihr ein- und ausgehen.

Der Showmaster. Loni hat ein Gespür für den großen Auftritt. Je mehr Publikum, umso besser geht es ihm. Er ist ein Meister der großen Show und versteht jeden Zuhörer zu unterhalten. Ein bisschen aufpassen muss man bei ihm allerdings schon, denn so hell er auch strahlt, so dunkel sind auch die Schatten, die er wirft. Und wer in diesen Schatten zu stehen kommt, den kann es schon mal frieren...

Die Richterin. Richterin Sieglinde richtet mit milder und verständnisvoller Strenge. Sie gibt sich viel Mühe, die Beweggründe anderer Menschen wirklich zu verstehen, doch kennt sie in ihren Vorstellungen von Moral und Gerechtigkeit kein Pardon. Sie ist fest davon überzeugt, dass Regeln und deren Einhaltung die Basis des Zusammenlebens von Menschen bilden, und tut viel für deren Einhaltung.

Die Reisebegleiterin. Dagmar ist das reinste Sprachentalent. Täglich jongliert sie mit mindestens 4 Sprachen gleichzeitig und benimmt sich dabei wie ein wandelndes Wörterbuch. Doch nicht nur das, sie hat auch noch den Ehrgeiz, alle Fragen ihrer ausländischen Gäste, die sie täglich betreut, zu beantworten, gleichgültig, ob diese wissen wollen, wo man etwas bestimmtes einkaufen kann, wann dieses oder jenes Museum geöffnet ist oder in welchem Hotel man am ruhigsten schläft. Auf alles hat sie eine Antwort, auch wenn sie manchmal selbst nicht mehr so genau weiß, wo ihr eigentlich der Kopf steht.

Die Psychoanalytikerin. Heidrun schürft gerne tief – am liebsten in der Psyche anderer Menschen. Dort entfaltet sich ihre natürliche Wissbegierde am besten. Sie ist fest davon überzeugt, dass eine Erlösung darin liegt, Altes und lange Vergrabenes ins Bewusstsein zu bringen, und dass das es wert ist, langwierige und anstrengende Entwicklungsprozesse auf sich zu nehmen. Dazu möchte sie anderen Menschen verhelfen.

Der Diplomat. Er ist zuständig für die guten Beziehungen zwischen seinem Heimatstaat und anderen Staaten. Täglich muss er mit viel Fingerspitzengefühl vermitteln, verhandeln und für Ausgleich sorgen. Es ist nicht immer einfachen, den Bedürfnissen aller Seiten gerecht zu werden, doch wenn er nicht fest daran glauben würde, dass es eine höhere Gerechtigkeit, einen gerechten Ausgleich und für alles eine einvernehmliche Lösung gäbe, würde unser Diplomat seinen Beruf schon längst nicht mehr ausüben.

Der Held. Er ist zuständig für die gute Sache und deren Durchsetzung! Wo er auch auftaucht, kämpft er für ein Ideal, für Freiheit und freie Entfaltungsmöglichkeiten. Wenn er das Gefühl hat, jemand werde unterdrückt, zieht er ohne zu Zögern sein Schwert, kämpft, siegt und ist auch schon wieder davon in gestrecktem Galopp.

Pressechefin bei einer karitativen Vereinigung. Anita ist zuständig dafür, ein Wohltätigkeitsunternehmen nach außen angemessen zu vertreten und darzustellen. Trotz katholischer Gesinnung ist sie immer schon offen für andere Glaubenssysteme, liest viel über die Weltreligionen und interessiert sich für alle Arten von Glaubensfragen. Für ihre persönliche Entfaltung braucht sie das Gefühl, soziale Unterstützung und Hilfestellung zu gewähren und von eben dieser sozialen Unterstützung auch selbst getragen zu werden.

Der Weltverbesserer. Karl ist der ewige Weltverbesserer, ganz gleich, was er sieht oder erlebt, ihm fällt immer sofort ein, was man anders und besser machen könnte. Seine Ideen sind zuweilen futuristisch und etwas abgehoben und finden häufig nicht sofort Anklang in seiner Umgebung, doch spätestens nach ein paar Jahren bemerkt irgendjemand: „Das hat Karl damals schon gesagt – hätten wir das nur mal gemacht!“

Die Bibliothekarin. Karin ist am glücklichsten, wenn sie in ihrer Bibliothek arbeiten kann. Es erfüllt sie mit einer tiefen Befriedigung, den Überblick über all die Wissensschätze zu haben, die ihre kleine Stadtbibliothek birgt. Sie liebt es zu kategorisieren, zu katalogisieren und zuzuteilen. All diese Fülle des Wissens um sie herum zu verwalten und organisieren zu dürfen, ist wahrhaftig ihr Traum vom Glück.

Mögliche Auflösung:

- Der Onkel aus Amerika - Jupiter in Schütze
- Die Lieblingstante - Jupiter in Krebs
- Der Showmaster - Jupiter in Löwe
- Die Richterin - Jupiter in Steinbock
- Die Reisebegleiterin - Jupiter in Zwillinge
- Die Psychoanalytikerin - Jupiter in Skorpion
- Der Diplomat - Jupiter in Waage
- Der Held - Jupiter in Widder
- Die Pressechefin - Jupiter in Fische
- Der Weltverbesserer - Jupiter in Wassermann
- Die Bibliothekarin - Jupiter in Jungfrau

Jupiter in den Häusern und Zeichen

Im nächsten Schritt wollen wir nun die Position von Jupiter in einem Haus und einem Zeichen miteinander kombinieren. Wir bedienen uns dazu zunächst der intuitiv-bildhaften Ebenen, die wir gemeinsam entwickelt haben, bevor wir zur Deutung auf einer Charakterebene kommen.

Beispiel 1: Jupiter im vierten Haus in Wassermann

Zuerst einmal müssen wir uns eine angemessene Umgebung im Sinne des vierten Hauses für unseren Jupiter überlegen. Im vierten Haus ist unser Jupiter etwas ganz Persönliches, etwas, das unserer tiefsten Motivation und Lebensgrundlage entspricht. Jupiter motiviert uns von innen heraus. Stellen wir uns Jupiter noch einmal ganz bildhaft als den Onkel vor, der uns in allem, was wir tun, unterstützt und stärkt. Wie müsste dieser Onkel sein? Was macht Jupiter aus? Er müsste ein großzügiger Mensch sein, mit einem Sinn für das Abenteuer und Interesse an neuen Horizonten. Die Wassermannfärbung verleiht ihm einen exzentrischen Touch – er ist nicht wie alle anderen. Er will mehr, strebt nach Höherem und hält uns dazu an, uns geistig zu entwickeln und zu entfalten. Wenn wir diesen „Onkel“ nun im Sinne einer Charakterdeutung als unseren inneren Antrieb betrachten, dann wird klar, was für eine vertrauensvolle Lebensbasis dies bedeutet. Wir sind zutiefst davon überzeugt, unserem Leben einen höheren Sinn verleihen zu können. Daher interessieren wir uns immer wieder für neue und interessante Wissensgebiete, das Funktionieren von menschlichen Gemeinschaften sowie philosophische und andere Denkmodelle. Wir „kleben“ nicht am Boden des Lebens fest, sondern bewegen uns mit einer nahezu schwebenden Leichtigkeit und durch das Leben, und manchmal fehlt uns sogar ein Stückchen Bodenhaftung.

Es wäre auch möglich, dass unsere Herkunft, unsere Wurzeln oder unsere Familie von diesen Prinzipien gefärbt ist. Vielleicht sind unsere Eltern oder Vorfahren aus einer anderen Kultur (Jupiter) in das Land gekommen, in dem wir geboren wurden, und haben dort eine gewisse Außenseiterposition (Wassermannfärbung) eingenommen, waren etwas „Besonderes“. Dieses Gefühl der angeborenen „Besonderheit“ kann selbstverständlich auch andere Gründe haben, vielleicht bestimmte Privilegien, die die Familie genoss oder einfach die Tatsache, dass die Familie besonders groß war (Jupiter).

Wie dem auch gewesen sein mag, wir sind zutiefst von dem Wunsch beseelt, unseren Sinn für Gemeinschaft in die Welt zu tragen, und wir haben die Fähigkeit, sogar dort das Gemeinsame zu sehen, wo andere nur Trennendes wahrnehmen.

Beispiel 2: Jupiter im 8. Haus in Löwe

Wie sieht der Ort aus, an dem sich Jupiter zu seiner vollen Pracht entfalten kann? Das achte Haus ist – ebenso wie das zweite – ein Wertehaus. Nur ist unsere „Schatzkammer“ des achten Hauses nicht so greifbar und direkt zum Anfassen wie die des zweiten Hauses. Zu den Schätzen des 8. Hauses gehören unsere Wertvorstellungen, Ressourcen, die wir mit anderen teilen oder von diesen bekommen sowie das, woran wir uns binden, weil wir es als wertvoll empfinden.

Stellen wir uns Jupiter als einen Gönner und Förderer vor – er möchte uns unterstützen, will, dass es uns gut geht. Aus diesem

Grunde legt er im 8. Haus viel Wert auf die richtigen geistigen Vorstellungen, von denen wir uns leiten lassen. Er ist die innere Stimme, die sagt: „Du brauchst einen großen, geistigen Rahmen, um dich zu entfalten.“ Auch in Partnerschaften mit anderen Menschen tut er uns Gutes, indem wir uns unterstützt fühlen, und wir selbst verhalten wir uns möglicherweise ebenfalls großzügig, wenn es darum geht, etwas mit anderen zu teilen.

Es könnte vor Ihrem inneren Auge z.B. das Bild eines Vertrauen erweckenden Beraters entstehen, der zur rechten Zeit mit Rat und Hilfe bereit steht. Dieser innere Berater trägt nun Kleidung mit Löwe-Färbung. Er ist also nicht nur Vertrauen erweckend, sondern wirkt auch souverän und selbstsicher. Er ist gut gekleidet, elegant und schick, mit einem Hauch von Luxus ausgestattet. Er strahlt Wohlergehen und Würde aus, ist warmherzig und wohlwollend.

Wie können wir dies nun auf eine Charakterebene übertragen? Dieser Mensch wird von einem „inneren Berater“ geleitet, einem Leitbild, das ihn zu Großzügigkeit und Wohlergehen führen will. Dies werden Wertvorstellungen sein, die er sein eigen nennt. In engen Partnerschaften, geschäftlichen wie privaten, wird dieses Leitbild besonders zum Ausdruck kommen. Er wird sich von Partnern angezogen fühlen, die über eine gewisse „Potenz“ verfügen, also etwas zu bieten haben, und wird sich auch selbst gern als starker und unterstützender Partner erweisen. Wenn ihm Dinge zuteil werden, Geschenke oder andere Zuwendungen (8. Haus), dann werden sie möglicherweise einen großen (Jupiter) persönlichen (Löwe) Wert für ihn haben und er wird sie für seine individuelle (Löwe) Entfaltung in einem gesellschaftlichen Rahmen (Jupiter) nutzen können.

Eigene Beispiele finden

Deuten Sie weitere Beispiele, vielleicht Ihren eigenen Jupiter im Haus und Zeichen, oder den von Ihrem Partner oder Ihrer Partnerin, von einer Freundin oder auch einfach ein fiktives Beispiel. Beginnen Sie immer mit einer ganz bildhaften Ebene. Stellen Sie sich Jupiter als Person in einer Umgebung vor, und färben Sie dann sein Aussehen und seine Handlungen mit der Energie des Tierkreiszeichens ein. Wenn Sie einmal keine Idee haben, können

Sie sich natürlich immer wieder mal von unserer Begriffssammlung zu den Tierkreiszeichen, den Planeten und Häusern inspirieren lassen. Doch vertrauen Sie auch hier vor allem auf Ihre eigene Bildersprache und Intuition!

Im nächsten Schritt lassen Sie Ihre Deutung dann etwas abstrakter werden und gehen Sie mehr auf die Bedeutung auf der Charakterebene ein. Fragen Sie sich immer: Wie (Tierkreiszeichen) entfaltet sich welcher Wesensanteil (Planet) an welchem Ort (Haus) am besten?

Saturn in den Tierkreiszeichen

Nun wollen wir uns auch Saturn in den Tierkreiszeichen nähern. Wir stellen ihn uns zu diesem Zweck einmal ganz bildhaft in einer seiner bevorzugten Rollen vor: Als Richter, Chef(in), Autorität und Erzieherin bzw. Lehrer. Welche Art von Lehrer wäre er in den einzelnen Tierkreiszeichen? Welche Art von Chef oder Richter? Machen Sie sich eigene Gedanken und Notizen, bevor Sie sich unserem Vorschlag zuwenden.

Unsere Beispiele für Saturn in den Tierkreiszeichen:

Saturn im Tierkreiszeichen	**Kombination der Begriffe**
Saturn in Widder	die durchsetzungsfähige Erzieherin
Saturn in Stier	der behäbige Chef
Saturn in Zwillinge	der flexible Richter
Saturn in Krebs	der launische Lehrer
Saturn in Löwe	die imposante Autorität
Saturn in Jungfrau	die ökonomische Chefin
Saturn in Waage	der gerechtigkeitsliebende Richter
Saturn in Skorpion	die tiefgründige Erzieherin
Saturn in Schütze	die erhabene Autorität
Saturn in Steinbock	der strenge Lehrer
Saturn in Wassermann	die visionäre Chefin
Saturn in Fische	der fantasievolle Erzieherin

Des Saturn neue Kleider

Die oben vorgestellten Bilder lassen sich noch weiter ausschmücken. Wie würde Saturn sich je nach Tierkreiszeichen kleiden, was würde er tragen, wenn er seiner Arbeit nachgeht, wie würde er seine Autorität sichtbar machen? Entwerfen Sie einmal einige mögliche Bilder. Machen Sie sich Notizen oder malen Sie, was Sie vor Ihrem inneren Auge sehen.

Saturn in den Häusern und Zeichen

Nun deuten wir auch die Position von Saturn in einem Haus und einem Zeichen. Wir wollen uns nun im nächsten Schritt von der eher bildhaften Ebene etwas entfernen und eine Deutung auf der Charakterebene versuchen.

Dabei sollten wir uns bewusst machen, dass Saturn vor allem eines tut: Er stellt Aufgaben. Wie ein Chef uns eine Aufgabe überträgt, wie ein Prüfer uns eine Frage stellt, so tut dies auch Saturn in unserem Leben. Und nicht in allen Fällen wissen wir eine Antwort oder können die Aufgabe auf Anhieb lösen. Wir brauchen daher, Disziplin, Ausdauer und eine gewisse Frustrationstoleranz, um das wahre Potenzial unserer Saturnstellung im Zeichen und Haus zu entdecken. Wir müssen womöglich anfänglich einige Hindernisse aus dem Weg räumen, bevor auch wir Meister dieses Fachs werden können. Genau wie unser Vorbild, unser Chef, unser Prüfer. In jeder Saturnstellung verbirgt sich also zugleich die Meisterschaft und das Hindernis.

Saturn im siebten Haus im Zeichen Zwillinge
Wie lautet die Aufgabe, die sich uns im siebten Haus stellt? Partnerschaft und Begegnung. Saturn macht es uns hier also zur Aufgabe, uns der großen Herausforderung zu stellen ein Meister / eine Meisterin der Beziehung zu werden. Um es uns nicht zu einfach zu machen, empfinden wir uns in diesem Lebensbereich möglicherweise als eher gehandicapt. Wir beschränken uns vielleicht schon früh auf wenige Freundschaften, um uns nicht immer wieder der Mühe der Begegnung aussetzen zu müssen. Oder wir

haben das Gefühl, immer an die falschen Menschen zu geraten, die uns Steine in den Weg legen und es uns besonders erschweren, einen meisterhaften Umgang miteinander zu pflegen. Wo Saturn steht, spüren wir unsere Grenzen deutlich, doch können wir daran arbeiten, über sie hinauszuwachsen.

Wie färbt das Zeichen Zwillinge diese Aufgabenstellung nun noch weiter ein? Zwillinge macht alles, was es berührt, leicht und locker, luftig und flexibel. Ein Kleid, das dem strengen Saturn möglicherweise erst nach einigen Änderungsschneidereien passt. Mit dieser Konstellation muss sich der Mensch daran gewöhnen, sich im Austausch mit anderen Menschen zu bewegen, sich verständlich zu machen und andere zu verstehen. Vielleicht fällt ihm das zu Beginn schwer, seine Sprache erscheint ihm ungehobelt, das, was er sagt, kommt nicht immer beim Gegenüber an. Doch indem er beständig darauf achtet, was ihm seine Umwelt spiegelt und was seine Worte und Gesten bewirken, wird ihm immer besser klar, wie man diesen leichten Austausch mit anderen erreicht. Er wird ein Meister der Kommunikation in der Begegnung mit anderen Menschen.

Die Aufgaben des Saturn

Beschreiben Sie im Folgenden kurz, welche Aufgaben Saturn mit seiner Stellung im jeweiligen Haus seinem Horoskopeigner stellt. Versuchen Sie, es sich ganz bildhaft vorzustellen. Fragen Sie sich: Worum geht es in diesem Haus? Welche Aufgabe kann Saturn hier stellen?

- Saturn im zweiten Haus
- Saturn im fünften Haus
- Saturn im neunten Haus
- Saturn im zwölften Haus

Verbinden Sie dann die Hausstellung Saturns mit einer der folgenden Zeichenfärbungen: Krebs, Schütze, Steinbock, Fische. Fragen Sie sich: Wie färbt dieses Zeichen die Aufgabenstellung möglicherweise ein? Welche zusätzliche Komponente kommt hier noch dazu?

Unseren Lösungsvorschlag sollten Sie – wie immer – erst lesen, nachdem Sie selbst die Übung für sich notiert haben.

So würden wir die Aufgaben lösen:
Saturn im zweiten Haus stellt die Aufgabe, die eigenen Ressourcen nutzbringend zu verwalten. Dabei könnte es nötig sein, Sparsamkeit und Disziplin im Umgang mit den eigenen Talenten und Finanzen zu üben. Der Lohn: Die Meisterschaft im Umgang mit Besitz und anderen Werten.

Saturn im fünften Haus richtet an uns den Auftrag, sich der Entwicklung der eigenen Persönlichkeit und Autorität zu stellen. Er möchte, dass wir Rückgrat zeigen, uns selbst als Persönlichkeit achten und Verantwortung für unsere kreativen Kräfte übernehmen. Es winkt: Die Meisterschaft im Umgang mit unseren kreativen Ausdrucksfähigkeiten – eine Persönlichkeit im wahrsten Sinne des Wortes.

Saturn im neunten Haus stattet uns mit der Aufforderung auf, eine eigene gültige Sichtweise auf die Welt zu entwickeln, sich eine Meinung zu bilden und Ansichten mit der Kraft der Autorität wirklicher Kompetenz zu vertreten. Hier will höheres Wissen durch Arbeit erworben werden, damit es verantwortungsbewusst weitergegeben werden kann. Das ist dann auch schon der Lohn: Dass andere einem zuhören, weil man etwas Wichtiges zu sagen hat.

Saturn im zwölften Haus stellt uns die Aufgabe, Verantwortung auch für überpersönliche Bereiche zu übernehmen. Hier heißt es, es zu einer Meisterschaft in kollektiver Verantwortlichkeit zu bringen - eine ganz besondere Aufgabe. Seine innere Autorität erwirbt dieser Mensch nicht allein für sich selbst, sondern zugleich auch für andere, mit denen er verbunden ist und für die er eine spirituelle Verantwortung trägt.

Wie färben nun die Tierkreiszeichen dies möglicherweise ein? Hier einige Vorschläge:

Saturn im zweiten Haus im Zeichen Schütze erwirbt sich im Laufe des Lebens nicht nur materielle, sondern auch viele ideelle Werte. Zu seinen zahlreichen Talenten gehört unter anderem ein Gespür für Regeln und Strukturen auf wachsendem, sich erweiterndem Territorium. Ein idealer Finanzberater in einem blühenden und expandierenden Unternehmen.

Saturn im fünften Haus im Zeichen Steinbock ist im besten Falle eine Persönlichkeit, die niemand übersieht. Die innere Autorität wird durch die Zeichenfärbung noch verstärkt und unterstützt. Dann wollen wir nur mal hoffen, dass sich dieser Mensch nicht zu einem Spaßverderber entwickelt und er sich zu sehr von Regel und Normen einengen lässt!

Saturn im neunten Haus im Zeichen Fische hat etwas zu sagen, was durchaus vielschichtig ist, und nicht immer ganz greifbar. Es könnten Glaubensinhalte sein, die dieser Mensch zum Ausdruck bringt oder zumindest Fragen, die das kosmische Weltgeschehen betreffen. Die Fische-Färbung macht selbst die bestüberprüfte Aussage und die bestgesicherte Ansicht ein wenig unsicher. Dieser Mensch wechselt seine Weltanschauung zumindest einmal in seinem Leben, wenn nicht öfter.

Saturn im zwölften Haus in Krebs ist auf eine sehr persönliche Weise mit anderen verbunden bzw. übernimmt vielleicht familiäre Verantwortung im größeren Maße. Dies kann der Vater sein, der ein Kind adoptiert, die Tochter, die ihre Mutter am Lebensende pflegt, oder der Sohn, der die versäumten Pflichten seiner Vorfahren auf sich nimmt und eine entscheidende Rolle im Familiengeschehen einnimmt.

Neptun und Pluto – Ich und Alles

Wie bei den vorhergehenden Planetenpaaren, so haben wir es auch hier mit einem Paar zu tun, von denen der eine einen eher aktiven, nach außen gerichteten, der andere einen eher empfangenden, nach innen gerichteten Charakter hat. Unter anderem aus diesem Grund wird Neptun zuweilen als „die höhere Oktave der Venus“ und Pluto als „die höhere Oktave des Mars“ bezeichnet. „Höhere Oktave“ deshalb, weil wir es hier mit einer neuen, höheren Ebene des Daseins zu tun haben. Bei Sonne und Mond spielt sich das Erleben auf einer ganz persönlichen Ebene ab, bei Venus und Mars kommt eine zwischenmenschliche Ebene, bei Jupiter und Saturn eine gesellschaftliche dazu.

Was kann es danach noch geben? Danach kommt all das, was über uns Menschen, unser Dasein als Einzelwesen und unsere Existenz als Art hinausgeht. Wir stoßen im Laufe unseres Lebens immer wieder auf etwas Höheres, das über uns hinausgeht. Wir nennen es höhere Wahrheit, Schicksal, Gott, kosmische Kräfte, Wirklichkeit, und kennen dafür noch viele andere Namen. Wir meinen damit immer das, was wir selbst nicht mehr beeinflussen können, was uns selbst nur noch als kleines Teilchen eines größeren Ganzen wahrnehmen lässt.

Wenn wir uns selbst durch die Brille von Sonne und Mond betrachten, dann nimmt unser persönliches Handeln und Fühlen den ganzen Raum unseres Blickfeldes ein. Da ist für nichts anderes Platz. Wenn wir uns selbst durch die Brille von Venus und Mars betrachten, wird das Blickfeld schon etwas weiter: Es öffnet unsere Perspektive und bezieht andere Menschen mit ein. Wir sehen uns in der persönlichen Interaktion. Bei Jupiter und Saturn wird der Zoomfaktor noch etwas größer, und wir sehen uns selbst als Teil einer menschlichen Gemeinschaft. Bei Neptun und Pluto schließlich haben wir den größtmöglichen Blickwinkel unserer Wahrnehmung eingeschaltet – wir sehen uns selbst von außen, als ein klitzekleines Rädchen in einem unendliche großen Getriebe. Unsere persönlichen Belange und Bedürfnisse verlieren an Wichtigkeit, wenn wir das ganze Bild betrachten.

Dieser „Zoomfaktor“ kann so groß werden, dass wir uns als Einzelwesen im ganzen Bild nicht mehr zu erkennen vermögen. Wir sehen dann nur noch eine Einheit von Menschen, eine Menschengruppe, der wir angehören. Wenn wir uns als Teil einer Menschengruppe innerhalb einer bestimmten Zeit verstehen, dann sprechen wir von einer „Generation“, wenn wir uns als Menschengruppe innerhalb eines bestimmten Raumes betrachten, dann sprechen wir „einer Nation“. Beides sind Kollektivbegriffe für Einzelwesen, in denen der Einzelne an Relevanz verliert.

Aus diesen Kollektivbegriffen speisen sich auch einige der Grundbedeutungen Neptuns und Plutos. Da Neptun den eher empfangenden Part übernimmt, spiegeln sich in seiner Horoskopstellung zum Beispiel die Träume, Visionen und Hoffnungen einer Generation von Menschen. Es sind kollektive Sehnsüchte nach einer besseren Welt. Pluto, der eher den handelnden Part übernimmt, spiegelt mit seiner Horoskopstellung die Wandlungen und Umgestaltungen, denen eine Generation unterworfen ist. Er ist Symbol für das kollektive Schicksal, den kollektiven Evolutionsprozess.

Das Besondere an den so genannten transpersonalen Planeten ist, dass wir sie noch gar nicht so lange kennen. Wir haben sie – im Gegensatz zu den anderen Planeten, die mit bloßem Auge am Nachthimmel erkennbar sind – erst im Zeitalter des Teleskops entdeckt. Und wenn wir die Grundannahme der Astrologie teilen, dass es eine Zeitqualität gibt, zu der alle Ereignisse in Resonanz stehen, dann können wir uns einmal an eine historische Betrachtung der Weltereignisse zum Zeitpunkt der Entdeckung der Transsaturnier (so werden die jenseits von Saturn stehenden Planeten Uranus, Neptun und Pluto auch genannt) begeben. Mit der Entdeckung eines Planeten gelangt ein archetypisches Prinzip zum ersten Mal ins Bewusstsein der Menschheit, einfach deshalb, weil es sichtbar wird.

Die Entdeckung des Neptun

Was trat parallel mit der Entdeckung von Neptun ins Bewusstsein der Menschen?

Die Entdeckung von Neptun geschah 1846 im Zeitalter der Hoch- und Spätromantik in Europa. Vertreter der romantischen Richtung in Literatur, Kunst und Musik sind dieser Zeit sind beispielsweise Caspar David Friedrich (Frühromantik), Novalis und Chopin. Friedrich von Hardenberg, genannt Novalis, auch ein Vertreter der frühen Romantik, kleidet das Wesen dieser Zeit in folgende poetischen Worte:

„Wenn nicht mehr Zahlen und Figuren
Sind Schlüssel aller Kreaturen,
Wenn die so singen oder küssen
Mehr als die Tiefgelehrten wissen,
Wenn sich die Welt ins freie Leben
Und in die Welt wird zurückbegeben,
Wenn dann sich wieder Licht und Schatten
zu echter Klarheit werden gatten
Und man in Märchen und Geschichten
Erkennt die ewgen Weltgeschichten,
Dann fliegt vor Einem geheimen Wort
Das ganze verkehrte Wesen fort.“

Aber auch ein Auszug aus dem Brockhaus zu diesem Zeitalter liest sich wie eine Beschreibung des uns Astrologen als Neptun bekannten Prinzips:

> „In Literatur und Philosophie vertrat die romantische Bewegung eine Welt- und Lebensanschauung, die das *Dasein als ewiges Werden, das Einzelne als Ausdruck eines Unendlichen* ansieht. Die Philosophie war betont *spekulativ*, häufig naturphilosophisch orientiert (Schelling, Oken, Steffens, Schleiermacher) oder schuf neue Sinnbilder und Analogien, um *die unendliche Bewegung des Universums* zu erfassen. Dem *Un- und Unterbewusstsein und der Nachtseite der Natur* wurde wachsende Aufmerksamkeit zugewandt. Als Ziel der Kunst galt besonders der deutschen Romantik die Verwandlung der Welt in Seele und Geist durch die von *Sehnsucht nach dem Unendlichen* bewegte *Fantasie* (Schlegel). Die Romantik *hebt die Grenzen zwischen den Gattungen und Künsten auf und vereinigt die Empfindungsweisen.* Sie bevorzugt *offene Formen* und führte gesellschaftlich zur Infragestellung sozialer Konventionen, zur Auffassung des Lebens als Kunstwerk. Bestimmenden Einfluss übten auch *Frauen* aus (Karoline Schelling, Dorothea Schlegel, Bettina von Arnim u.a.).“

Wir haben die Begriffe, die das neptunische Prinzip besonders gut in Worte kleiden, kursiv hervorgehoben. Entsteht vor Ihrem inneren Auge ein Bild von Neptun? Gibt es ein Gedicht, ein Musikstück ein Bild aus dieser Zeit, das Sie mögen? Neptun wird sich in irgendeiner Art und Weise darin widerspiegeln. Lassen Sie es auf sich wirken.

Die Entdeckung des Pluto

Und nun wollen wir schauen, was parallel mit der Entdeckung von Pluto ins Bewusstsein der Menschheit trat. Die Sichtung des Pluto im Jahr 1930 fiel in eine harte und grausame Zeit des 20. Jahrhunderts, die Zeit zwischen zwei Weltkriegen, die Zeit der Entwicklung der Atombombe und grenzenloser Zerstörungsmacht. Es gibt Mächte, die in unser Leben als Mensch eingreifen, denen wir als einzelner nichts entgegenzusetzen haben, gewaltige Naturkräfte oder Massenphänomene wie Krieg. Pluto repräsentiert eine solche Macht. Er steht für einen höheren Willen der Schöpfung, über den wir nicht richten können. Die Frage nach dem Sinn oder Unsinn einer Flutwelle oder eines Erdbebens vermögen wir nicht zu stellen, denn wenn es einen Plan dafür gibt, entzieht er sich dem Zugriff des Menschen.

Im Verlaufe jeder Schöpfung gibt es einen Anfang, eine Blüte und ein Ende. Nach jedem Ende folgt ein neuer Anfang. Wir Menschen können nicht wissen, ob wir als Menschheit auch in 1000 Jahren diese Erde noch bevölkern werden oder ob dieser Planet in 10.000 Jahren noch Teil dieses Sonnensystems sein wird. Die Geschichte der Menschheit kennt die Vernichtung ganzer Völker, aber auch die Entstehung neuer Nationen und Kulturen aus der Zerstörung. So steht Pluto in einem bestimmten Tierkreiszeichen für die evolutionäre Absicht dieser Zeit, für so etwas wie einen übergeordneten Inhalt in Bezug auf eine ganze Generation von Menschen.

In unserem individuellen Horoskop zeigt seine Position hingegen die Bereiche in uns an, die wir Schattenseiten nennen können. Es ist dies all das, was wir als „Böse“ und „Schlecht“ ansehen, was wir nicht haben wollen, und daher verdrängen, das, was wir fürchten, weil wir dies tief in uns mit dem Erlebnis einer Übermacht, einer Überforderung verbinden. Wir fühlen uns diesem Bereich ohnmächtig ausgeliefert und versuchen mit aller Macht, die Kontrolle darüber zu gewinnen. Wir versprechen uns von seiner Beherrschung die Lösung. Aber unser Perfektionsdrang treibt die unterirdischen Schätze nur noch weiter in die Tiefe, so lange, bis wir dem Druck nicht mehr standhalten können.

Dann kommen die Tabus in unserem Leben, die Dinge, die wir so sehr fürchten und an die wir nicht heran wollen, zum Vorschein. Und siehe da … es sind wahre Schätze! Denn wie die Toten im mythologischen Reich Plutos, des Herrn der Unterwelt, sind diese Dinge nicht ursprünglich dämonisch, sondern werden es erst durch ihre Verbannung. Eigentlich liegen dort unsere größten Kräfte verborgen. Es können Dinge aus unserer Kindheit sein, die niemand an uns sehen wollte und die wir daher unterlassen haben. Oder Dinge, die uns schon immer Angst machten; Dinge, die wir nie mochten. All diese Schattenfiguren, Dämonen und bösen Geister wollen befreit werden aus ihrem Reich, und so werden wir immer wieder darauf gestoßen. Entweder durch unsere Ängste und Albträume oder durch unsere Projektionen auf andere Menschen.

Solange wir nicht verstehen, dass in diesem Moder, in diesem Kompost, die nährende Erde für das nächste Frühjahr verborgen liegt, kommen wir nicht an die tiefsten Quellen unserer Kraft. Erst wenn wir uns der Angst stellen, dem Übermächtigen ausliefern, Tabus brechen, durch eine Krise gehen, bereit zum Loslassen sind, öffnet sich eine Tür zu etwas Neuem. Wir können das, was uns bislang Sicherheit gegeben hat, nicht festhalten. Pluto verlangt absolute Ehrlichkeit und Wahrhaftigkeit von uns, ein Durchdringen bis zu den tiefsten Tiefen, ganz auf den – vielleicht schmutzverkrusteten Grund. Er ist der Kanalarbeiter unserer Seele, er macht mit Altem gnadenlos kurzen Prozess und schafft Platz für Neues. Sterben bedeutet, wiedergeboren zu werden. Das ist es, was Pluto von uns verlangt. Pluto steht für die Transformation schlechthin und ist damit ein Symbol für den im Unbewussten keimenden, aber stets unabdingbaren Entwicklungsschritt. Wir können ihn mit dem Phönix vergleichen, dem Symbol der ewigen Erneuerung und der Auferstehung, der sich selbst verbrennt, um aus der Asche neugeboren emporzusteigen, denn nichts ist lebendiger als der Tod, ist dieser doch die Voraussetzung für ewiges Leben.

Neptun und Pluto im Horoskop

Nach diesem Ausblick auf die kollektiven Bezüge Neptuns und Plutos wollen wir nun wieder gemeinsam weitere Bedeutungen der beiden Planeten aus dem vorhergehenden Planetenpaar Jupiter und Saturn herleiten. So hatten wir für Jupiter z.B. folgende Bedeutungen gesammelt:

Jupiter
Wünsche und Ziele, die einen Bezug auf die eigene gesellschaftliche Verwirklichung haben, gesellschaftliche Ideale verfolgen, konkrete Erwartungen an das Leben haben
sich für Menschengruppen, für andere Kulturen interessieren, sich für internationalen Austausch öffnen
was ich brauche, um mich geistig-intellektuell erfüllt zu fühlen
zur Gestaltung der Welt und der weiteren Umgebung konkret beitragen wollen
etwas für die eigene Horizonterweiterung tun, je nach Interesse, z.B. ein Buch lesen, reisen, sich mit anderen Menschen austauschen, studieren
Unterstützung auf dem eigenen Lebensweg erhalten, geistige Nahrung finden

Wenn wir diese Begriffe nun auf Neptun übertragen wollen, müssen wir uns bei jedem Begriff die Frage stellen:

→ *Wie wirkt sich ein ähnliches Prinzip auf einer noch höheren Ebene aus, wenn es nicht mehr nur um die menschliche Gemeinschaft geht, sondern um ein Eingebundensein in ein kosmisches Geschehen?*

Jupiter	Neptun
Wünsche und Ziele, die einen Bezug auf die eigene gesellschaftliche Verwirklichung haben, gesellschaftliche Ideale verfolgen, konkrete Erwartungen an das Leben haben	Wünsche in Bezug auf die eigene spirituelle Verwirklichung haben, höhere geistige Ideale verfolgen, Sehnsüchte haben
sich für Menschengruppen, für andere Kulturen interessieren, sich für internationalen Austausch öffnen	sich für das kosmische Geschehen interessieren, sich für die geistig-spirituelle Kommunikation öffnen
was ich brauche, um mich geistig-intellektuell erfüllt zu fühlen	was ich brauche, um mich geistig-spirituell erfüllt zu fühlen
zur Gestaltung der Welt und der weiteren Umgebung konkret beitragen wollen	zur Gestaltung der Einheit allen Lebens energetisch beitragen wollen
etwas für die eigene Horizonterweiterung tun, je nach Interesse, z.B. ein Buch lesen, reisen, sich mit anderen Menschen austauschen, studieren	etwas für die eigene spirituelle Entwicklung tun, je nach Interesse, z.B. Mitgefühl entwickeln, Hilfs- und Opferbereitschaft zeigen, meditieren
Unterstützung auf dem eigenen Lebensweg erhalten, geistige Nahrung finden	Unterstützung auf dem eigenen spirituellen Weg erhalten, spirituelle Nahrung finden

Die gleiche Übertragung können wir für Saturn und Pluto herstellen. Wenn wir die für Saturn gefundenen Begriffe auf Pluto übertragen wollen, müssen wir uns ebenfalls bei jedem Begriff die Frage stellen:

→ *Wie wirkt sich ein ähnliches Prinzip auf einer höheren Ebene aus, wenn es nicht mehr nur um die menschliche Gesellschaft geht, sondern um tief greifende, umfassende Entwicklungs- und Wandlungsprozesse?"*

Saturn	Pluto
auf einer gesellschaftlichen Ebene etwas erschaffen, sich engagieren und für eine höhere Aufgabe einsetzen	auf einer evolutionären Ebene etwas erschaffen, hervorbringen; höhere Aufgaben für die Menschheitsentwicklung erfüllen
sich der gesellschaftlichen (Lebens-)Realität stellen, sie in Angriff nehmen	sich der tiefsten Lebenswahrheit stellen, sie akzeptieren
sich (gerichtlich) auseinander setzen, um die Wahrung der eigenen Interessen innerhalb gesellschaftlicher Regeln auszutragen	sich mit höheren Kräften auseinander setzen, persönliche Interessen kosmischen Regeln unterstellen
Wünsche zur Entfaltung in die Tat umsetzen, sich um seine Lebensziele bemühen	notwendige Wandlungsprozesse durchlaufen, um seinen Sehnsüchten näher zu kommen
Energie gezielt einsetzen, um gesellschaftliche Verantwortung zu übernehmen	mit Macht umzugehen lernen, Verantwortung für eine starke Energie übernehmen
sich der Gefahr aussetzen, von einer Menschengruppe bei der Verfolgung höherer Interessen kritisiert zu werden	sich der Gefahr aussetzen, den eigenen Schattenanteilen ins Gesicht zu schauen
gesellschaftliche Interessen vertreten	evolutionäre Interessen vertreten

Nach Herleitung von Bedeutungen der beiden Planeten aus dem vorhergehenden Planetenpaar Jupiter und Saturn können wir sogar noch einen Schritt weitergehen, und Bedeutungen für Neptun und Pluto direkt aus dem Planetenpaar Venus und Mars ableiten, dessen so genannte „höhere Oktave" sie bilden. Versuchen Sie einmal, Begriffe für Neptun aus all dem abzuleiten, was Sie bereits an inneren Bildern in sich tragen. Nutzen Sie die Begriffe, die in der Spalte von Venus stehen, als gedankliche Anregungen und fragen Sie sich, wie sich das gleiche Prinzip auf einer höheren unpersönlicheren und spirituellen Ebene zeigen kann.

Venus	Neptun
irdische und äußere Schönheit	innere Schönheit, das Ideal der Schönheit
menschliche Zuneigung	
materielle Werte	
konkrete Wünsche	

Wir haben folgende Entsprechungen gefunden:

Venus	Neptun
irdische und äußere Schönheit	innere Schönheit, das Ideal der Schönheit
menschliche Zuneigung	bedingungslose Liebe
materielle Werte	spirituelle Werte
konkrete Wünsche	ferne Sehnsüchte
menschliche Anziehungskraft	göttliche Anziehung

Versuchen Sie nun das Gleiche für Pluto. Nutzen Sie die Begriffe, die in der Spalte von Mars stehen, als gedankliche Anregungen und fragen Sie sich auch hier wieder, wie sich das gleiche Prinzip auf einer höheren unpersönlicheren oder sogar evolutionären Ebene zeigen kann.

Mars
menschliche Energie und Kraft
Konfrontation mit dem persönlichen Willen von Menschen
persönliches Handlungspotenzial
sexuelle Antriebskraft
persönlicher Überlebensinstinkt

Wir haben folgende Entsprechungen gefunden:

Mars	Pluto
menschliche Energie und Kraft	übermenschliche Energie und Kraft
Konfrontation mit dem persönlichen Willen von Menschen	Konfrontation mit Verdrängtem, mit Tabus

persönliches Handlungspotenzial	über das Persönliche hinausgehendes Handlungspotenzial, Macht
sexuelle Antriebskraft	kosmische Zeugungs- und Wandlungskraft
persönlicher Überlebensinstinkt	kollektiver Überlebensinstinkt und Regenerationsfähigkeit

Sehnsucht und Wandlung – Neptun und Pluto als Ergänzung

Wie in den vorherigen Kapiteln auch wollen wir nun Neptun und Pluto als ergänzende Prinzipien betrachten. Neptun erzeugt Sehnsüchte, Pluto zeigt auf, wo wir uns sowohl unserem Machtpotenzial als auch unseren Schwachpunkten stellen müssen, um unseren Sehnsüchten näher zu kommen. Versuchen Sie doch einmal, einige der oben gefundenen, sowie weitere Begriffe für Neptun und Pluto in eine Gegenüberstellung zu bringen, also Ergänzungen zu bilden. Fragen Sie sich selbst:

→ *Wie könnte eine Ergänzung durch das aktive Pluto-Prinzip bei folgenden Neptun-Entsprechungen aussehen? Was muss möglicherweise geschehen, damit sich diese Wünsche erfüllen?*

Neptun	**Pluto**
innere Schönheit haben, dem Ideal der Schönheit näher kommen	…
bedingungslos lieben können	
spirituelle Werte verwirklichen	

Um Ihre eigenen Überlegungen zu ergänzen, hier unsere Ideen:

Neptun	**Pluto**
innere Schönheit haben, dem Ideal der Schönheit näher kommen	die äußere Maske abnehmen

bedingungslos lieben können	die Schattenseiten im geliebten Menschen und in sich selbst anerkennen
spirituelle Werte verwirklichen	sich über die eigenen versteckten Motivationen und Schwachstellen klar werden

Wenn wir die Ergänzungen aus der Perspektive von Pluto betrachten, müssten wir uns fragen:

→ *Welche Motivation, welche innere Einstellung ist als Ergänzung notwendig, damit sich das aktive Pluto-Prinzip überhaupt positiv verwirklichen kann? Welche Eigenschaften sind nötig, um dieses Prinzip vor einer Ausuferung zu bewahren?*

Pluto	**Neptun**
übermenschliche Energie und Kraft	…
Konfrontation mit Verdrängtem, mit Tabus	
über das Persönliche hinausgehendes Handlungspotenzial, Macht	
kosmische Zeugungs- und Wandlungskraft	
kollektiver Überlebensinstinkt und Regenerationsfähigkeit	

Unsere Vorschläge für mögliche Ergänzungen durch das Neptun-Prinzip lauten wie folgt:

Pluto	**Neptun**
übermenschliche Energie und Kraft	über das Persönliche hinausgehende Sehnsüchte und Ziele
Konfrontation mit Verdrängtem, mit Tabus	der Wunsch nach Erlösung

über das Persönliche hinausgehendes Handlungspotenzial, Macht	der Wille zum Guten für alle Beteiligten
kosmische Zeugungs- und Wandlungskraft	kosmische Empfangsbereitschaft und Aufnahmefähigkeit
kollektiver Überlebensinstinkt und Regenerationsfähigkeit	kollektive Hoffnungen und Wünsche, gemeinsame Zielvorstellungen

Verschleierung und Wahrheit – Neptun und Pluto als Gegensatz

Doch wie alle bereits vorgestellten Planetenpaar ergänzen auch Neptun und Pluto einander nicht allein, sondern bilden auch Gegensatzpaare. Dies macht sich vor allem auf der Ebene unserer inneren Motivationen und Haltungen sowie unserer Bereitschaft zu Veränderung und Wandlung bemerkbar. Denn dort bewegen wir uns zwischen dem Spannungsfeld der Sehnsucht nach Erlösung (Neptun) und der Notwendigkeit der Konfrontation mit unseren Schattenseiten (Pluto), der Verschleierung (Neptun) und der Wahrheit (Pluto). Lassen Sie uns zunächst gemeinsam nach einigen Gegensätzen dieser Art suchen:

Neptun	**Pluto**
Idealismus	Realismus
Wunsch nach Reinheit und Unversehrtheit	Fähigkeit sich auch unter den Teppich gekehrten Dreck anzuschauen
an die Kraft der Erlösung durch das Göttliche in uns glauben	an die Kraft der Konfrontation mit dem Schatten glauben
Leidenschaftslosigkeit	Leidenschaft, Intensität
Opfer- oder Retterhaltung	Täter-Opfer-Wechselspiel

Versuchen Sie jetzt noch einmal selbst, zu einigen weiteren Begriffen Gegensätze zu finden, die dem jeweiligen Prinzip entsprechen:

Neptun	**Pluto**
Ewigkeit, Unvergänglichkeit	?
?	Extremismus
Loslassen, Vertrauen	?
?	Abhängigkeit
Barmherzigkeit	?
?	Bindung, Fixierung
Grenzenlosigkeit, Strukturlosigkeit	?
?	Besessenheit, Zwanghaftigkeit
die Fülle der Möglichkeiten	?
?	der Blick durch das Zoomobjektiv
der blinde Fleck, die fehlende Vorgabe	?
?	Wahrheit, Unbestechlichkeit

Lesen Sie hier unsere Vorschläge für mögliche Gegensatzpaare:

Neptun	**Pluto**
Ewigkeit, Unvergänglichkeit	Wandlungsprozesse, sterben und geboren werden
Nivellierung, Vereinheitlichung	Extremismus
Loslassen, Vertrauen	Perfektionsdrang, Wunsch nach Kontrolle
Bindungslosigkeit	Abhängigkeit
Barmherzigkeit	Gnadenlosigkeit
Unentschiedenheit	Bindung, Fixierung
Grenzenlosigkeit, Strukturlosigkeit	Klarheit, Struktur
Gleichgültigkeit	Besessenheit, Zwanghaftigkeit
die Fülle der Möglichkeiten	die getroffene Wahl
die Weitwinkelaufnahme	der Blick durch das Zoom
der blinde Fleck, die fehlende Vorgabe	die Vorstellungsfixierung
Verschleierung, Betrug	Wahrheit

Stellen Sie sich vor, dass Sie in einer Art Raumschiff sitzen. Sie fühlen sich wohl und sicher und können alles um Sie herum sehen. Sie spüren, wie das Raumschiff sich langsam in Bewegung setzt und abhebt. Sie entfernen sich mehr und mehr vom Boden, von der Erde. Schon sehen Sie, wie klein alles wirkt - die Häuser, die Straßen, die Berge und Seen. Sie schwebst weiter und weiter von der Erde weg ins All. Unendliche Weiten umfangen Sie. Sie spüren, wie groß das Universum ist und wie alles Kleine relativ und unbedeutend wird. Sie reisen weiter und weiter, bis Sie schließlich in der Ferne einen glitzernden blaugrünen Planeten schimmern sehen. Er wirkt kühl und schimmernd und faszinierend. Seine Grenzen verschwimmen – mal scheint er mit dem All zu verschmelzen, mal sehen Sie ihn deutlich.

Sie kommen näher und sehen, wie er seine Gestalt wandelt. Wie eine Masse aus flüssigem Gas, die jede Form annehmen kann, verwandelt er sich. In ihm liegen Ihre tiefsten Sehnsüchte verborgen, er nimmt jede Form an, die Sie sich wünschen. Sie sehen ihn jetzt deutlich vor sich. Schauen Sie sich eine Weile sein Farben- und Formenspiel an. Welche Fülle von Formen liegen hier für Sie verborgen?

Bevor es Zeit wird, sich zu verabschieden, können Sie Neptun eine Frage stellen. Sie können ihn zum Beispiel fragen, welche Möglichkeiten im Leben er für Sie bereithält. Sie können ihn nach seinen Geheimnissen fragen, den Inspirationen, die er für Sie bereithält, oder nach Ihren tiefsten unbewussten Sehnsüchten. Überlegen Sie sich ganz in Ruhe, was Sie ihn fragen möchten. Jede Frage, die Ihnen einfällt, ist richtig.

Stellen Sie ihm Ihre Frage jetzt.

Die Antwort kommt möglicherweise nicht direkt. Das macht nichts. Sie werden Sie vernehmen, wenn die Zeit dazu reif ist.

Es wird nun Zeit, sich zu verabschieden. Bedanken Sie sich bei Neptun und kehren Sie ihm den Rücken zu. Sie fliegen durch das All wieder nach Hause, der Erde entgegen. Schon bald können Sie sie sehen. Sie wird deutlicher, Berge und Flüsse werden erkennbar. Sie sehen Städte, Wälder, Häuser, Straßen und Menschen.

Ganz sanft landen Sie. Sie steigen aus und sind wieder auf der Erde. Stellen Sie beide Füße mit der ganzen Sohle fest auf den Boden und spüren Sie Ihr Gewicht. Strecken und recken Sie sich. Kommen Sie langsam wieder zu sich und öffnen Sie die Augen. Kehren Sie ganz behutsam ins Hier und Jetzt zurück.

Fantasiereise zu Pluto

Bei dieser Fantasiereise sollten Sie sich von einer Person Ihres Vertrauens vorlesen lassen. Da es möglich ist, dass Sie an einer bestimmten Stelle innehalten möchten, dürfen Sie bei dieser Reise ruhig sprechen, wenn es Ihnen wichtig ist, Ihrem Vorlesepartner etwas mitzuteilen.

Setzen Sie sich bequem hin, mit den Füßen fest auf dem Boden, die Beine nebeneinander. Schließen Sie die Augen, und atmen Sie ein paar Male tief ein und aus. Wenn alle Anspannung aus Ihnen gewichen ist, zählen Sie langsam mit jedem Atemzug von 10 rückwärts bis 0. Mit jeder Zahl stellen Sie sich vor, dass Sie eine Treppe hinuntersteigen. Jede Ziffer ist eine Treppenstufe. Mit jedem Schritt der Null entgegen geht es einen weiteren Schritt in die Tiefe, einen Schritt mehr in die Dunkelheit.

Sie brauchen keine Angst zu haben, es ist nichts anderes als eine Reise zu Ihrem Inneren. Sollte Sie die Vorstellung hinunterzusteigen dennoch ängstigen, dann überspringen Sie diese Übung. Wenn Sie die Schritte gehen und an einem bestimmten Punkt ängstlich werden, halten Sie an, bleiben Sie innerlich stehen. Sie haben jetzt die Chance, Ihre Angst zu spüren, ohne dass Ihnen wirklich Gefahr droht. In unserem Unbewussten sitzen viele Ängste und Sorgen – unsere inneren Dämonen. Wie ein Dämon in einem Traum haben Sie nur solange Macht über uns, wie wir vor ihnen davonlaufen. Sobald wir ihnen jedoch ins Auge blicken, uns dem, was uns ängstigt, stellen, schrumpft das große Monster der Angst zu einem kleinen harmlosen Hündchen. Die Angst hat es erst so groß werden lassen, sie hat das Monster gefüttert. Seien Sie sich bewusst, dass Sie Ihren Gang in die Tiefe jederzeit stoppen, verzögern oder abbrechen können.

Steigen Sie also langsam und in Ihrem eigenen Tempo die Stufen hinab. Wenn Sie bei Null ankommen, stehen Sie in einem dunklen Kellerraum, in dessen hinterster Ecke sich eine Kiste verbirgt. Haben Sie den Mut, sich dorthin vorzutasten? Sie können kein Licht anschalten, es ist stockfinster. Fühlen Sie die Kiste, riechen Sie sie. Wie fühlt sie sich an? Woran erinnert sie der Geruch? Möchten Sie die Kiste öffnen? Dann ertasten Sie jetzt mit Ihren Händen das Schloss. Können Sie es öffnen? Brauchen Sie einen Schlüssel dafür? Falls ja, ist er irgendwo in diesem Raum? Oder müssen Sie zuvor etwas tun, um den Schlüssel zu erhalten? Dann gehen Sie wieder nach oben und kommen zu einem späteren Zeitpunkt hierher zurück.

Falls Sie Ihre Kiste öffnen können und wollen, tun Sie das jetzt. Sie werden einen Schatz darin finden. Es ist Ihr Schatz, Ihr Geheimnis, Ihr Schlüssel zu innerem Reichtum. Verbringen Sie Zeit mit Ihrem Schatz, und entscheiden Sie dann, ob Sie ihn mit sich nach oben nehmen oder ihn wieder in die Kiste zurücklegen wollen. Beides ist möglich.

Wie dem auch sei, wenn Sie nun Ihren Gang nach oben antreten, seien Sie sich bewusst, dass Sie hier unten etwas sehr Wertvolles aufbewahren. Gehen Sie jetzt die Treppe Schritt für Schritt wieder hinauf und zählen Sie dabei von 0 bis 10. Wenn Sie zehn gezählt haben, sind Sie wieder hier, können sich recken und strecken und Ihre Augen öffnen.

Neptun in den Tierkreiszeichen

Nun wollen wir uns der Aufgabe stellen, das Prinzip des Planeten Neptun mit Eigenschaften zu verbinden, die einem bestimmten Tierkreiszeichen zugeordnet werden. Erinnern wir uns daran, was wir über das Zeichen Jungfrau gesagt haben.

Zum Prinzip dieses Zeichens gehören unter anderem folgende Farben und Eigenschaften: *Alle Naturtöne, dezente Farben, opportunistisch, effektiv, perfektionistisch, vernünftig, methodisch, umsichtig, vorsorgend.*

Wir wollen uns nun auf einer möglichst bildhaften Ebene vorstellen, wie Neptun in diesem Zeichen aussehen könnte. Stellen wir uns Neptun einmal als Traum vor, als einen Wunsch nach der Erfüllung von Sehnsüchten. Wie färbt das Zeichen Jungfrau diesen Traum nun ein? Wovon genau träumt Neptun in Jungfrau?

Dieser Traum hat etwas Bodenständiges, er bezieht sich möglicherweise auf sehr reale Dinge, auf Machbares und Realisierbares. Es ist der Traum davon, sich alle Situationen nutzbar machen zu können, in jeder Lebenslage zurechtzukommen, ganz gleich, wie schwierig sie auch sein mag. Es ist der Traum davon, das Leben durch Vorsorge absichern zu können, ihm seine Unberechenbarkeit zu nehmen, es überschaubar und vorhersagbar zu machen. Hier könnten wir uns einen Menschen vorstellen, der darauf hofft, mithilfe seiner Versicherungen, Kranken- und Rentenvorsorge niemals in Not zu geraten.

Neptun in Jungfrau ist auch der Traum davon, mit den vorhandenen Mitteln ein Höchstmaß an Effektivität zu erzielen. Es ist der Traum von perfekten Methoden, die dem Überleben, der Sicherung und der Gesunderhaltung dienen. Hierzu fällt Ihnen vielleicht ebenfalls ein Bezug zu technischen Geräten, zu Wissenschaft, Medizin und Technologie ein. Mit Neptun in der Jungfrau träumen wir davon, die richtige Methode zu finden, die alles heilen kann, das richtige Gerät zu entwickeln, das jedes Problem löst. Wir hoffen, wenn wir nur alle Details berücksichtigen, analytisch und umsichtig genug vorgehen, dass dann alles gut wird.

Sie ahnen sicherlich schon, dass dieser Traum zwar etwas ist, das uns innerlich antreibt, der jedoch in der Form wie wir ihn träumen mögen, nicht realisierbar ist. In unserem neptunischen Wunsch nach Erlösung schwingt immer auch ein Großteil Illusion mit, die sich irgendwann dem Prozess der Desillusionierung unterziehen muss. Doch da, wo Neptun steht, sind wir immer ein bisschen blind für die Realität und folgen unserem Traum. Zum Glück! Denn würden wir es nicht versuchen, wir hätten niemals ein Stückchen Himmel auf Erden.

Ihre Aufgabe ist es nun, für die anderen elf Zeichen ebenfalls Traumbilder zu entwickeln. Wie sieht ein Widder-Traum aus? Wie der Traum von Neptun in Krebs? Lassen Sie Ihrer Fantasie freien Lauf – träumen Sie. Und wenn der Traum geträumt ist, machen Sie sich ein paar Notizen.

Wer sich zu dem ein oder anderen Tierkreiszeichen gar nichts erträumen kann, der darf sich von unseren Traum-Titeln inspirieren lassen.

Der Traum von Neptun in Widder: Der Traum des Helden, der die Welt rettet

Der Traum von Neptun in Stier: Der Traum vom Schlaraffenland

Der Traum von Neptun in Zwillinge: Der Traum von der Allwissenheit

Der Traum von Neptun in Krebs: Der Traum von der ewigen Geborgenheit

Der Traum von Neptun in Löwe: Der Traum vom Leben als Spiel

Der Traum von Neptun in Jungfrau: Der Traum von der Perfektion des Daseins

Der Traum von Neptun in Waage: Der Traum von Gleichheit und Gerechtigkeit

Der Traum von Neptun in Skorpion: Der Traum von Beherrschung durch Macht

Der Traum von Neptun in Schütze: Der Traum von der Errettung durch den Glauben

Der Traum von Neptun in Steinbock: Der Traum von der Einheit aller Strukturen

Der Traum von Neptun in Wassermann: Der Traum von der grenzenlosen Kommunikation

Der Traum von Neptun in Fische: Der Traum von der spirituellen Einheit aller Völker

Neptun in den Häusern

Versuchen wir uns nun auch an der Deutung der Position des Neptun in den Häusern. Während sich die Deutung dieses langsam laufenden Planeten in den Zeichen auf Generationen erstreckt, ist seine Bedeutung in den Häusern sehr viel individueller. Neptun in den Zeichen ist der kollektive Traum, den die Menschheit träumt, Neptun im Haus zeigt, wo wir als Individuen an diesen Traum gekoppelt sind und wie er unsere eigenen Träume prägt.

Neptuns blinde Flecken

Wenn wir träumen, dann sehen wir die Fülle der Möglichkeiten. Und damit wir diese Fülle auch wirklich wahrnehmen können, dürfen wir keinen eingeschränkten Blickwinkel einnehmen. Deshalb haben wir dort, wo Neptun steht, meist keine wirkliche reale Vorgabe bekommen, kein echtes Vorbild aus Fleisch und Blut erfahren. Wir haben lediglich eine vage Vorstellung davon, wie unser Traumbild aussehen könnte, wir haben ein Ideal, aber nichts Greifbares. Dieser Zustand lässt uns häufig recht lange in einem Gefühl der Unklarheit verharren, was Neptun betrifft. Wir wissen nicht genau, wo es langgeht, wir ertasten unseren Weg. Und wir tappen dabei auch in Fallen, die wir im Nebel übersehen haben. Wo Neptun steht, haben wir blinde Flecken. Dies macht sich im persönlichen Leben vor allem in dem Haus bemerkbar, in dem Neptun steht.

Wir zählen Ihnen im Folgenden ein paar blinde Flecken auf, die Sie bitte einer Häuserposition Neptuns zuordnen. Beachten Sie dabei bitte, dass möglicherweise einige Häuser mehrfach vorkommen oder ein anderes vielleicht gar nicht mit dabei ist. Unsere Auflösung finden Sie im Anschluss an die Übung.

1. „Ich habe kein Gefühl für meinen Körper."
2. „Ich weiß nicht, wer meine Eltern sind."
3. „Ich fühle mich keiner Gruppierung zugehörig."
4. „Ich gerate immer an Partner, die ich nicht haben kann."

5. „Ich weiß nicht, wie viel Geld ich auf dem Konto habe."
6. „Ich komme mit meinem Alltag nicht zurecht."
7. „Ich werde oft übersehen."
8. „Ich weiß nicht, was mir wirklich Spaß macht."
9. „Ich habe keine Träume."
10. „Ich kann mich nicht binden."
11. „Ich kann mich für keinen Beruf entscheiden."
12. „Ich habe keine Meinung – mir ist alles egal."
13. „Ich habe keine Vorurteile."
14. „Ich weiß nicht, was ich sagen soll."
15. „Ich weiß nicht, wie ich mich durchsetzen soll."

So würden wir das Rätsel auflösen:

1. Neptun in Haus 2
2. Neptun in Haus 4
3. Neptun in Haus 11
4. Neptun in Haus 7
5. Neptun in Haus 2
6. Neptun in Haus 6
7. Neptun in Haus 3
8. Neptun in Haus 5
9. Neptun in Haus 12
10. Neptun in Haus 8
11. Neptun in Haus 10
12. Neptun in Haus 9
13. Neptun in Haus 8
14. Neptun in Haus 3
15. Neptun in Haus 1

Sollten Sie zu anderen Ergebnissen gekommen sein, so muss das noch nicht falsch sein. Überlegen Sie, was Sie zu Ihrer Interpretation veranlasst hat. Ist dies möglicherweise ein Thema, das sich auf unterschiedliche Art in zwei verschiedenen Häusern wiederfindet? Dann ist wahrscheinlich auch Ihre Antwort richtig.

Nachdem Sie nun Gelegenheit hatten, Neptuns Träume in den verschiedenen Tierkreiszeichen zu träumen und uns seine blinden Flecken in den verschiedenen Häusern anzusehen, wollen wir nun die Deutung von Neptun im Zeichen mit seiner Position im Haus verbinden. Wir bleiben dabei bei unserem Neptun-in-Jungfrau-Traum, und schauen einmal, wie er sich in unterschiedlichen Häusern jeweils anders entfaltet. Nutzen Sie Neptuns Inspiration und Fantasie, um sich in eine reiche Bilderwelt zu begeben und sich Geschichten auszudenken, diese auszuschmücken und so greifbar wie möglich vor Ihrem inneren Auge zu sehen. Die ersten Geschichten spinnen wir gemeinsam.

Neptun in Jungfrau im siebten Haus

Neptun träumt also noch immer seinen Traum von der Perfektion. Diesen Traum von der Perfektion überträgt er nun im siebten Haus auf andere Menschen. Doch wo Neptun steht, stoßen wir zunächst auf Unklarheit, Chaos und blinde Flecken. Womöglich sehen wir mit Neptun in Haus sieben gar nicht so genau, wer unser Gegenüber ist, welche Motivationen er mitbringt, was er braucht oder was er von uns möchte. Wir sind mit dieser Konstellation schnell dazu bereit, ein Idealbild auf einen anderen Menschen zu übertragen, dem dieser in den seltensten Fällen gerecht werden kann.

Da wir wissen, dass ein Mensch mit Jungfrau im siebten Haus einen Fische-Aszendenten hat, können wir annehmen, dass wir es mit einem sehr mitfühlenden und möglicherweise sehr hilfsbereiten Menschen zu tun haben. Vielleicht sucht er beständig nach Methoden, wie er andere Menschen retten kann. Er könnte Arzt oder Heilpraktiker sein und sich der Suche nach lebensunterstützenden Maßnahmen verschreiben. Er könnte auch Chemiker sein, der sein Leben lang Medikamente erforscht, die Leben retten sollen. Oder es könnte sich um eine Künstlerin handeln, deren Bilder andere Menschen als heilsam empfinden.

Wie dem auch sei, die Menschen in der Umgebung bekommen Neptun in seinen positiven wie negativen Auswirkungen zu spüren – als heilsame Unterstützung, als idealistische Überforderung, als quälende Unklarheit oder als rettende Hilfe.

Neptun in Jungfrau im vierten Haus

Im Gegensatz zum siebten Haus, das doch recht öffentlich ist, handelt es sich beim vierten Haus um unseren ganz privaten Bereich, um unsere Beziehung zu unserer Herkunft, unsere Wurzeln, unser Gefühl von Heimat und Zugehörigkeit. Mit Neptun haben wir hier möglicherweise mit quälenden Zweifeln zu tun, die es uns erschweren, uns so ganz mit unserer Herkunft zu identifizieren. Das, was wir da sehen, wollen wir nicht wahrhaben, und deswegen sehen wir es auch nicht wirklich. Vielleicht ist uns etwas über unsere Herkunft unbekannt, vielleicht gefällt uns unsere Abstammung nicht, vielleicht können wir uns einfach nicht mit dem identifizieren, was uns zu Hause vorgelebt wurde.

Wir wissen jedenfalls nicht so ganz, wohin wir gehören, und damit auch nicht, wer wir wirklich sind. Uns fehlt eine klare Vorgabe, ein Vorbild dafür, wie ein Mensch sein könnte, der in sich selbst ruht und aus seinen Wurzeln gespeist wird.

Mit Neptun in Jungfrau versuchen wir möglicherweise, diesen „Defekt" durch ein perfektes, lückenloses Bild von Heim und Zugehörigkeit zu verdecken. Wir geben uns enorme Mühe, niemanden dieses Gefühl von Mangel sehen zu lassen – schon gar nicht uns selbst. Mit Akribie, Fleiß und Detailversessenheit schaffen wir uns – zumindest äußerlich – das, was uns innerlich fehlt: ein Identitätsgefühl. Die perfekte Einbauküche oder der perfekte Garten, das Gefühl, von der Familie gebraucht zu werden und immer für alle da zu sein, ersetzt dann unter Umständen die schmerzlich vermisste Suche nach dem Ich.

Doch auch diese Illusion Neptuns bröckelt eines Tages unweigerlich in sich zusammen, und lässt die Fülle der Möglichkeiten sichtbar werden, die Träume, Sehnsüchte und Ideale, die in diesem Menschen stecken. Und wenn er ihnen dann mutig folgt, wird er sie besser verwirklichen können als jeder andere.

Eigene Beispiele finden

Deuten Sie weitere Beispiele, vielleicht Ihren eigenen Neptun in seinem Haus und Zeichen, oder den Ihres Partners oder Ihrer Partnerin oder auch einfach ein fiktives Beispiel. Bleiben Sie auf einer möglichst bildhaften Ebene. Stellen Sie sich Neptun als Traum, als blinden Fleck, als Ideal oder als Illusion in der entsprechenden Umgebung vor und färben Sie ihn dann mit der Energie des Tierkreiszeichens ein. Wenn Sie einmal keine Idee haben sollten, können Sie sich natürlich von unserer Begriffssammlung zu den Tierkreiszeichen, den Planeten und Häusern inspirieren lassen. Doch vertrauen Sie bitte wie immer vor allem auf Ihre eigene Intuition!

Pluto in den Tierkreiszeichen

Um ein Gefühl für Pluto in den Tierkreiszeichen zu erhalten, picken wir aus den oben gefundenen Begriffen einige heraus und kombinieren sie nach bewährter Manier mit den Eigenschaften der Tierkreiszeichen.

Wählen Sie aus folgenden Begriffen jeweils einen aus, den sie mit einer Tierkreis-Eigenschaft oder -Färbung verbinden:

Wunsch nach Kontrolle, Intensität, Leidenschaft, Extremismus, feste Vorstellung, Wandlungsprozesse, Wahrheit, Unbestechlichkeit, Macht.

Pluto im Tierkreiszeichen	**Kombination der Begriffe**
Pluto in Widder	
Pluto in Stier	
Pluto in Zwillinge	
Pluto in Krebs	
Pluto in Löwe	
Pluto in Jungfrau	
Pluto in Waage	
Pluto in Skorpion	
Pluto in Schütze	
Pluto in Steinbock	
Pluto in Wassermann	
Pluto in Fische	

Unsere Vorschläge für Sie:

Pluto im Tierkreiszeichen	**Kombination der Begriffe**
Pluto in Widder	ungezähmte Intensität
Pluto in Stier	sinnliche Leidenschaft
Pluto in Zwillinge	rhetorische Macht
Pluto in Krebs	familiäre Wandlungsprozesse
Pluto in Löwe	persönliche Macht
Pluto in Jungfrau	zwanghafte Vorstellungen
Pluto in Waage	soziale Kontrolle
Pluto in Skorpion	drastischer Extremismus
Pluto in Schütze	grenzüberschreitende Wahrheit
Pluto in Steinbock	aufrichtige Unbestechlichkeit
Pluto in Wassermann	bizarre Vorstellungen
Pluto in Fische	subtile Wandlungsprozesse

Pluto-Persönlichkeiten

Unsere Vorschlägen der vorangehenden Übung sowie Ihre eigenen Ideen lassen sich noch weiter ausschmücken. Wie würde ein Mensch handeln, der eine der oben genannten Kombinationen zutiefst symbolisiert? Wie würde er sich im Alltag verhalten, welche Dinge würde er mit Vorliebe tun? Versuchen Sie sich, in ein oder zwei beispielhafte Kombinationen hinzuversetzen und entwickeln Sie ein Gesamtbild von diesem Menschen. Machen Sie sich Notizen oder zeichnen, malen oder skizzieren Sie, was Sie vor Ihrem inneren Auge sehen.

Pluto in Löwe – Persönliche Macht.
Annette hat sich ihr Leben lang mit dem Thema auseinander setzen müssen, ob sie sich persönlich als machtlos oder als mächtig erlebt. Schon als kleines Mädchen hatte sie es nicht leicht. Sie wuchs mit drei älteren Brüdern auf, die sie gern drangsalierten. Ob es nun ihr Spielzeug war, das gerade einer von den Dreien brauchte und ihr wegnahm, oder ihre Handlangerdienste, auf die ihre Brüder Anspruch erhoben – immer schon musste sie sich damit

auseinander setzen, dass es Menschen in ihrer Umgebung gibt, die mächtiger zu sein scheinen als sie selbst. Später waren es dann ihre Vorgesetzten, die vielfach Dinge von ihr verlangten, die ihr gegen den Strich gingen. Exzessive Überstunden, totaler Einsatz für die Firma – dies ging bis an den Rande ihrer Gesundheit. Solange, bis sie sich bewusst wurde, dass sie niemand anderem die Macht über sich selbst geben darf, auch nicht, wenn er scheinbar stärker ist als sie selbst. An dem Tag, als sie anfing, „nein" zu sagen, begann eine neue Ära ihres Lebens. Sie spürte auf einmal, dass *sie* Macht über sich selbst und sogar über andere hatte. Denn offenbar war man an ihr interessiert, an ihren Fähigkeiten, ihrer Kompetenz, ihrer Persönlichkeit. Sie *war* jemand. Dieses neue Gefühl reifte in ihr heran und lies sie zu einer Frau werden, die den Umgang mit Macht nicht auf die leichte Schulter nimmt. Heute leitet Annette Fortbildungsseminare für Führungskräfte in hohen, verantwortlichen Positionen und schult andere im Umgang mit ihrer persönlichen Macht.

Pluto in den Häusern

Wenn Sie obige Beispielbeschreibung von Pluto in Löwe lesen, dann fällt Ihnen vielleicht auch ein, in welchem Haus von Annette Pluto stehen könnte. Es ist von Brüdern die Rede, von denen sie viel über Macht lernte – Pluto könnte also im dritten Haus der Geschwister stehen. Die Vorgesetzten wiederum könnten auf das zehnte Haus verweisen, doch die Seminartätigkeit passt wieder gut auf das dritte Haus des Lernens und Vermittelns. Wir können hier zwar keine eindeutige Antwort geben, doch eine Tendenz ist erkennbar. Vielleicht erkennen Sie auch in Ihren eigenen Beschreibungen ein Haus, einen Lebensbereich, der angesprochen wird. Häufig erzählen die Geschichten, die wir selbst schreiben, etwas von uns. So ist es gut möglich, dass Ihre Geschichte Ihnen etwas über sich selbst erzählt – etwas, das Sie vielleicht noch gar nicht wussten oder nur vermuteten.

In welchem Haus steht Pluto?

Wir möchten Sie einladen, astrologisch „hören" oder „wahrnehmen" zu lernen. Wenn Sie eine Geschichte lesen, finden Sie die astrologische Symbolik darin wieder, denn es ist eine universelle Symbolik. Wenn Ihnen jemand etwas erzählt, steckt es ebenfalls voll astrologischer Sprache, und Sie können sie entschlüsseln.

„Hören“ Sie den folgenden Ausführungen gut zu und versuchen Sie, heraus zu hören, in welchem Haus sich Pluto bei der betreffenden Person befindet. Auch hier sind Wiederholungen oder Auslassungen von Häusern möglich.

1. „Der Medienmogul R. Fischer hält an den drei weltweit größten Fernsehsendern mehr als 50% der Anteile.“
2. „Wenn sie mich so anschaut, dann wird mir immer ganz anders. Sie hat dann einen so intensiven Blick, als könnte sie durch mich durch sehen. Das ist mir immer ganz unheimlich.“
3. „Wir hatten wirklich Glück, den Kredit zu bekommen. Der Banker, der uns betreut hat, ist ganz besonders genau bei der Überprüfung seiner Kunden. Normalerweise ist er wohl auch nur für Großkunden zuständig – er geht täglich mit mehreren Millionen Euro um, die er im Namen der Bank verleiht.“
4. „Wenn sie ganz bei der Sache ist, dann bekommen ihre Worte ein unglaubliches Gewicht. Sie spricht dann mit dieser merkwürdigen Betonung und einer ganz einschmeichelnden Stimme, so als wollte sie einen hypnotisieren.“
5. „Sie war so eine Art Vorbild für mich, weil sie es geschafft hat, ein Netzwerk zu gründen, das heute wegweisend ist. Anfangs waren das knapp 100 kleine Firmen, die um ihre Existenz kämpften, und sie hat es geschafft, alle unter einem Dach zu einen.“
6. „Du müsstest einmal sehen, wie er tanzt! So leidenschaftlich, so ganz bei der Sache, so hochgradig konzentriert habe ich ihn noch nie zuvor gesehen.“
7. „Meine Großmutter war eine bemerkenswerte Frau – sie hatte sieben Kinder, die alle kurz vor, während oder nach dem Krieg zur Welt kamen, ihr Mann kam kriegsversehrt zurück und sie schaffte es dennoch, die Familie zusammen zu halten und durchzubringen.“
8. „Ich war gestern seit langem mal wieder in der Kirche, und ich muss sagen, ich bin total begeistert! Der Pfarrer hat eine mit-

reißende Predigt gehalten, unglaublich eindrücklich und intensiv. Von gähnender Langeweile kann da keine Rede sein!"

9. „Er steht ganz unter der Fuchtel seiner Frau. Er trifft nicht eine einzige Entscheidung ohne sie. Letzens hat er sogar den Lebensmittellieferanten unverrichteter Dinge fahren lassen, weil er nicht wusste, ob seine Frau lieber tiefgekühlte Erbsen oder Bohnen kaufen würde – unglaublich!"
10. „Ich habe gestern völlig zufällig – und ohne es zu wissen – den Konzernchef kennen gelernt, und ob du es glaubst oder nicht: Er war richtig nett! Keine Spur von Arroganz oder Machtgehabe. Er hat sich lange mit mir unterhalten, und es war ein äußerst anregendes Gespräch. Dass er Dr. Haberscheid ist, hab ich dann erst später erfahren."
11. „Sie glaubt, mit Geld könne man alles kaufen. Nicht ein einziges Stück werde ich ihr verkaufen, und wenn sie mir Hunderttausend Euro dafür bietet!"
12. „Wenn er den Raum betritt, merke ich das sogar, wenn ich mit dem Rücken zur Tür stehe. Er hat so eine intensive Ausstrahlung, hast du das auch schon bemerkt?"

Eine mögliche Auflösung:

1. Pluto in Haus 12
2. Pluto in Haus 1
3. Pluto in Haus 8
4. Pluto in Haus 3
5. Pluto in Haus 11
6. Pluto in Haus 5
7. Pluto in Haus 4
8. Pluto in Haus 9
9. Pluto in Haus 7
10. Pluto in Haus 3
11. Pluto in Haus 2
12. Pluto in Haus 1

Um nun beides, Zeichenstand und Hausposition, miteinander zu kombinieren, bieten wir Ihnen eine weitere Übung an.

Wir nennen Ihnen im Folgenden den Stand Plutos in drei Zeichen. Beschreiben Sie die Aufgabenstellung, die Pluto hier mit sich bringt, als kollektives Thema für eine bestimmte Generation von Menschen. Da Pluto sehr lange in einem Tierkreiszeichen verweilt (zwischen 11 und 29 Jahren – vergleichen Sie dies mit den Umlaufzeiten der Planeten durch den Tierkreis auf Seite xx), muss sich eine ganze Generation von Menschen zur gleichen Zeit mit dieser Pluto-Färbung befassen. Beleuchten Sie sowohl die eine Seite, die bedeuten kann, dass dieses Thema kollektiv verdrängt wird, als auch die andere Seite, die bedeuten kann, dass mit diesem Thema machtvolle Veränderungen einhergehen.

Zum Beispiel Pluto in Zwillinge: Unterdrückung von Information, Kommunikation und Austausch bzw. machtvolle Veränderungen im Bereich des Informationsflusses (Presse, Film etc.) und der Fortbewegung (neue Fortbewegungsmittel)

Wie könnte dies für folgende Pluto-Stellungen im Tierkreis aussehen:

- Pluto in Krebs
- Pluto in Waage
- Pluto in Schütze

Bevor Sie sich unserem Deutungsvorschlag zuwenden, sollten Sie sich auf jeden Fall eigene Gedanken gemacht und einige Bilder vor Ihrem inneren Auge entstehen lassen haben.

Unsere Vorschläge:
Pluto in Krebs: Unterdrückung des Privatlebens und der Emotionen bzw. machtvolle Veränderungen im häuslichen und familiären Bereich sowie in Bezug auf die Heimat.

Pluto in Waage: Verdrängung der Begegnung bzw. des Gegners, Angst vor Konfrontation bzw. machtvolle Veränderungen im Bereich diplomatischer Beziehungen.

Pluto in Schütze: Verdrängung von Glaubensunterschieden, Unterdrückung des Konfliktpotenzials aus unterschiedlichen Weltanschauungen bzw. machtvolle Umwälzungen auf dem Gebiet der Weltreligionen und Glaubensthemen

Im Weiteren nennen wir Ihnen drei Häuser im Horoskop, die Sie dann beliebig mit den vorgenannten Tierkreis-Themen kombinieren können. Denken Sie dabei daran, dass sich das beschriebene kollektive Tierkreisthema mit dem persönlichen Häuserthema des Horoskopinhabers verbindet. Berücksichtigen Sie auch hier, dass es eine negative Seite geben kann, die sich durch Angst vor Verlust und durch zwanghafte Verhaltensweisen bemerkbar macht, und eine positive Seite, die einen das betroffene Häuserthema sehr intensiv und tiefgründig erleben lässt.

Zum Beispiel Pluto in Zwillinge im zehnten Haus: „In meinem Beruf habe ich mit machtvollen Veränderungen im Bereich des Informationsflusses zu tun. Durch neue Formen der Kommunikation (Presse, Film und Fernsehen) tun sich hier ganz neue Möglichkeiten der Informationsweitergabe auf. Doch ich schätze es nicht, wenn meine Kollegen zu viel wissen. Bestimmte Informationen, an die ich aufgrund meiner Kontakte herankomme, behalte ich für mich. Zuweilen bin ich sogar dazu verpflichtet zu schweigen. Mein Wissen ist eine Quelle der beruflichen Macht für mich."

Hier nun die Häuser für die Übung, die Sie bitte nach Belieben mit den weiter oben beschriebenen Tierkreisthemen verbinden:

- Pluto in Haus 1
- Pluto in Haus 6
- Pluto in Haus 11

Haben Sie eigene Bilder entwickelt? Dann dürfen Sie sich jetzt selbstverständlich auch unsere Beispieldeutungen anschauen!

Unsere Vorschläge

Pluto in Krebs im ersten Haus: „Bei uns zu Hause wurde nicht viel davon gehalten, wenn man allzu emotional ist. Da ich der Älteste von vier Geschwistern bin, hieß es immer: 'Du bist doch ein großer Junge, nun stell dich nicht so an! Jungs weinen nicht.'

So musste ich meine Gefühle immer unterdrücken. Auch als Erwachsener konnte ich dann nur sehr schwer sagen oder überhaupt wissen, was ich fühle. Dies hat es mir nicht leicht gemacht, mich selbst zu verstehen. Ich habe mich viele Jahre mit Psychologie befassen müssen, bevor ich das nur annähernd konnte. Doch mit Hilfe der Psychologie habe ich einen sehr tiefen Zugang zu allem Menschlichen erhalten, und im Nachhinein bin ich dafür sehr dankbar."

Pluto in Waage im sechsten Haus: „Ich arbeite für eine Schiedsstelle. Die Menschen, mit denen ich es zu tun habe, sind auf irgendeine Art in Feindschaft oder Gegnerschaft zueinander geraten, und würden sich am liebsten nicht mehr ins Gesicht schauen müssen. Doch häufig schaffen wir es, sie zu einer befreienden Konfrontation zu bewegen, die sie am Ende nicht selten wieder einander wohl gesonnen, wenn nicht sogar verbündet, macht. Die Harmonie, die durch durchlebte Krisen und Konflikte entsteht, ist viel tiefer als die vorherige Harmonie, die noch keine Entzweiung kannte. Ich habe mich schon oft gefragt, warum ich gerade diese Arbeit tue. Mir scheint, es hat viel mit meiner eigenen Konflikt- und Begegnungsscheu zu tun."

Pluto in Schütze im elften Haus: „Ich bin gebürtige Deutsche, meine Mutter ist Ägypterin, mein Vater Perser. Ich arbeite für das Komitee über die Beseitigung von Rassendiskriminierung der Vereinten Nationen. Wir haben vor kurzem einen Entschluss verabschiedet, der weit reichende Folgen im Konflikt zwischen Israel und Palästina haben wird. Ich muss mich täglich mit Glaubens- und Rassendiskriminierung und möglichen Maßnahmen zu ihrer Veränderung befassen. Zuweilen sind die Entscheidungen so schwierig, dass man mit der Verabschiedung eines Entschlusses schon wieder selbst zum Unterdrücker und Diskriminierer zu werden droht. Ich habe zuweilen echte Zweifel, ob ich nicht manchmal mehr Bock als Gärtner bin. Doch andererseits weiß ich, dass es nur wenige Menschen gibt, die sich so intensiv wie ich mit diesen Konflikten befassen. Daher glaube ich, dass ich dennoch einen guten Beitrag zur Lösung dieser Probleme beitragen kann."

Merkur und Uranus – Zwischenwelten

Bei diesem letzten Planetenpaar haben wir es mit einer ganz anderen Art von Paar zu tun. Diese beiden bilden keine Urpolarität von Eindruck und Ausdruck, von Aufnahme und Abgabe und befinden sich auch nicht auf der gleichen Ebene, wie der der Persönlichkeit von Sonne und Mond, der zwischenmenschlichen Ebene von Venus und Mars oder der sozialen Ebene von Jupiter und Saturn. Man könnte beide zwar einer dieser Ebenen zuordnen, doch im Grunde vermitteln sie zwischen den Ebenen. Und genau da liegt ihre Gemeinsamkeit: Sie sind Vermittler und gehören beide zum Reich des Geistes, des Intellekts und des Austauschs.

Uranus und Merkur im Horoskop

Dabei ist jeder eine Art Bote zwischen den Welten. Während Merkur seine Botenfunktion zwischen den Polaritäten der Ich-Welt Sonne und Mond und den Polaritäten der Du-Welt Venus und Mars ausübt, fungiert Uranus vor allem als Bote zwischen der Wir-Welt von Jupiter und Saturn und der Über-Welt von Neptun und Pluto. In jedem größeren System gibt es Vermittler, Mediatoren und Nachrichtenüberbringer. Es gibt immer Kräfte, die einem größeren Freiheitsgrad an Bewegung unterliegen als der Rest des Systems.

Denken Sie an ein Handelsunternehmen. Neben den vielen Verwaltungstätigkeiten in der Zentrale oder den Verkaufsfilialen gibt es Außendienstmitarbeiter, die regelmäßig von der Zentrale in die Filialen reisen. In den Filialen selbst gehen in bestimmten Rhythmen Lieferungen der Lieferanten ein. Die Zentrale wird von außen mit Post versorgt, die ein Postbote bringt. Falls es ein großes Unternehmen ist, so ist möglicherweise jemand für die Gästebetreuung zuständig, der Kontakt zu Hotels und Kongressveranstaltern hält. Lassen Sie uns im Folgenden gemeinsam eine Liste mit Berufen erstellen, die im weitesten Sinne eine vermittelnde Botschafterqualität haben. Der Archetypus des Botschafters kann sich auf verschiedenste Art und Weise bemerkbar machen. Zum Beispiel gehört der Ausdruck in Sprache und Schrift dazu, ebenso der Handel mit Gütern und Dienstleistungen. Welche Berufe oder Tätigkeiten fallen Ihnen dazu ein?

Der Archetypus des Botschafters und Vermittlers

Postbotin, Lieferant, Vertreter, Spediteur, Übersetzerin, Dolmetscher, Reporter, Journalistin, Redakteur, Moderatorin, Radiosprecher, Verleger, Pressesprecherin, Grafikerin, Werbefachmann, Schriftstellerin, Sekretär, Lehrerin, Informatiker, Telefonistin, Mitarbeiter in einem Call-Center, Lastwagenfahrer, Busfahrer, Pilotin, Händler, Verkäuferin, ...

Wenn Ihnen selbst noch weitere Berufe einfallen, fügen Sie diese der Liste hinzu. Wir wollen nun schauen, welche Eigenschaften für diese Berufe insbesondere nötig sind, um zu erfahren, was den Archetypus des Botschafters und Vermittlers, und damit unser Planetenpaar, eigentlich auszeichnet.

Fügen Sie hier bitte Eigenschaften ein, die ein Mensch, der diesen Beruf ergreift, Ihrer Meinung nach mitbringen sollte:

Beruf	**Eigenschaft**
Postbotin	
Lieferant, Spediteur	
Vertreter	
Übersetzerin, Dolmetscher	
Reporter	
Journalistin, Redakteur	
Moderatorin	
Radiosprecher	
Verleger	
Pressesprecherin	
Grafikerin, Werbefachmann	
Schriftstellerin	

Sekretär
Lehrerin
Informatiker
Telefonistin, Mitarbeiter in einem Call-Center
Lastwagenfahrer. Busfahrer
Pilotin
Händler, Verkäuferin

Lesen Sie hier unsere Vorschläge:

Beruf	Eigenschaft
Postbotin	Freude an der Bewegung und dem Kontakt, Zuverlässigkeit in Bezug auf die Wahrung des Postgeheimnisses
Lieferant, Spediteur	Logistische Fähigkeiten, gutes Organisationsvermögen in Bezug auf Routenpläne und Frachtkombinationen
Vertreter	Freundlichkeit, gute Kontakt- und Kommunikationsfähigkeit
Übersetzerin, Dolmetscher	sprachliche Fertigkeit, schnelles Denken und Umschalten zwischen den Sprachen
Reporter	Neugier, Interesse am Geschehen und an Informationen, Schlagfertigkeit
Journalistin, Redakteur	Interesse am Geschehen, an Informationen und an der Berichterstattung, Neutralität und Bezug auf Fakten
Moderatorin	Hohe Ausdrucks- und Sprachfertigkeit, Charme
Radiosprecher	Hohe Ausdrucks- und Sprachfertigkeit, angenehme Stimme
Verleger	Interesse an Informationen, Wissen oder Geschichten und deren Weitergabe

Pressesprecherin	sprachliche Fertigkeit, schnelles Denken, gute Präsentationsfähigkeit
Grafikerin, Werbefachmann	Kommunikationstalent, darstellende Fähigkeiten, Einfallsreichtum
Schriftstellerin	Freude an der Informationsweitergabe oder an Geschichten, Ideenreichtum
Sekretär Sektrtärin	Wendigkeit, Flexibilität, Anpassungsfähigkeit
Lehrerin	Freude an der Vermittlung von Wissen und Weisheit
Informatiker	Freude an Informationen und deren Verarbeitung, hohes Abstraktionsvermögen, Einfallsreichtum
Telefonistin, Mitarbeiter in einem Call-Center	Spaß am Sprechen und Kommunizieren
Lastwagenfahrer, Busfahrer	Freude am Unterwegssein, Verantwortungsgefühl für die zu überbringende Fracht
Pilotin	Freude am Überwinden großer Distanzen und am Abstand zum Irdischen, Verantwortungsgefühl für die zu überbringende Fracht
Händler, Verkäuferin	Kommunikations- und Verkaufstalent

Wir können den Archetypus des Botschafters und Vermittlers also wie folgt zusammenfassen:

Merkur und Uranus stehen für Neugier und Interesse, für Freude an Wissen und Informationen. Sie haben einen Bezug zur Kontakt- und Kommunikationsfähigkeit, zu Geschicklichkeit und Wortgewandtheit. Sie sind Ausdruck des Urprinzips vermittelnder und übertragender Kommunikation, der Überbrückung von Gegensätzen, der Unparteilichkeit, Neutralität und Objektivität.

Der Archetypus des Denkers und Erfinders

Dieser Archetypus zeichnet sich weniger durch seine Kommunikationsfähigkeit und Wortgewandtheit aus als mehr durch seine Intelligenz und seinen Einfallsreichtum oder auch seine handwerkliche Geschicklichkeit. Zu ihm gehören technische und wissenschaftliche Berufe wie Naturwissenschaftler, Computerfachleute, Handwerker, Elektrotechniker, Erfinder, Mechaniker, Mathematiker, Architekten, Uhrmacher, Modedesigner sowie alle Arten von Spezialisten. Hier spielen Wissen und dessen geschickte Anwendung eine große Rolle, entweder auf einer materiellen Ebene (Handwerk) oder auf einer denkerischen Ebene (Erfinder). Allen diesem Archetypus unterstehenden Berufen ist gemeinsam, dass sie nach Lösungen für Probleme suchen. Sie benutzen ihr Wissen, ihre intellektuellen oder handwerklichen Fähigkeiten, um etwas zu reparieren, zu verbessern, zu perfektionieren oder völlig neu zu gestalten.

Der Unterschied zwischen Merkur und Uranus

Bislang haben wir uns darauf beschränkt, die Archetypen zu beschreiben, denen sowohl Merkur als auch Uranus unterstehen. Doch gibt es zwischen beiden natürlich auch Unterschiede, die wir nun herausarbeiten wollen. Ein ganz grundlegender Unterschied besteht darin, dass beide auf unterschiedlichen Ebenen wirken.

Merkur ist eng mit der persönlichen Ebene von Sonne und Mond sowie der zwischenmenschlichen von Venus und Mars verbunden. Er ist der Vermittler zwischen unserer Wahrnehmung, unserem Gefühl (Mond) und unserer Handlungsweise und bewusstem Vorgehen (Sonne). Seine Vermittlungsfunktion besteht dabei in Leistungen, die den Verstand betreffen. Er sortiert eingehende Informationen aus, klassifiziert sie, ordnet sie ein. Ohne die Zwischenschaltung dieses neutralen Vermittlers würden unsere Eindrücke ungefiltert in Handlungen münden, was sicherlich nicht gerade von Vorteil wäre. Als Instanz der objektiven Auswertung und der Vernunft vermag Merkur uns hier zu helfen.

Als Vermittler zwischen unserem ganz persönlichen Bereich (Sonne und Mond) und unserer Interaktion mit anderen Wesen (Venus und Mars) dient Merkurs Vermittlung vor allem der Kommunikation und dem Austausch. Er befähigt uns, Mittel und Wege der Kommunikation zu finden. Je nachdem, ob wir ein Baby sind, das mit Weinen und dem Tönen von Vokalen kommuniziert, ein Kleinkind, das sich mit einfachen Sätzen verständlich macht, oder ein Erwachsener in einem fremden Land, dessen Sprache er nur unvollständig beherrscht, erfüllt Merkur seine Funktion als Ausdruck unserer Gedanken, Gefühle, Wünsche und Absichten. Je perfekter und umfassender er diese Funktion zu erfüllen lernt (Erlernen von Fremdsprachen, Programmiersprachen, schriftstellerisch tätig sein, Vorträge halten etc.), umso besser können wir zwischen uns und der Welt vermitteln.

Merkur im Horoskop beschreibt demzufolge, wie wir Wahrnehmungen verarbeiten und umsetzen, Kontakt mit unserer Umwelt aufnehmen, wie wir begreifen (mental und manuell), denken und kommunizieren. Er beschreibt unsere intellektuellen und praktischen Fähigkeiten, unsere geistige Wendigkeit und körperliche Geschicklichkeit. Ohne Merkur wäre keine objektive Wahrnehmung, kein kritisches Unterscheiden zwischen verschiedenen Dingen und kein Austausch mit anderen Wesen möglich.

Uranus hingegen ist eng mit der transpersonalen Ebene von Neptun und Pluto sowie der gesellschaftlichen Ebene von Jupiter und Saturn verbunden. Er ist der Vermittler zwischen unserer Sehnsucht und Hoffnung auf eine spirituelle Verwirklichung (Neptun) und unserer Fähigkeit zur Verwandlung (Pluto). Seine Vermittlungsfunktion besteht dabei in Leistungen, welche die geistige Ebene der Inspiration und des Ideenreichtums betreffen. Er ist die geistige Kraft, die uns anstößt und einen Umschwung zu einer neuen Betrachtungsweise bewirkt. Solange wir nur unter dem alltäglichen Blickwinkel an das Leben herangehen, können wir keine neuen Entdeckungen machen, keine genialen Ideen zur Problemlösung entwickeln. Uranus umfasst in seiner Rolle als

Vermittler also auch ein gewisses Maß an Impuls- und Zeugungskraft. Er beschreibt unsere Fähigkeit, über die reale Erfahrung und materielle Welt hinaus Visionen der Zukunft zu haben, die jeglicher nachvollziehbarer Erfahrung entbehren, sondern ganz neue Elemente inkorporieren. Als transpersonaler Planet ist Uranus von Irdischen weitest möglich entfernt, er hat genügend Abstand zu den Dingen, um sie aus einer Vogelperspektive zu sehen und so zu ganz neuen Erkenntnissen zu kommen.

Diese Erkenntnisse weiter an die dem Irdischen näher liegenden Ebenen zu vermitteln (Gesellschaft, zwischenmenschliche Ebene etc.) gehört ebenfalls zu seiner Aufgabe. Sobald er mit persönlicheren Ebenen in Berührung kommt, macht sich sein Impuls als Originalität und eine gewisse „Ver-rücktheit", einen Drang nach Eigenständigkeit und Loslösung bemerkbar. Wenn Uranus uns persönlich stark beeinflusst, verspüren wir wenig Neigung, uns allzu tief in den „Sumpf des Menschlichen" hinabzubegeben, wir suchen eher nach geistigen Visionen, Idealen und nach Verbindung mit gleich Gesinnten, die den gleichen „Zeitgeist" spüren und sich mit uns für die Visionen einsetzen, die ein Teil von uns sind. Dies geht mit einem Bedürfnis nach Freiheit einher, nach einem gewissen Abstand zur Verstrickung in emotionale Belange. Uranus liebt die Abwechslung und führt daher auch leicht zur Trennung von Gewohntem und zu einer inneren oder äußeren Distanz.

Merkur vermittelt also innerpsychisch in uns ganz persönlich, zwischen Gefühl und Handeln, als Verstandesfunktion, sowie zwischenmenschlich als Kommunikation und Austausch. Uranus vermittelt zwischen einer höheren Erkenntnisebene, einer Ebene des schöpferischen, erkenntnis- und visionsfördernden Impulses und den darunterliegenden Ebenen, bis hin zu Merkur selbst, dem Verstand. Wir können Uranus daher auch als „höhere Oktave" von Merkur betrachten.

Berufe raten

Bitte ordnen Sie die folgenden Berufe und Tätigkeiten Uranus bzw. Merkur zu. Überlegen Sie dabei immer, welche Ebene der Vermittlung hier stärker gefragt ist. In einigen Fällen ist es vielleicht nicht ganz eindeutig – entscheiden Sie sich trotzdem für eine gezielte Zuordnung.

Klempner, Discjockey, Automechanikerin, Weltraumforscher, Modedesignerin, Zeichnerin, Vermessungstechniker, Erfinder, Kabarettistin, Nachrichtensprecher, Modeverkäuferin, surrealistischer Maler, Filmemacherin, Drehbuchautorin.

Hier unsere Vorschläge einer Zuordnung:

Klempner (Merkur) – Discjockey (Uranus) – Automechaniker (Merkur) – Weltraumforscher (Uranus) – Modedesigner (Uranus) – Zeichnerin ((Merkur) – Vermessungstechniker (Merkur) – Erfinder (Uranus) – Kabarettist (Uranus) – Nachrichtensprecher (Merkur) – Modeverkäuferin (Merkur) – surrealistischer Maler (Uranus) – Filmemacherin (Uranus) – Drehbuchautor (Uranus)

Fantasiereise zu Merkur

Um zu Merkur zu reisen, müssen Sie nichts weiter tun, als alles aufzuschreiben, was Ihnen in den Sinn kommt. Denken Sie nicht darüber nach, ob die Worte einen Sinn ergeben, ob es ganze Sätze oder nur Bruchstücke sind, ob Sie in Prosa oder in Reimen schreiben. Ihre Reise zu Merkur wird eine ganz persönliche Reise in die Welt Ihrer Gedanken sein. In jeder Sekunde denken wir etwas, meist sind wir uns gar nicht darüber bewusst, was so alles in uns vorgeht.

Lassen Sie Ihren Merkur nun zu Wort kommen, indem Sie sich mehrere Blätter weißes Papier sowie einen Stift nehmen, und dann alles Sinnige und Unsinnige aufschreiben, was Ihnen einfällt. Erzwingen Sie nichts – Ihre Gedanken haben eine ganz eigene Dynamik und kommen wie von selbst, wenn Sie sie nur lassen. Sie

werden sehen, wie der Archetypus des Denkers sich freut, wenn Sie ihm einmal solchen Raum in Ihrem Leben gewähren!
Legen Sie also los...

Fantasiereise zu Uranus

Diese Fantasiereise ist am schönsten, wenn Sie sie sich von jemandem vorlesen lassen. Sie können sie natürlich auch selbst auf Kassette sprechen und Sie sich dann anhören. Stellen Sie sich wie bei Ihrer Reise zu Neptun vor, dass Sie in einer Art Raumschiff sitzen. Sie fühlen sich wohl und sicher und können alles um sich herum sehen. Sie spüren, wie Ihr Raumschiff sich in Bewegung setzt, immer schneller und schneller wird und sich immer weiter von der Erde entfernt. Die Häuser, Straßen, die Landschaft - alles wird immer kleiner. Sie schweben weiter und weiter von der Erde weg ins All. Unendliche Weiten umfangen Sie. Sie spüren die Unermesslichkeit des Universums und sehen die Erde aus einer großen Distanz. Ihre persönlichen Sorgen und Nöte verschwinden mehr und mehr im Hintergrund. Sie spüren eine ganz neue Klarheit, die in Ihnen wach wird. Sie reisen weiter, bis Sie schließlich in der Ferne einen glitzernden Planeten sehen, der ganz durchsichtig zu sein scheint. Ein Licht aus seinem Inneren fällt an die Oberfläche, wo es in ein Prisma von bunten Farben gebrochen wird. Überall auf dem Planeten schimmert es vor Farben, die Sie noch nie zuvor gesehen haben.

Sie kommen näher und sehen, dass dieser fremde Planet sich permanent verändert. Mal ist er ganz klein, dann wieder ganz groß. Ein Funkenregen aus goldig-silbernen Funken sprüht zu Ihnen hinüber und zieht glitzernd an Ihren Augen vorbei. Sie fühlen sich innerlich ganz klar und weit, und haben den Eindruck, dass jeder Funke in Ihnen einen neuen Gedanken entzündet, jede Farbschattierung des Planeten Ihnen eine neue Inspiration verleiht. Noch können Sie Ihren Ideen keinen Ausdruck geben, doch Sie spüren, wie Sie innerlich geistig befruchtet werden.

Mit einem Mal wird der Planet vor Ihren Augen klitzeklein. Sein Farbenspiel verdichtet sich, wird zum Feuer eines Brillanten.

Dieser Brillant beginnt zu pulsieren, erst langsam, dann immer schneller, bis er plötzlich in einem Funkenregen explodiert. Millionen und Abermillionen von Funken ziehen gleich Sternen über Sie hinweg. Ein feiner prickelnder Funkenregen dringt auch in Ihr Raumschiff ein und leuchtet in Ihrer Kabine wie kleine Staubflöckchen im Sonnenschein. Sie fühlen sich unendlich reich beschenkt.

Sie wissen, wenn Sie nun nach Hause zurückkehren, wird nichts mehr wie früher sein. Sie haben sich verändert, sind freier und klarer geworden, inspirierter und bewusster. Sie fliegen durch das All wieder der Erde entgegen. Schon bald können Sie sie sehen. Sie wird deutlicher, Berge und Flüsse werden erkennbar. Sie sehen Städte, Wälder, Häuser, Straßen und Menschen. Ganz sanft landen Sie. Sie steigen aus und sind wieder auf der Erde. Stellen Sie beide Füße mit der ganzen Sohle fest auf den Boden und spüren Sie Ihr Gewicht. Strecken und recken Sie sich. Kommen Sie langsam wieder zu sich und öffnen Sie die Augen. Kehren Sie ganz behutsam ins Hier und Jetzt zurück.

Merkur in den Tierkreiszeichen

Nun wollen wir daran begeben, das Prinzip des Planeten Merkur mit Eigenschaften zu verbinden, die einem der zwölf Tierkreiszeichen zugeordnet werden. Erinnern wir uns daher noch einmal daran, was wir über das Zeichen Skorpion gesagt haben.

Zum Prinzip dieses Zeichens gehören unter anderem folgende Färbungen und Eigenschaften: *kräftige Farben mit hoher Strahlkraft: königsblau, smaragdgrün, intensives Türkis, verschwiegen, loyal, leidenschaftlich, anspruchsvoll, minimalistisch, idealistisch.*

Wir stellen uns Merkur in diesem Zeichen zunächst auf einer ganz bildhaften Ebene vor – nämlich als Sekretärin. Wir „kleiden" Merkur, in Form einer Sekretärin nun einmal in die oben genannten Färbungen. Welches Bild entsteht vor unserem inneren Auge?

Wir sehen eine elegant gekleidete junge Dame in einem anthrazitfarbenen Kostüm mit einer royalblauen Bluse. Sie sitzt in einem geschmackvollen Büro im Vorzimmer des Vorstandsvorsitzenden einer großen Firma. Ihre Verschwiegenheit und Loyalität im Umgang mit vertraulichen Informationen machen sie dazu prädestiniert. Ihren Job verrichtet sie leidenschaftlich und mit viel Idealismus. Sie geht selten vor 19 Uhr aus dem Haus, und verlässt ihr Büro häufig erst nach ihrem Chef. In ihrer Ausdrucksweise ist sie, wie auch in ihrer Kleidung und Präsentation, äußerst minimalistisch. Sie legt keinen Wert auf barocke Verzierungen oder überflüssige Schnörkel. Sie fragt und antwortet sehr direkt, erledigt ihre Arbeit ohne unnötige Verzögerungen oder Zwischenfragen. Ihr Schreibstil ist klar und stilvoll – ihr Chef hat selten etwas an Ihren Briefen auszusetzen. Er verlässt sich weitgehend auf ihr Formulierungstalent und verzichtet häufig darauf, ihr die Briefe zu diktieren. Ihr Anspruch an sich selbst und an die Güte ihrer Arbeit erübrigen eine Kontrolle durch ihren Vorgesetzten. Doch darf er auf keinen Fall den Fehler begehen, sie mit Banalitäten zu langweilen oder ihr Aufgaben zu stellen, die unter ihrem Niveau sind. Einfache Schreibarbeiten ohne Anspruch erledigt sie schon lange nicht mehr für ihn, sondern hat durchgesetzt, dass diese ans Schreibbüro der Firma weitergeleitet werden.

Versuchen Sie sich zu Übungszwecken in Beschreibungen dieser Art für folgende Beispiele:

- Merkur in Krebs als Radiosprecher
- Merkur in Wassermann als Schriftstellerin
- Merkur in Steinbock als Lehrer

Gehen Sie dabei genauso vor, wie wir es Ihnen vorgemacht haben. Suchen Sie sich passende Eigenschaften, Stimmungen und Kleidungsstile heraus und „kleiden“ Sie Ihre Figuren fantasievoll ein. Machen Sie diese Übung schriftlich, und lernen Sie dabei gleichzeitig etwas über Ihren eigenen Merkur!

Unsere Vorschläge für Beschreibungen:
Merkur in Krebs als Radiosprecher: „Wie gut, dass mich im Radio niemand sieht, sondern alle nur hören. Dann stört es wenigstens niemanden, wenn ich immer in meinem Lieblingssweatshirt und meiner bequemen Jeans hier aufkreuze. Schickere Kleidung zu

tragen, lohnt sich für mich ohnehin nicht. Ich habe zu Hause 2 Hunde und 3 Katzen, die schon dafür sorgen, dass nichts lange neu aussieht. Ich mache meinen Job hier jetzt schon seit einer kleinen Ewigkeit, meine Sendung ist sowohl ein Oldie als auch ein Dauerbrenner. Das liegt wahrscheinlich daran, dass ich es irgendwie schaffe, eine persönliche Beziehung zu meinen Zuhörern herzustellen. Wie genau ich das mache? Ich erzähle viel von mir, aus meinem Leben zu Hause mit meiner Menagerie, und höre mir auch gern Geschichten von anderen an. Ich bin so etwas wie ein moderner Märchenonkel. Hoffentlich bleibt es noch lange so!"

Merkur in Wassermann als Schriftstellerin: Sigrid schreibt Science-Fiction-Romane. Derzeit arbeitet sie an einer Serie über eine Gruppe von Astronauten, die bei einer Weltraumexkursion auf einem fremden Planeten gelandet sind und dort um ihr Überleben kämpfen. Der Held ihrer Geschichten ist ein exzentrischer und genialer Wissenschaftler, dem die Ideen niemals ausgehen. Sigrids Schreibstil ist sehr spannend und sie macht viel von Überraschungselementen und extravaganten Lösungen Gebrauch. Man kann bei ihr niemals vorhersagen, wie eine Geschichte weiter- oder gar ausgeht. Selbst ihre größten Fans überrascht sie immer wieder aufs Neue. Sie selbst ist am schöpferischsten, wenn sie unterwegs ist und die Hektik scheinbar am größten ist. Doch genau hier schöpft sie ihre Ideen – im Alltagsleben mit all seinen Widersprüchlichkeiten und Unberechenbarkeiten. Man sollte gar nicht meinen, dass ein Einkaufsbummel in der Stadt solche originellen Ideen hervorbringen kann!

Merkur in Steinbock als Lehrer: „Was wir an unserem Lehrer schätzen? Nun, er ist in allem sehr klar und sein Unterricht ist super strukturiert. Man kann ihm immer gut folgen, und wenn mal einer was nicht versteht, dann erklärt er es mit einer Engelsgeduld so lange, bis es wirklich auch dem letzten Idioten klar ist. Er lässt sich selten aus dem Konzept bringen und ist immer super vorbereitet und organisiert. Man kann ihn wirklich alles fragen – er weiß total gut Bescheid. Persönlich ist er halt ein bisschen distanziert, erzählt wenig über sich selbst, und macht immer einen etwas ernsten Eindruck, wenn er spricht. Ich glaube, er braucht nicht so viel persönlichen Austausch mit anderen Menschen, oder wenn, dann jedenfalls nicht mit uns."

Merkur in den Häusern

Der nächste Schritt besteht, wie auch bei den anderen Planeten, darin, die Häuserstellung mit einzubeziehen.

Merkur als Vermittler unserer Gedanken, Gefühle und Handlungsabsichten, hat bei jedem von uns ein „Lieblingsthema". Über dieses Thema sprechen wir besonders gern und ausführlich, mit diesem Bereich können wir uns stundenlang beschäftigen, etwas darüber lesen, uns informieren und mit anderen darüber austauschen. Dieses Thema spiegelt sich häufig in der Hausposition Merkurs wieder.

Worüber wir gern reden

Wir zählen Ihnen im Folgenden einige „Lieblingsthemen" auf, die Sie bitte einer Häuserposition Merkurs zuordnen. Unsere Auflösung finden Sie im Anschluss an die Übung – schauen Sie aber bitte nicht dort hinein, ohne es nicht zumindest einmal selbst versucht zu haben!

1. „Ich unterhalte mich wirklich gerne über philosophische Themen und Glaubensfragen. Im Fernsehen schaue ich mir immer Sendungen über andere Länder und Lebensformen an."
2. „Ich lese selten – dafür geh ich gern aus und bin immer dort, wo man sich trifft. Am liebsten unterhalte ich mich über aktuelle Trends und Meinungen, wer was über wen zu erzählen hat usw. Man könnte auch sagen, ich „klatsche und tratsche" gern!"
3. „Ich erzähle gern, was ich vorhabe, was ich demnächst tun will, welche Projekte als nächstes anstehen und so. Meine Freunde sagen, ich würde einfach gern reden, bei allem, was ich tue, und ich mache sie damit zuweilen wohl total unruhig."

4. „Ich gehe meiner Familie manchmal auf die Nerven, weil ich immer so viel von mir selbst erzähle, wie ich mich gerade fühle oder was in mir vorgeht. Aber dann sind sie auch wieder ganz dankbar, dass ich sie so gut verstehe, wenn sie von sich erzählen!“
5. „Ich höre total gerne zu, wenn andere von sich erzählen. Vor allem, wenn es Dinge sind, die sie sonst niemandem anvertrauen. Manchmal komme ich mir vor wie Sherlock Holmes, weil ich oft nur eins und eins zusammenzählen muss, um sogar noch mehr zu erfahren als man mir eigentlich gesagt hat.“
6. „Ich spreche gern über pragmatische Dinge, über Mode und Kleidung, über den nächsten Urlaub, was so zu erledigen ist, was wir noch besorgen müssen, und solche Sachen.“
7. „Ich spreche am liebsten über Dinge von allgemein gültiger Bedeutung, also nicht nur so persönlicher Kram. Wen interessiert schon, ob Tante Agathe sich das Bein gebrochen hat! Ich will Dinge wissen, die wirklich von Wert und Dauer sind, will verstehen, wie die Welt funktioniert und welche Rolle ich darin habe. Mein Mann beklagt sich manchmal, dass ich zu viel über meinen Job spreche.“
8. „Ich frage immer alle anderen, was sie zu bestimmten Themen meinen. Ich brauche den Austausch und das Feed-back. Alleine komme ich bei einer Entscheidung selten weiter, und es macht mir auch keinen Spaß, mich mit einer Sache ganz allein auseinander zu setzen. „
9. „Ich kann über alles reden. Am lieben provoziere ich andere, und decke Widersprüchlichkeiten auf. Ich kann es nicht haben, wenn alles glatt läuft. Ich bin ein Fan von logischen Brüchen.“
10. „Ich höre am liebsten zu und sortiere all die Informationen und Eindrücke, die da auf mich einstürmen. Ich brauche etwas länger, bis ich meine Meinung artikulieren kann – da ist immer so viel zu berücksichtigen.“
11. „Ich rede viel und gerne! Meine Freunde sagen, ich müsse zu allem immer meinen Senf abgeben, und das stimmt auch. Ich muss immer sagen, ob mir dies oder jenes gefällt oder ob ich es nicht mag – das ist mir einfach wichtig.“

12. „Ich unterhalte mich am liebsten über Randthemen und mit Menschen, die nicht so im Mittelpunkt stehen. Was ich zu sagen haben, verstehen die meisten ohnehin nicht."

Mögliche Lösungen:

1. Merkur in Haus 9
2. Merkur in Haus 3
3. Merkur in Haus 1
4. Merkur in Haus 4
5. Merkur in Haus 8
6. Merkur in Haus 2
7. Merkur in Haus 10
8. Merkur in Haus 7
9. Merkur in Haus 11
10. Merkur in Haus 6
11. Merkur in Haus 5
12. Merkur in Haus 12

Sollten Sie zu anderen Ergebnissen gekommen sein, so muss das noch nicht „falsch" sein. Es ist schwierig, bei Deutungen und Interpretationen von „falsch" und „richtig" zu sprechen – vieles ist Auslegungssache. Überlegen Sie daher in einem solchen Fall genau, was Sie zu Ihrer Interpretation veranlasst hat. Ist dies möglicherweise ein Thema, das sich auf unterschiedliche Art in zwei verschiedenen Häusern wiederfindet? Ist Ihre Wahl vielleicht einfach nur eine leicht andere Sichtweise? Dann kann auch Ihre Antwort „richtig" sein.

Merkur in Häusern und Zeichen

Merkur bezeichnet also unsere Art und Weise zu reden, zu denken und auch Informationen aufzunehmen und zu verarbeiten, also zu lernen. Für eine Kombinationsübung aus der Merkurstellung in Zeichen und Haus wollen wir die im vorherigen Abschnitt gefundenen Lieblingsthemen aufgreifen, sie auf unsere Art zu denken ausweiten und mit einem Tierkreiszeichen einzufärben.

Beispiel 1:Merkur im zweiten Haus im Löwen
„Ich spreche gern über pragmatische Dinge, über Mode und Kleidung, über den nächsten Urlaub, was so zu erledigen ist, was wir noch besorgen müssen, und solche Sachen."

Das Denken dieses Menschen ist sehr pragmatisch ausgerichtet. Praktische Gegenstände und Objekte erregen sein Interesse. Er dürfte einen guten Geschäftssinn haben und möglicherweise über verkäuferisches oder händlerisches Geschick verfügen.

Diesen Merkur färben wir nun dem Zeichen Löwe ein. Wie prägt dies das vorgenannte Bild? Löwe-Eigenschaften sind unter anderem: verwöhnt, geltungsbedürftig, selbstsicher, willensstark, individuell, großzügig, herzlich und loyal. Wenn sich dieser Mensch für etwas interessiert, dann darf es also gern den Anstrich von Luxus haben. Die Themen, die ihn interessieren, sind mit Sicherheit nicht banal, sondern auf irgendeine Art und Weise individuell und besonders. Sollte er oder sie seinem Geschäftssinn folgen, dann verhandelt er selbstsicher. In Gesprächen vertritt diese Person ihre Ansichten mit entsprechender Willensstärke – schließlich ist sie von ihrer Meinung überzeugt. Im positiven Fall haben wir es hier mit einem großzügigen Menschen zu tun, der seine Schätze auch gern verschenkt. Dazu kann auch sein Talent zur Sprache gehören, das er anderen gern zugute kommen lässt. Als Mitarbeiter haben wir es mit einem warmherzigen Menschen zu tun, der etwas, wovon er überzeugt ist, gut präsentieren kann – ein guter Verkäufer! – und der sich seinem Arbeitgeber gegenüber loyal verhält und ihm auch verbal die Stange hält.

Beispiel 2: Merkur sechsten Haus
„Ich höre am liebsten zu und sortiere all die Informationen und Eindrücke, die da auf mich einstürmen. Ich brauche etwas länger, bis ich meine Meinung artikulieren kann – da ist immer so viel zu berücksichtigen." Hier haben wir es mit einem effektiven und kritischen Denker zu tun. Alles, was in ihm vorgeht, wird in Strukturen eingeordnet und nach Nützlichkeitskriterien sortiert. Für Details hat er einen guten Blick, erfasst sie alle und findet logische Fehler mit großer Zielsicherheit heraus.

Diesen Merkur färben wir nun mit dem Zeichen Skorpion ein. Wie verändert dies unser Gesamtbild? Folgende Eigenschaften finden wir dem Skorpion zugeordnet: zwanghaft, perfektionistisch, kontrollierend, tiefgründig und intensiv.

Dieser Mensch durchdenkt alles mehr als gründlich! Fehlern geht er gnadenlos auf die Spur, mit detektivischer Akribie beleuchtet er Zusammenhänge, sichtbare und unsichtbare Verknüpfungen. Man könnte ihn oder sie in einer Firma gut als Controllerin oder Revisorin beschäftigen. Seinem scharfen Blick entgeht nichts. Womöglich braucht er zuweilen länger als andere, um sich einen Überblick zu verschaffen, doch er wird immer zu einem gut fundierten Ergebnis kommen und nichts Wesentliches übersehen. In Gesprächen reizt ihn das Verborgene, unter der Oberfläche liegende. So könnte er sich zum Beispiel für Psychologie oder therapeutische Themen interessieren. Mit dieser Konstellation wird man sicherlich ein guter Analytiker!

Was andere so von sich geben

Machen Sie in den nächsten Tagen doch einmal ein Spiel daraus, das, was Ihnen andere erzählen, einer Stellung von Merkur in einem Zeichen oder Haus oder sogar beidem zuzuordnen. Fragen Sie sich:

Worüber spricht die- oder derjenige? Dies ist ein Hinweis auf Merkurs Stellung im Haus.

Wie drückt er oder sie sich aus? Welches ist sein bevorzugter Sprachstil, seine Gestik und Mimik? Dies ist ein Hinweis auf Merkurs Stellung im Zeichen.

Auch wenn Sie bei dieser Übung niemand „korrigieren“ kann und Sie auch nicht wissen können, ob Sie nun wirklich den Stand Merkurs im Radix von diesem Menschen erraten haben oder vielleicht nur den Ausdruck einer aktuellen Zeitqualität spüren, also Merkurs aktuellen Stand in Zeichen und Haus, oder gar nichts von beidem, so schult diese Übung Ihr astrologisches Vermögen dennoch enorm. Denn Sie üben damit, symbolisch zu denken. Und dies können Sie immer und überall, und müssen dazu kein schlaues Buch lesen!

Uranus in den Tierkreiszeichen

Um uns auf Uranus in den Tierkreiszeichen einzustimmen, suchen wir aus den weiter oben gefundenen Berufen einige heraus und kombinieren sie mit den Eigenschaften der Tierkreiszeichen.

Uranus-Berufe

Wählen Sie aus folgenden Berufen jeweils einen aus, den sie mit einer Tierkreis-Eigenschaft oder -Färbung verbinden: Discjockey, Weltraumforscher, Modedesignerin, Erfinder, Kabarettistin, Maler, Filmemacherin, Drehbuchautorin, Pilot, Event-Manager

Was uns dazu eingefallen ist:

Uranus im Tierkreiszeichen	**Kombination der Begriffe**
Uranus in Widder	die abenteuerlustige Drehbuchautorin
Uranus in Stier	der produktive Maler
Uranus in Zwillinge	die vielseitige Modedesignerin
Uranus in Krebs	der gefühlvolle Discjockey
Uranus in Löwe	die theatralische Kabarettistin
Uranus in Jungfrau	der vorsichtige Pilot
Uranus in Waage	der diplomatische Event-Manager
Uranus in Skorpion	der anspruchsvolle Erfinder
Uranus in Schütze	die sendungsbewusste Filmemacherin
Uranus in Steinbock	der verantwortungsbewusste Weltraumforscher
Uranus in Wassermann	die extravagante Modedesignerin
Uranus in Fische	der hingebungsvolle Maler

Uranus in den Häusern

Auch hier möchten wir Sie wieder auffordern, Ihr astrologisches „Hörvermögen" weiter zu schulen. Wenn Sie etwas lesen oder hören, etwas sehen oder auf eine andere Art wahrnehmen, können Sie sich immer fragen, welches astrologische Prinzip sich darin spiegelt. Erkennen Sie einen Planeten, der am Werk ist? Ein Tierkreiszeichen? Je mehr Sie lernen, die Welt archetypisch zu betrachten, umso vollendeter wird Ihr astrologisches Können.

In welchem Haus steht Uranus?

Lesen Sie die folgenden Bemerkungen und finden Sie heraus, in welchem Haus sich Uranus bei der betreffenden Person befindet. Seien Sie auf eventuelle Wiederholungen oder Auslassungen von Häusern gefasst.

1. „Ich würde mich als Freigeist bezeichnen. Ich glaube an vieles und nichts zugleich. Und wenn Sie mich morgen fragen, bekommen Sie eine ganz andere Antwort."
2. „Du weißt einfach nicht, was du willst. Gestern war es dir noch so wichtig, mit mir zusammenzuleben, und heute sagst du, wir bräuchten diesen ganzen konventionellen Quatsch nicht. Kannst du dich vielleicht mal entscheiden, welche Form nun deiner Lebensvorstellung entspricht?."
3. „Dr. Green hat außergewöhnliche Entdeckungen auf dem Gebiet der Hypnotherapie gemacht. Seine Patienten scheinen Reisen bis in die Anfänge der Menschheitsgeschichte zu unternehmen, wenn er sie therapiert."
4. „Vielleicht fiel sie gerade deshalb so auf, weil sie so bemüht darum war, nicht aufzufallen, keinesfalls anzuecken. Und dabei war sie gleichzeitig so ‚eckig', so auffallend und besonders, dass man sie einfach nicht übersehen *konnte*."
5. „Er ist ein Spieler, doch ein verdammt guter, muss ich sagen. Wo er mit seinem Backgammon-Koffer auftaucht, geht es rund. Gewonnen? Ja, gewonnen hat er schon viel, aber verloren auch."
6. „Ich weiß, dass ich nicht auf jeder Hochzeit tanzen kann. Aber mein Beitrag wird nun mal bei beiden Veranstaltungen ge-

wünscht. Also geh ich bei der Betriebsratsfeier etwas früher und komme eben später nach."

7. „Ich kann deinen Gedanken und Sätzen einfach nicht folgen! Kaum kommt dir eine neue Idee, schon hältst du einfach mitten im Satz inne und beginnst einen neuen. Wer soll denn da noch mitkommen?"
8. „Sie hat schon wieder jemanden kennen gelernt, für den sie Feuer und Flamme ist. Am Wochenende ist sie jetzt immer unterwegs. Was ihr Mann dazu sagt? Keine Ahnung, was sie dem erzählt."
9. „Ich weiß ja, dass es hier feste Arbeitszeiten gibt. Aber können Sie für mich nicht eine Ausnahme machen? Ich kann einfach nicht jeden Morgen zur gleichen Zeit ins Büro kommen und zur gleichen Zeit abends wieder gehen. Das macht mich wahnsinnig!"
10. „Sie hat einen derartigen Sprachwitz, das ist unglaublich! Eigentlich müsste sie Komikerin oder Kabarettistin oder so etwas werden."
11. „Womit er sein Geld verdient? Keine Ahnung! Als ich ihn zuletzt traf, waren es Aktien am Neuen Markt. Doch da wird nicht viel zu holen gewesen sein. Vielleicht ist er jetzt mal wieder pleite und sucht nach einer neuen Methode, schnelles Geld zu machen."
12. „Er ist verheiratet, lebt mit seiner Frau und seinen Kindern in einer WG und schläft meist im Zimmer von seinem Mitbewohner. Sie ist oft bei ihrem neuen Freund. Problematisch? Nee, eigentlich gar nicht, das klappt bei denen wunderbar."

Unsere Auflösung:

1. Uranus in Haus 9
2. Uranus in Haus 8
3. Uranus in Haus 12
4. Uranus in Haus 1
5. Uranus in Haus 5
6. Uranus in Haus 11
7. Uranus in Haus 3

8. Uranus in Haus 7
9. Uranus in Haus 6
10. Uranus in Haus 3
11. Uranus in Haus 2
12. Uranus in Haus 7

Uranus in den Zeichen und Häusern

Sie haben nun Ihre Intuition so gut erweckt und so viel Übung im Deuten sammeln können, dass Ihnen diese abschließende Übung leicht fallen wird.

Wir nennen Ihnen im Folgenden den Stand von Uranus in zwei Tierkreiszeichen und Häusern. Ihre Aufgabe ist es, das Thema kollektiver Veränderung, wie wir es unter Uranus in den Tierkreiszeichen beschrieben haben, nun auf das konkrete Leben eines einzelnen Menschen zu übertragen (Hausstellung). Beschreiben Sie einfach, wie dies Ihrer Meinung nach aussehen könnte.

Beispiel 1:Uranus in Zwillinge im zwölften Haus
Dieser Mensch erfährt möglicherweise Veränderungen im Umgang mit Wissen und Informationen sowie Neugestaltung von Kommunikation über subtile Kanäle, Traumwelten und einen veränderten Zugang zu seinem Unbewussten. Vielleicht erfährt er im Schlaf Dinge, die ihm sonst nicht zur Verfügung stehen, oder hat geniale Ideen und Gedanken in besonders entspannten und meditativen Zuständen. Bitte schreiben Sie Deutungen zu:

- Uranus in Steinbock im vierten Haus
- Uranus in Fische im zehnten Haus

Bevor Sie sich unseren Deutungsvorschlägen zuwenden, sollten Sie sich auf jeden Fall eigene Gedanken und möglichst auch Notizen gemacht haben.

Unsere Deutungsvorschläge
Uranus in Steinbock im vierten Haus: Die Veränderung von hierarchischen Strukturen und die Neugestaltung im Umgang mit

Autorität beziehen sich hier auf die häusliche Situation dieses Menschen. Möglicherweise hat er sich in seiner Eigenart von seiner Familie nicht immer verstanden gefühlt, und empfand bestimmte Regeln und Traditionen in der Familie als einengend. Dies kann dazu führen, dass er Situationen emotionaler Verbundenheit immer mit einer gewissen Distanz betrachtet, was ihn für Fragen, in denen ein objektiver Blick gewahrt werden muss, besonders prädestiniert.

Uranus in Fische im zehnten Haus: Dieser Mensch hat vielleicht beruflich mit Veränderungen in Kunst und Medienlandschaft sowie mit der Neugestaltung des Umgangs mit hintergründigen Themen, Spiritualität und Mystik zu tun. Er könnte z.B. Radiosendungen gestalten, in denen diese Themen größeren Raum einnehmen oder auf eine andere Art und Weise präsentiert werden als es früher der Fall war. Eine andere Möglichkeit besteht darin, dass dieser Mensch viele verschiedene Berufsfäden im künstlerischen oder spirituellen Bereich, im Bereich der Medien oder der Heilberufe aufnimmt und sie zu etwas Neuartigem zusammenführt. Vielleicht erschafft er sogar eine ganz neue Berufsform oder Berufsausbildung mit, die es vorher noch nicht gab.

Zeichen und ihre Herrscher

Wenn Sie die Stichworte zu den Tierkreiszeichen und Planeten im vorigen Kapitel lesen, fallen Ihnen sicherlich Zusammenhänge auf. Scheint nicht der ein oder andere Planet in ein Zeichen ganz besonders gut zu passen? Tatsächlich ist es so, dass bestimmte Planeten bestimmten Tierkreiszeichen zugeordnet sind. Man sagt, ein Planet herrscht über ein Zeichen. Bevor wir Ihnen nun aber sagen, welcher Planet welches Zeichen beherrscht, wollen wir Ihnen die Gelegenheit geben, diese einfache Zuordnung selbst zu entdecken.

Wenn Sie sich die Stichworte eines Tierkreiszeichens noch einmal in aller Ruhe durchlesen und dann bei den Planeten nach einem Ausschau halten, der diese Eigenschaften mit seiner Energie zu unterstützen scheint, werden Sie sicherlich schnell fündig werden.

Aber Achtung! Es gibt zwölf Tierkreiszeichen, aber nur zehn Planeten. Zwei Planeten spielen eine „Doppelrolle“ und fühlen sich in zwei verschiedenen Tierkreiszeichen ganz wohl und „zu Hause“. Wir verraten Ihnen, welche beiden Planeten es sind: Merkur und Venus. Diese beiden herrschen über jeweils zwei Tierkreiszeichen.

Planeten – ganz Zuhause und in der Fremde

Bitte ordnen Sie jedem Tierkreiszeichen einen Planeten zu. Spüren Sie einfach nach, welcher Planet sich dem jeweiligen Zeichen wohl am ehesten wie Zuhause fühlen dürfte!

	Herrschender Planet dieses Zeichens
Widder	
Stier	
Zwillinge	
Krebs	
Löwe	
Jungfrau	
Waage	
Skorpion	
Schütze	
Steinbock	
Wassermann	
Fische	

Und nun die „Auflösung“ - das heißt die überlieferten Zuordnungen, die wie folgt lauten:

Zeichen	Herrschender Planet dieses Zeichens
Widder	Zu diesem energiegeladenen Zeichen gehört der Planet der Energie, **Mars**
Stier	Zum Zeichen des Genusses und der Lebensfreude gehört **Venus**, Planet der Freuden
Zwillinge	Zum beweglichsten aller Zeichen gehört der beweglichste aller Planeten: **Merkur**.
Krebs	Ein beeindruckbarer Planet für ein beeindruckbares Zeichen: der **Mond**.
Löwe	Genügend Strahlkraft und Ausdrucksvermögen für das Zeichen Löwe hat nur ein Planet: die **Sonne**.
Jungfrau	So klar im Kopf, vernünftig und geschickt wie die Jungfrau ist auch **Merkur**.
Waage	Für so viel Begegnungsoffenheit braucht es einen bindungsfreudigen Planeten: **Venus.**
Skorpion	An Intensität tut es dem Skorpion nur ein Planet gleich: **Pluto**.
Schütze	Hoch hinaus wie der Schütze will auch er: Jupiter.
Steinbock	so viel Verantwortungsbewusstsein und Autorität finden wir nur bei **Saturn.**
Wassermann	Unabhängigkeit und Umschwung – das will auch **Uranus**.
Fische	Für die Fische in ihrem liebenswürdigen Chaos scheint der Planet der Auflösung der einzig wahre zu sein: **Neptun.**

Wenn es ein Zeichen gibt, in dem sich ein Planet ganz besonders wohl fühlt, wo er sozusagen „zu Hause“ ist, dann versteht es sich von selbst, dass es einen Ort, also ein Tierkreiszeichen gibt, wo der Planet sich „fern von zu Hause“ fühlt, wo die Färbung ihm nicht so vertraut und angenehm ist. Man bezeichnet das Zuhause eines Planeten in der klassischen Astrologie als *Domizil*, das Gegenteil davon als *Exil*. Das Exil liegt am weitesten vom Domizil entfernt – also im gegenüberliegenden Zeichen des Domizils. Während das Zeichen des Domizils dem Charakter des Planeten am besten entspricht und ihm die Möglichkeit gewährt, seine Energie ungehindert zu entfalten, findet der Planet im Exil, der „Verbannung von zu Hause", eine seinem Charakter ganz gegensätzliche Qualität vor, was ihn nicht unbedingt in seinen typischen Eigenschaften stärkt, sondern ihm eine neue Dimension hinzufügt.

Beschreiben Sie kurz, warum folgende Zeichen, die jeweiligen Exile eines Planeten, seinem eigentlichen Charakter widersprechen.

Zeichen des Exils	**für Planet ...**
Widder	Venus
Stier	Mars
Zwillinge	Jupiter
Krebs	Saturn
Löwe	Uranus
Jungfrau	Neptun
Waage	Mars
Skorpion	Venus
Schütze	Merkur
Steinbock	Mond
Wassermann	Sonne
Fische	Merkur

Beispiele:

- Venus fühlt sich in Widder nicht zu Hause, weil ihr Wunsch nach Harmonie dort nicht erfüllt wird.
- Merkur fühlt sich in Fische nicht zu Hause, weil sein Wunsch nach Klarheit dort keine Erfüllung findet.

Die Planetenwürden

Aus der Sicht der klassischen Astrologie gibt es neben dem Domizil für jeden Planeten noch ein Zeichen, in dem er sich besonders wohl fühlt. Dieses wird als *Erhöhung* bezeichnet. Der Erhöhung gegenüber liegt der so genannte *Fall.* In diesem Zeichen wiederum kann die Energie des Planeten sich nicht ganz gemäß seines Naturells entfalten. Man sollte sich von diesen klassischen Zuordnung jetzt allerdings nicht dazu verleiten lassen, die Zeichenstände für die Planeten von vornherein als „gut" oder „schlecht" zu bewerten. Tatsache ist, dass der Planet sich mit seinem ursprünglichen Anliegen im Domizil und der Erhöhung leichter tut als im Exil oder im Fall. Eine direkte Aussage über das Gesamthoroskop kann man daraus allerdings nicht ableiten. So kann es z.B. für ein Gesamthoroskop durchaus gut und hilfreich sein, wenn Saturn nicht in seinem eigenen Zeichen Steinbock steht. Vielleicht würde dem Horoskopeigner zu viel Saturn-Energie gar nicht gut tun, weil er möglicherweise schon ganz viel davon hat, z.B. einen Steinbock-Aszendenten und Saturn im zehnten Haus.

Wir möchten Ihnen dennoch hier die Gelegenheit geben, die „Wohlfühlzeichen", also das Zeichen der Erhöhung, für jeden Planeten herauszufinden. Womöglich werden Sie hier teilweise zu anderen Ansichten als die klassische Astrologie kommen – die Erhöhung eines Planeten liegt nicht ganz so eindeutig auf der Hand wie seine Herrscherzuordnung, also das Zeichen seines Domizils. Doch lassen Sie sich davon nicht beirren – Sie bekommen durch diese Übung ein noch besseres Gespür für die Planeten- und Tierkreisenergien und lernen ganz nebenbei die klassischen Zuordnungen, die so genannten *Planetenwürden,* kennen.

Wählen Sie einen Planeten aus und überlegen Sie sich, in welchem Zeichen außer seinem Domizil er sich noch besonders wohl fühlen könnte bzw. wo er stark gefördert wird. Oder wählen Sie einen Planeten aus und überlegen Sie, in welchem Zeichen außer seinem Exil er sich möglicherweise nicht so besonders wohl fühlen könnte. Welches Zeichen widerspricht seiner ursprünglichen Energie, welches unterstreicht und fördert sie? Wenn Sie Ihre Wahl getroffen haben, beschreiben Sie möglichst bildhaft und fantasievoll, warum dieser Planet sich dort besonders wohl oder unwohl fühlt. Überlegt Sie sich: Wie würde sich der Planet in einer Umgebung, die durch die Eigenschaften des Zeichens geprägt ist, verhalten? Wir fühlt er sich dort? Wie reagiert er auf die dortigen Eindrücke? Malen Sie es so bildhaft wie möglich aus! Denken Sie sich typische Umfelder für die Zeichen aus, wie im Wirtshaus für Stier, im Palast für Löwe usw.

Wir wollen Ihnen mit zwei Beispielen voran gehen, die uns unsere Online-Kurs-Teilnehmerinnen freundlicherweise zur Verfügung gestellt haben:

Beispiel 1: Mars in Steinbock - Erhöhung

Mars ist ein sportlicher, mutiger junger Mann, der nichts anbrennen lässt, wenn es darum geht, eine neue sportliche Herausforderung anzunehmen. Ach, was misst er sich so gerne mit den anderen. Siegen möchte er natürlich auch. Es geht ihm also nicht nur einfach um die Bewegung an sich, obwohl ihm der Drang danach angeboren ist, sondern er möchte durchaus auch der Beste sein. Aber was fordert ihn nicht alles heraus! Er schwimmt, springt vom 10m Brett, rennt auf Inlinern mit anderen um die Wette, im Winter rennt er mit seinen Skiern über die Piste. Überall beweist er Mut und riskiert immer viel. Meistens ist er auch unter Seinesgleichen der Beste. Aber manchmal muss er doch zusehen, wie ein anderer den Sieg davon trägt, und auf merkwürdige Weise immer wieder. Das fuchst ihn denn doch. Wie kommt das nur, dass er an bestimmte Leistungen nicht herankommt? Er gibt doch alles!

So ergeht es ihm immer wieder, wenn er mit einem Klassenkameraden Tennis spielt. Er kann so schnell über den Platz dem Ball nachrennen, wie er will, er kommt ganz selten nur in Punkteführung. Es ärgert ihn maßlos. Was muss er denn noch können, um diesen Kerl mal zu besiegen? Eins weiß er genau: Er selbst rennt zehnmal mehr und schneller als sein Gegner, daran kann es nicht liegen. Das grinsende, schadenfrohe Gesicht von Karl, so heißt dieser Typ auf der Gegenseite, kann Mars nicht mehr ertragen. „Ich muss was unternehmen, das lasse ich nicht auf mir sitzen“, schwört sich Mars. Daraufhin meldet sich Mars im Tennisklub an und nimmt bei einem Trainer Übungsstunden. Eigentlich ist ein Klub ja nicht sein Ding, da geht es ja immer um die gleichen Dinge. Aber in diesem Fall muss es einfach mal sein. Er lernt dort, dass es nicht nur um Kraft und Schnelligkeit geht, sondern auch die Technik eine große Rolle spielt. Aber *die* muss er üben! Das ist nun nicht gerade seine Stärke. Er schwankt hin und her zwischen Karl besiegen wollen und die ganze Sache hinzuschmeißen. Diese Überlegungen werden ihm jedoch fast aus der Hand genommen.

Sein Trainer hält ungeheuer viel von ihm, sieht in Mars ein großes Talent. Er will ihn so einfach nicht aus der Verantwortung entlassen, ist der Meinung: Talent verpflichtet. Außerdem malt der Trainer ihm die Tenniszukunft in den schillernsten Farben aus. Das juckt Mars dann doch wieder und er willigt ein ganz klein wenig widerwillig ein, diese vielen monotonen Übungsstunden auf sich zu nehmen. Bald stellen sich aber die Erfolge ein. Er steigt eine Klasse nach der anderen auf. Das ist natürlich wieder ganz im Sinne von Mars. Er findet es einfach toll, an der Spitze zu stehen. Und dankbar denkt er an seinen ersten Trainer zurück, der es geschafft hat, ihn in die Pflicht zu nehmen, ihm klarmachen konnte, dass Kraft und das Siegen-Wollen alleine nicht genug ist. Dass es auch der Disziplin und des Durchhaltevermögens bedarf, um wirklich an die Spitze zu kommen.

Beispiel 2: Jupiter in Steinbock – Fall
Mister Jupiter, der Mann von Welt, tritt eine Weltreise an. Natürlich beabsichtigt er, möglichst viele Länder kennen zu lernen, andere Kulturen zu erforschen, fremden Völkern zu begegnen... Dummerweise passiert es, dass er versehentlich bei einem Zwischenstopp (war nur als kleine Pinkelpause gedacht) an einem Rastplatz von dem Rest seiner Reisegruppe getrennt wird. Er wurde schlichtweg vergessen und stellt fest, dass er mutterseelenallein zurückgeblieben ist. Mehr als ein kläglicher Verschlag samt Plumpsklo ist, nicht und als er sich draußen genauer umsieht, muss er zu seinem Erschrecken feststellen, dass er von einer kargen Landschaft umgeben ist. Absolut nichts sagend, eintönig und langweilig. Allenfalls von Zeit zu Zeit ein paar klägliche, ausgetrocknete, verdorrte Büsche, die zwischen grauem Gestein hervorragen. Ansonsten *nichts*, soweit das Auge reicht. Da wird ihm zunehmend mulmig zumute. Er fühlt sich sichtlich unwohl. Sein Expansionsdrang, sein Hunger nach Wissenserweiterung kann in dieser Einöde auch nicht annähernd gestillt werden. Er fühlt sich eingeengt und muss zugeben, dass dies nicht dem Ort entspricht, wo seine ihm ureigenen Kräfte in irgendeiner Form zur Entfaltung kommen können. So bleibt Mister Jupiter wohl vorerst nichts anderes übrig, als in dieser von spärlichster Genügsamkeit

geprägten Umgebung von blühenden Landschaften, Wiesen mit saftigem Grün und einer schier endlosen Weite zu träumen... Bis der nächste Bus vorbeikommt und ihn wieder mitnimmt...

Sie wären zu einem anderen Ergebnis gekommen? Sie finden, Mars fühlt sich in einem anderen Zeichen noch viel wohler und kann sich dort viel besser entwickeln? Oder Sie glauben, für Jupiter gibt es noch eine andere Zeichenenergie, in der er sich in seinem Charakter noch weniger bestärkt fühlt? Dann schreiben Sie ruhig auch hierzu noch Ihre eigenen Geschichten!

Im Folgenden finden Sie eine Tabelle mit allen Zuordnungen. Diese beziehen sich nur auf die klassischen Planeten, die auch in der Antike schon bekannt waren. Die Transsaturnier, die Planeten jenseits von Saturn, also Uranus, Neptun und Pluto, haben zwar seit ihrer Entdeckung ein „Domizil" zugewiesen bekommen, also ein Zeichen, über das sie herrschen, und wir können somit auch von einem „Exil" sprechen, da dies das gegenüberliegende Zeichen sein muss. Ein klassisch definiertes Zeichen der Erhöhung oder des Falls gibt es nicht. Wir können natürlich darüber diskutieren, spekulieren und eines festlegen, wie dies einige Astrologen auch tun. Das ist völlig legitim, entspringt aber natürlich nicht der klassischen überlieferten Lehre. Wir stellen Ihnen daher frei, ob Sie sich hierfür ein „Wohlfühlzeichen" überlegen wollen. Stattdessen haben alle Planeten außer Sonne und Mond streng genommen zwei Domizile. Denn bevor man Uranus, Neptun und Pluto mithilfe astronomischer Teleskope entdeckte, wies man jedem Tierkreiszeichen einen der vorhandenen Planeten als Herrscher zu. Somit bekamen auch Mars, Jupiter und Saturn noch ein weiteres Domizil.

Merkur wird in der Klassik etwas merkwürdig behandelt: Man bezeichnete Zwillinge und Jungfrau als Zeichen seines Domizils und Jungfrau gleichzeitig auch als Zeichen seiner Erhöhung. Moderne Astrologen gehen mehr und mehr dazu über, ihn in Wassermann als erhöht zu betrachten. Aus diesem Grunde haben wir dies hier mit einem Fragezeichen versehen.

Die Planetenwürden in der Übersicht

Planet	Domizil	Exil	Erhöhung	Fall
Sonne	Löwe	Wassermann	Widder	Waage
Mond	Krebs	Steinbock	Stier	Skorpion
Merkur	Zwillinge / Jungfrau	Schütze / Fische	Wassermann (?)	Löwe (?)
Venus	Stier / Waage	Skorpion / Widder	Fische	Jungfrau
Mars	Widder/ Skorpion	Waage Stier	Steinbock	Krebs
Jupiter	Schütze / Fische	Zwillinge/ Jungfrau	Krebs	Steinbock
Saturn	Steinbock/ Wassermann	Krebs/Löwe	Waage	Widder
Uranus	Wassermann	Löwe	-	-
Neptun	Fische	Jungfrau	-	-
Pluto	Skorpion	Stier	-	-

Kernfragen zu den Planeten

Mond

Welcher Lebensbereich beeinflusst mein Wohlbefinden am meisten? In welchem Bereich bin ich besonders empfänglich für Eindrücke? Durch welche Brille betrachte ich die Welt? Wo und wie gelingt es mir am leichtesten, für mich und andere Geborgenheit zu schaffen?

Sonne

In welchem Lebensbereich möchte ich mich als Individuum aktiv in die Welt einbringen? Wo und wie möchte ich mich in der Welt insbesondere verwirklichen? Wie drückt sich dies in meinem Verhalten aus? Wo finde ich eine gut geeignete Spielwiese für meine Lebenslust? Wofür brennt meine Lebensflamme?

Merkur

Auf welche Weise gelingt es mir am besten, meinen Alltag zu bewältigen? Wie bringe ich mein Fühlen und mein Handeln in Einklang? Nach welchen Kriterien sortiere ich meine Eindrücke? Wie entwickle ich Bewältigungsstrategien für das, was mir widerfährt? Wie baue ich Kontakt zu meiner Umwelt auf? Wie sorge ich für Kommunikation und worüber tausche ich mich am liebsten aus?

Venus

In welchen Lebensbereichen sehne ich mich nach Gemeinsamkeit und Harmonie? Was zieht mich zu anderen Menschen hin und in meiner Umwelt an? Was finde ich schön? Was will ich haben? Wie mache ich mich selbst attraktiv? Was fördert mein Selbstwertgefühl?

Mars

Wie hole ich mir das, was ich haben will? Was hilft mir, mich von anderen und meiner Umwelt abzugrenzen? Wo spüre ich Lust, Widerstände zu überwinden? Wo bin ich mutig? Was bedeuten mir Unabhängigkeit und Eigenständigkeit?

Jupiter

Was lässt mich hoffen, gibt mir Glauben im Leben? Was gibt mir Zuversicht und Optimismus? Wo spüre ich, dass das Leben einen Sinn hat? Wo suche ich nach neuen Horizonten, um über mich selbst hinauszuwachsen? Was erwarte ich von der Gesellschaft? Welche Glückserwartungen habe ich?

Saturn

Wo treffe ich auf die harte Wirklichkeit? In welchen Bereichen spüre ich, dass ich an mir selbst arbeiten muss? Wo kann ich mich meiner Verantwortung nicht entziehen, wo werde ich zur Verantwortung gerufen? Was erwartet die Gesellschaft von mir? Wo spüre ich ein Gefühl von Mangel? Wo und wie kann ich Meisterschaft erlangen?

Uranus

In welchen Bereichen habe ich Zugang zu höheren geistigen Sphären? Wo neige ich dazu, den Boden unter den Füßen zu verlieren und abzuheben? Was macht mich originell und anders? In welchen Lebensbereichen kann ich einen ungewöhnlichen Beitrag leisten? Wo werde ich umwälzende Erfahrungen machen? Wo habe ich immer wieder mit Überraschungen zu rechnen, die mein Leben über den Haufen werfen können?

Neptun

Worin besteht meine größte Sehnsucht im Leben? Wo fühle ich mich mit der Welt als Ganzes verbunden? Wo erahne ich, dass es Zusammenhänge gibt, die größer sind als ich? Wo spüre ich das Vertrauen, dass ich vom Leben getragen werde? Wo habe ich meinen „blinden Fleck“? Wo neige ich zu Träumereien?

Pluto

Wo treffe ich auf innere Schatten? Wo werde ich mit Tabuthemen konfrontiert? In welchen Lebensbereichen geht es immer wieder um kompromisslose Ehrlichkeit mir selbst und anderen gegenüber? Wo muss ich lernen, klare Stellung zu beziehen? In welchen Bereichen verkörpere ich ein Ideal? Wo übe ich Faszination aus? Wo könnte ich über mich selbst hinaus wachsen?

Die Familienfeier

Nachdem Sie nun alle Planeten näher kennen gelernt haben, möchten wir Sie einladen, sich die Gesamtheit aller Planeten in Ihrem Horoskop einmal als Ihre „innere Familie“ vorzustellen.

Visualisieren Sie einfach einmal jeden Planeten als eine Person, ein Mitglied einer Gemeinschaft. Es können Verwandte, aber auch Freunde, Bekannte oder Gegner sein. Es können Ihnen persönlich bekannte Menschen sein, die Sie intuitiv mit einem der Planetenprinzipien verbinden, oder auch einfach nur innere Charakteranteile, denen Sie einen Namen geben.

Zur Auswahl stehen Ihnen in der Tabelle auf Seite xx einige Personen beispielhaft zur Verfügung, doch Ihrer Fantasie sind keine Grenzen gesetzt! Lassen Sie Ihr Horoskop lebendig werden und organisieren Sie eine „Familienfeier“! Bringen Sie alle Wesensanteile Ihres Horoskops an einen Tisch und überlegen Sie sich, wie Sie miteinander interagieren.

Ein Beispiel: Für Ihren Mond in Krebs im siebten Haus haben Sie die Mutter als inneren Wesensanteil ausgewählt. Auf welche Art drückt sie ihre Mutterenergie aus (Tierkreiszeichen) und worauf bezieht sich das konkret (Haus)? Eine mögliche Antwort: Sie hält die Familie zusammen (Krebs) und deswegen hat sie einmal die ganze Familie wieder zusammen eingeladen (7. Haus).

Für Ihre Venus in Wassermann im ersten Haus haben Sie die Tochter als inneren Wesensanteil gewählt. Auf welche Art drückt sie ihre Tochterenergie aus (Tierkreiszeichen) und worauf bezieht sich das konkret (Haus)? Sie ist ein ziemlich rebellisches Wesen (Wassermann) und benimmt sich nicht so wie man es von ihr erwartet. Wie interagiert sie mit der Mutter? Sie versteht sich nicht besonders gut mit ihrer Mutter – beide haben ganz unterschiedliche Vorstellungen davon, wie man zwischenmenschliche Beziehungen pflegt. Doch wenn sie so in einer Gruppe zusammen sitzen, muss selbst die Mutter über ihre Tochter lachen, die immer so witzige Bemerkungen von sich gibt, und die Tochter muss anerkennend eingestehen, dass sie sich ganz angenehm umsorgt fühlt und ihr die Gemeinschaft mit anderen gut tut.

Gehen Sie so für jeden Planeten vor. Fragen Sie sich:

- Auf welche Art drückt Planet x seine Energie aus (Tierkreiszeichen) und worauf bezieht sich das konkret (Haus)?
- Wie interagiert der Planet mit anderen Planeten?

Wenn Sie möchten, können Sie auch die verschiedenen Zimmer mit berücksichtigen. Wenn Venus und Mars beide im ersten Haus stehen, dann treffen sie sich vielleicht im Flur zu einem Plausch. Oder treffen sie sich möglicherweise eher zu einem erotischen Flirt?

Lassen Sie möglichst jeden Planeten mit jedem interagieren. Lassen Sie Ihrer Fantasie dabei freien Lauf, versuchen Sie nicht, es „richtig" zu machen. Ihr Unterbewusstsein wird zu Ihnen sprechen, während Sie schreiben und Ihnen stimmige Eingebungen schicken. Lesen Sie sich die Geschichte dann später einmal mit etwas Abstand wieder durch, und versuchen Sie, sie symbolhaft zu verstehen. Sie werden erstaunt sein, was Sie alles über sich selbst lernen!

Szenen eines Heldenlebens – die Reise des Helden durch die zwölf Häuser des Lebens.

Haben Sie genügend innere Bilder gesammelt? Fühlen Sie sich schon ganz erfüllt von astrologischen Bildern und intuitiven Erfahrungen? Dann sind Sie soweit, sich auf das größte aller Abenteuer einzulassen: der Reise Ihres inneren Helden durch das Horoskop.

Was hat es mit dem inneren Helden auf sich? Stellen Sie sich vor, Ihr Horoskop wäre das Drehbuch für eine spannende Geschichte voller aufregender Abenteuer, in deren Mittelpunkt dieser innere Held steht. Das Horoskop wird nun zur Bühne für die Entwicklung des inneren Helden, der sich entlang den zwölf Stationen des Häuserkreises auf den Weg macht, seine Bestimmung zu finden und zu erfüllen. Was Ihrem Helden auf seinem Abenteuer widerfährt, bestimmen die Konstellationen Ihres Horoskops: Es werden ihm Menschen begegnen, vielleicht auch Tiere, er wird Gegenstände suchen und finden, er wird in Situationen geraten – in wunderbare und auch gefährliche. Er wird Verbündete gewinnen und sich seinen Gegnern stellen. Was auch immer ihm begegnet auf seiner Reise – er wird seine Fähigkeiten entwickeln, seine Talente entdecken und am Ende reicher an Erkenntnissen sein.

Dieser innere Held ist natürlich nichts anderes als eine Allegorie für Sie selbst. Er wird gestaltet und geformt nach den Vorgaben Ihres ganz persönlichen Horoskops, deshalb gibt es keine zwei gleichen inneren Helden. Vielleicht haben Sie Lust, sich gemeinsam mit anderen zusammenzutun, um Ihre Geschichten auszutauschen oder miteinander an der Heldenreise des anderen zu spinnen. Diese Heldenreise wird immer wieder neu sein – und wenn

Sie sie einmal zu Ende gebracht haben, dann hindert Sie niemand daran, sie erneut zu erzählen. Sie werden sehen: Je tiefer Sie sich auf Ihre eigene Heldenreise einlassen, umso intensiver wird die Begegnung mit Ihnen selbst. Sie lernen auf intuitive Weise, sich mit sich selbst auseinander zu setzen. Und nun: Vorhang auf für das Abenteuer Ihres Lebens.

Haus 1 – Heldenkräfte

Jeder Held hat eine besondere Stärke mit auf die Welt gebracht, mit deren Hilfe er sich gegen das Böse in der Welt zu verteidigen weiß. Superman hat seine Superkräfte, Batman kann sich wie eine Fledermaus durch die Lüfte schwingen, Robin Hood ist der beste Bogenschütze aller Zeiten und keiner kann Zorro das Wasser reichen, wenn es darum geht, seine Gegner mit dem Degen in ihre Schranken zu weisen. Natürlich gibt es auch weniger martialische Wege, als Held seine Willen durchzusetzen: manch einer besticht durch seine Intelligenz, andere durch ihren Charme, wieder andere durch ihr technisches Geschick oder ihren detektivischen Spürsinn – und manch einer verfügt sogar über magische Kräfte.

Das Zeichen an der Spitze von Haus 1

Das Zeichen an der Spitze des ersten Hauses beschreibt diese typische Fähigkeit Ihres Helden – aber denken Sie daran, dass jede Stärke auch eine mögliche Schwäche mit sich bringt: vielleicht kann Ihr Held gut schwimmen, aber nicht so gut laufen, vielleicht ist er wahnsinnig intelligent, stellt sich aber im Umgang mit anderen Menschen ziemlich trottelig an. Versuchen Sie sich Ihren Helden mit seinen Möglichkeiten so plastisch wie möglich vorzustellen: Was kann er gut, und was kann er nicht so gut?

Planeten in Haus 1

Wenn es Planeten im ersten Haus gibt, dann können wir sie als Kräfte auffassen, die eine besondere Spezialität im Rahmen der Möglichkeiten des Helden darstellen, eine ganz besondere Fähigkeit – die natürlich auch ganz besondere Probleme bereiten kann, weil sie am wenigsten kontrolliert werden kann und vielleicht zunächst eher als belastend erlebt wird, sich dann aber im Laufe der Geschichte als besonders wertvoll herausstellen kann. Vielleicht lernt der Held erst auch im Laufe der Zeit verantwortungsvoll mit ihr umzugehen. Es kann sich aber auch um eine geheime Fähigkeit handeln, die nur dann zum Vorschein kommt, wenn unser Held besonders gereizt wird … Kurz: Der Fantasie sind keine Grenzen gesetzt!

Haus 2 – Heldendinge

Worauf kann sich Ihr Held eigentlich im Zweifelsfalle verlassen? Was gibt ihm die Sicherheit, dass er seine Abenteuer unversehrt überstehen kann? Viele Helden haben besondere Utensilien, auf die sie wie selbstverständlich zurückgreifen können, wenn es mal brenzlig wird. Irgendetwas hat jeder Held in seinem Repertoire, worauf er zurückgreifen kann. Das können auch Eigenschaften sein, die er von Natur aus besitzt. Vielleicht versteht er die Sprache der Tiere oder hat ein besonders feines Gehör oder Augen wie ein Adler. Vielleicht ist es auch nur das Bild eines geliebten Menschen, das Vertrauen in eine höhere Kraft oder der Glaube an die Vernunft, die hier Sicherheit stiftend erlebt werden. Oder es ist einfach ein ganz materielles Vermögen – ein Erbe, ein Schatz oder eine vornehme Abstammung -, das ihm immer wieder die Basis schafft, sich als Held bewähren zu können.

Das Zeichen an der Spitze des zweiten Hauses

Das Zeichen an der Spitze des zweiten Hauses zeigt uns, was unserem Helden Sicherheit und Selbstvertrauen gibt. Im Gegensatz zu den Superkräften im ersten Haus sind diese Eigenschaften nicht unbedingt dazu da, um sich aktiv gegen das Böse zu wehren, sondern dienen eher dazu, sich in einer Welt voller Gefahren gewappnet zu fühlen. Natürlich werden solche Utensilien oder Eigenschaften auf die besonderen Fähigkeiten des ersten Hauses abgestimmt sein – so wird es wenig Sinn machen für unseren Helden, wenn er ein schweres Schwert mt sich herumführt, wenn er sich ersten Haus als körperlich eher bedürftig herausstellt. Das sollten Sie also bedenken.

Planeten in Haus 2

Planeten in Haus 2 weisen wieder auf ganz besondere Werkzeuge oder Eigenschaften hin, die der Held auf seiner Reise zur Verfügung hat. Da gibt es den Zaubermantel oder den Zaubertrank, das magische Schwert oder eine Sammlung von Beschwörungsformeln. Vielleicht aber auch eine außergewöhnliche körperliche Eigenschaft, die ihn unbesiegbar macht, wie das Bad im Drachenblut den Recken Siegfried unverwundbar machen sollte. Doch genauso wie Siegfried an einer Stelle seines Körpers nicht von Drachenblut benetzt wurde und dort verwundbar blieb, oder wie Harry Potter seine Narbe auf der Stirn hat, so hat auch Ihr Held bestimmt eine Achillesferse – und auch auf diese könnte der Planet hinweisen. Denken Sie also nach: Was könnte die Schwachstelle Ihres Helden sein? Denken Sie an James Bond, den seine Schwäche für schöne Frauen mehr als nur einmal in tödliche Gefahr gebracht hat. Andererseits war es aber genau diese „natürliche Begabung“, die ihm oft genug zu genau den Informationen verhalf, die ihm gerade noch auf seiner Mission fehlten …

Haus 3 – Das Aussehen des Helden

Nun wissen Sie schon eine Menge über Ihren Helden – über seine besonderen Fähigkeiten, seine Stärken und Schwächen und so weiter. Fehlt nur noch, dass Sie ihn entsprechend „in Schale werfen“ – und das ist das Thema des dritten Hauses. Hier erfahren wir etwas darüber, wie sich Ihr Held gerne gibt, wie er sich kleidet, wie er sich bewegt, wie er sich ausdrückt. Wir erfahren etwas über das Timbre seiner Stimme und die Festigkeit seines Händedrucks ebenso wie über seinen Kleidungsstil und welches Parfüm er gerne benutzt. Berühmt sind ja die Kostüme der Superhelden, und wer stellt sich nicht einen Robin Hood mit Federhut und in grünem Rock vor?

Das Zeichen an der Spitze des dritten Hauses

Es ist das Zeichen an der Spitze des dritten Hauses, das uns Auskunft darüber gibt, wie wir uns unseren Helden in den äußerlichen Details vorzustellen haben. Und natürlich muss dieses Äußere auch dem entsprechen, das wir im Vorfeld in Haus 1 und Haus 2 angelegt haben. Es muss eben passen! Wenn Sie sich bis dahin einen echten Ritter vorgestellt haben, werden Sie Ihrem Helden sicherlich keinen gefallen tun, wenn Sie ihn in ein Biedermeierkostüm stecken. Hier erfahren wir im Wesentlichen etwas darüber, was unser Held für eine Atmosphäre um sich herum verbreitet, wenn er sich zeigt. Wirkt er eher geheimnisvoll und undurchschaubar? Oder ist er eine einnehmende, strahlende Erscheinung? Fühlt man sich in seiner Gegenwart eher wohl oder wirkt er eher unnahbar?

Planeten in Haus 3

Gerade Planeten in diesem Haus können auf besondere äußere Merkmale hinweisen, die der Umwelt ins Auge stechen. Das muss nicht immer etwas Sichtbares sein – es kann auch ein besonderer

Klang in der Stimme des Helden sein, seine besonders sanften Augen oder sein intensiv stechender Blick, dem sich keiner entziehen kann. Vielleicht ist er aber immer korrekt und passend gekleidet – oder das Gegenteil: immer provozierend und auffällig. Vielleicht gibt es ein besonderes Utensil, ein Markenzeichen – wie z.B. die Maske Zorros. Denken Sie auch daran, dass Kleider Leute machen und dass gerade hier die Chance besteht, etwaige Schwächen zu geschickt zu kaschieren. Kleidung ist eben immer auch Ver-Kleidung, und gerade ein Held sollte die Möglichkeit haben, sich im Zweifelsfalle auch unerkannt unters Volk zu mischen, gerade wenn er in geheimer Mission ist.

Haus 4 – Der Ruf des Helden

Warum ist eigentlich Ihr Held ein Held geworden? Warum hat er beschlossen, sich auf die Reise zu begeben, um sich für das Gute einzusetzen und dem Bösen standhaft die Stirn zu bieten? In Haus 4 erfahren wir es. Hier stecken die Informationen über die Beweggründe Ihres Helden, was ihn veranlasst, seine Fähigkeiten für eine vielleicht höhere Sache einzusetzen. Vielleicht hatte er schon immer eine dumpfe Ahnung davon, zu Höherem berufen zu sein, vielleicht hatte er aber auch eine besondere Begegnung oder geriet in eine besondere Situation, die ihm klar machte, dass er sich auf den Weg machen müsste. Das vierte Haus steht für den inneren Ruf, der einen Helden erst zum Helden macht.

Das Zeichen an der Spitze des vierten Hauses

Welches Grundempfinden treibt Ihren Helden an? Ist es der Wunsch nach Gerechtigkeit wie bei Robin Hood? Oder ist es die Liebe zu einer angebeteten Dulcinea wie bei Don Quijote? Ist es die Sehnsucht nach Erlösung, die Parsifal auf die Suche nach dem Heiligen Gral schickt? Oder ist es einfach nur der Wunsch, nicht mittelmäßig zu sein, sondern etwas Herausragendes zu tun, zu erfinden, zu entdecken? Ist es ein Wunsch wie der von Harry Potter, nicht bei den unverständigen Verwandten bleiben zu müssen, sondern seinen ganz eigenen Weg zu gehen? Darüber gibt Ihnen das Zeichen an der Spitze des vierten Hauses Auskunft. Aber Achtung: Jeder innere Ruf will auch erst einmal vernommen werden! Deshalb sollten Sie in Ihre Überlegungen mit einbeziehen, dass ein Mensch auch diesen Wunsch verspüren muss, bevor er sich entschließt, ein Held zu werden. Das können – wie gesagt – auslösende Erlebnisse sein, doch nicht alle, die Dramatisches erleben, werden daraus auch eine Berufung für sich ableiten, sich auf den Weg zu machen, um die Welt zu verändern. Welcher tiefe Herzenswunsch ist es also, der Ihren Helden antreibt?

Planeten in Haus 4

Planeten im vierten Haus können Ihnen helfen, diesen Herzenswunsch Ihres Helden noch näher zu beschreiben. Vielleicht erfahren Sie so noch mehr über das, was ihn schlussendlich bewegt hat, sich auf die Suche nach seinem Heiligen Gral zu machen. Vielleicht sind es bestimmte Ereignisse oder die Begegnung mit bestimmten Personen, die eine Wandlung im Leben Ihres Helden ausgelöst haben. Vielleicht hatte er ein Traumgesicht oder er folgt der Prophezeiung eines Orakels? Ist es vielleicht der Wunsch nach Vergeltung – der sich möglicherweise während der Reise in einen Sinne für Gerechtigkeit verwandeln wird?

Haus 5 – Heldentaten

Was wäre ein Held ohne Heldentaten! Den wahren Helden erkennen wir an seinem Tun – und was dieses Tun vor allen anderen auszeichnet, lesen wir im fünften Haus. In seinen taten blüht der Held zur vollen Größe auf: Hier lässt er sein Licht erstrahlen und zeigt, was er kann. Ob er sich nun im Kampf gegen Ungeheuer, finstere Gestalten und andere Böswichte einsetzt oder an der Seite von Recht und Ordnung für eine bessere Welt ins Felde zieht oder seine besonderen Fähigkeiten dafür einsetzt, gefährliche Irrfahrten zu bestehen wie Odysseus – jeder Held wird sich durch ein typisches Verhalten ausdrücken, mit der er sich einer Herausforderung stellt.

Das Zeichen an der Spitze des fünften Hauses

Das Zeichen an der Spitze von Haus 5 gibt Ihnen Auskunft darüber, welche Handlungsstrategie Ihr Held bevorzugen wird, wenn es darum geht, ein Abenteuer zu bestehen. Wie wird er seine Fähigkeiten und Talente am besten einsetzen? Wird er planvoll agieren oder eher ungestüm drauf losstürmen und auf den Überraschungsmoment setzen? Wird er sich erst in Szene setzen oder wird er unvermutet zuschlagen, wenn man es am wenigsten erwartet? Sucht er die offene Konfrontation oder neigt zum Taktieren? An welchen Taten erkennt man Ihren Helden? Setzt er seinen Charme als Waffe ein oder eher seinen Intellekt?

Die Planeten in Haus 5

Auch hier bieten die Planeten im fünften Haus zusätzliche Informationen an. Sie erzählen uns ein bisschen genauer, was die Verhaltensweise Ihres Helden typisch machen. Vielleicht gibt es sogar Vorbilder, die hier eine Rolle spielen und den Helden beeinflusst haben? Möglicherweise sind es ganz typische Handlungen, die Ihren Helden hier charakterisieren: vielleicht neigt er dazu, sich erst tiefgründige Gedanken zu machen, bevor er zur Tat schreitet oder er geht ganz locker auf eine Herausforderung zu. Vielleicht muss man ihn aber auch erst dazu drängen, sich in Bewegung zu setzen: Welche Argumente könnten es sein, die ihn in Aktion bringen? Welche inneren Zweifel muss er möglicherweise noch überwinden? Und was könnte ihm erst Recht Mut machen, sich zu engagieren?

Haus 6 – Wenn Helden scheitern …

So strahlend er uns auch entgegentreten mag und so edel seine Taten auch scheinen: Irgendwo auch Ihr Held eine Schwäche – und damit ist nicht seine Achillesferse gemeint, die wir in Haus 2 schon beschrieben haben. Nein – hier geht es um die inneren Hürden, an denen Ihr Held auf seiner Mission scheitern könnte. Der perfekte Held, dem alles gelingt – das wäre langweilig. Darum finden wir in Haus 6 all das, was unseren Helden zum Scheitern bringen könnte, und zwar ganz von alleine, ohne dass ein anderer etwas dazu tun muss. Typischerweise sind das Eigenheiten, die an seinem Image als strahlender Held tüchtig kratzen könnten – wenn z.B. Neid, Rache oder Wut seine klare Sicht trüben und ihn dazu verleiten, in kritischen Situationen Fehler zu machen.

Das Zeichen an der Spitze des sechsten Hauses

Das Zeichen an der Spitze des sechsten Hauses könnte auf die Frage antworten: Womit könnten wir unseren Helden kriegen? Welche Schwächen könnten wir ausnützen, um ihn von seiner Mission abzubringen? Ist es seine Bequemlichkeit? Seine mangelnde Fähigkeit, sich ein- und unterzuordnen? Seine rebellisches Wesen, dass er so wenig unter Kontrolle hat? Seine fehlende Einfühlsamkeit oder ganz im Gegenteil seine Unfähigkeit, Gefühle aus dem Spiel zu lassen? Allerdings zeigen uns die Heldengeschichten auch, dass die Überwindung dieser inneren Hürden den Helden erst zum Helden machen: wenn er den „inneren Schweinehund“ überwunden hat, wenn er sich selbst besiegt hat, dann strahlt er umso leuchtender und zieht umso erfolgreicher seine Kreise. Doch vor den Erfolg haben die Götter den Schweiß gesetzt – und jede Herausforderung bietet auch die Chance, an ihr zu scheitern. Welchen „inneren Schweinehund“ hat nun Ihr Held zu bezwingen?

Planeten in Haus 6

Wenn sich noch weitere Planeten in Haus 6 befinden, dann erzählen sie uns noch detailreicher, welchen inneren Fallen unser Held auf den Leim gehen könnte. Ist es seine Tendenz, alles zu dramatisieren und sich in den Mittelpunkt zu spielen? Beansprucht er zu viel Raum für sich und lässt anderen gar keinen Platz mehr? Oder übertreibt er gerne, findet keinen Schluss, wenn er einmal in Fahrt kommt und schießt damit über das Ziel hinaus? Fehlt es ihm an Subtilität und Feingefühl wie Harry Potter beim Zaubertrankbrauen im Unterricht mit Professor Snape? Fühlen Sie sich in Ihren Helden hinein (was Ihnen ja nicht schwer fallen dürfte, schließlich ist es ja *Ihr* Held) und prüfen Sie nach, an welchen Stellen seines Charakters er noch etwas zu entwickeln hat, um wirklich und wahrhaftig ein Held zu sein.

Haus 7 – Das Abenteuer beginnt …

Ihr Held hat nun alles, was er braucht: er verfügt über besondere Fähigkeiten, die ihn von allen anderen Menschen auf dieser Welt unterscheiden, ist erfüllt von dem Wunsch, sich in den Dienst für das Gute in dieser Welt zu stellen, und er besitzt eine Persönlichkeit, die nicht nur Stärken, sondern auch Schwächen bereit hält, Fußangeln, in die Ihr Held geraten könnte – aber das macht die Sache ja erst so richtig spannend, denn nun kann die Heldenreise erst richtig beginnen: die ersten Abenteuer wollen bestanden werden. Schon befinden wir uns mitten im siebten Haus, welches dem ersten Haus genau gegenüber liegt: Hier die Herausforderungen, dort die Gaben, die dem Helden in die Wiege gelegt wurden, um diese Proben mit Bravour zu bestehen. Im siebten Haus finden wir alles, was unserem Helden auf seiner Suche nach der Erfüllung seines Herzenswunsches (Haus 4) begegnen wird. Welche Gegenden mag er durchwandern, wohin wird es ihn ziehen? Dies verrät uns das siebte Haus. Es zeigt uns auch, welcher Art die Begegnungen für den Helden sein müssen, damit er sich von ihnen auch herausgefordert fühlen wird. Hier findet er seine Dinge, Menschen und Ereignisse, die ihn fordern, bereichern und ergänzen.

Das Zeichen an der Spitze des siebten Hauses

Das Zeichen an der Spitze dieses Hauses verrät uns, welcher Natur die Herausforderungen sein müssen, damit sie von Ihrem Helden überhaupt als solche zur Kenntnis genommen werden. Ein Held kann sich schließlich nicht um alles kümmern, sondern er ist auf der Suche nach Abenteuern, die ihm seinem Ziel näher bringen. Das Zeichen erzählt uns etwas über die typischen Szenen, in denen solche Abenteuer stattfinden werden: das können bestimmte Landschaften sein oder spezielle Situationen. Vielleicht sucht Ihr Held am liebsten die unmittelbare Konfrontation, den unmittelbaren Kampf, oder er fühlt sich zu Situationen hingezogen, in denen es darum geht, sich in den Dienst einer höheren Aufgabe zu stellen, oder es packt ihn sein Heldenmut dann, wenn er sieht, wie andere ungerecht behandelt werden. Jede Situation, welche die Merkmale dieses Zeichens trägt, wird Ihren Helden in seiner Entwicklung ein wesentliches Stück weiter bringen – so er in der Lage ist die Herausforderung zu meistern. Welche Szenen könnten Sie sich für Ihren Helden ausmalen, in denen seine Heldenkräfte zu voller Geltung kommen können?

Planeten in Haus 7

Wenn Planeten im siebten Haus stehen, dann können Sie diese als Personen betrachten, denen Ihr Held begegnen wird. Ob es sich dabei um freundlich gesonnene Helfer und Wegbegleiter handelt oder um Gegner, die ihn zum Kampfe herausfordern, das entscheidet sich von Fall zu Fall – jeder Planet könnte beides sein: Freund oder Feind! In jedem Falle aber wird Ihr Held an dieser Begegnung reifen, sei es, dass er tatkräftige Unterstützung durch ihm wohl gesonnene Wesen erhält oder im erfolgreichen Sieg über seine Gegner an Stärke zunimmt. Und nicht selten erwächst aus anfänglicher Feindschaft mit der Zeit eine Freundschaft … Mit welchen interessanten Persönlichkeiten wird wohl Ihr Held es auf seiner Abenteuerreise zu tun bekommen? Und wie enden diese Begegnungen? Wird er wie König Artus eine Tafelrunde edler Ritter um sich scharen oder ist er doch eher der Typ „einsamer Held“, der am Ende des Tages in das Rot der untergehenden Sonne reitet?

Haus 8 – Die große Prüfung

Jetzt wird es spannend, denn irgendwann ist es soweit und der Held muss sich seinem Schicksal stellen – oftmals im Angesicht des Todes und in Gestalt eines fürchterlichen Bösewichtes, ausgestattet mit dunklen, teuflischen Kräften, die auf Zerstörung ausgerichtet sind. Sicherlich kennen Sie diese dramatischen Szenen, in denen es um Alles oder Nichts geht, der Held vielleicht in eine Falle getappt ist und nun um sein Leben fürchten muss. Vielleicht hat der fiese Finsterling die Liebste des Helden entführt und will so den Helden zur Aufgabe seiner Mission zwingen, oder er verfügt über einen Gegenstand, der ihm die Macht verleiht, alles Leben auf der Erde zu vernichten, wenn nicht der Held seinen Weg aufgibt. Vielleicht hat er auch herausgefunden, welche Schwachstelle Ihr Held hat und ist nun in der Lage ihn außer Gefecht zu setzen. Doch dann Ziel der dunklen Seite ist es nicht, unseren Helden einfach so zu zerstören – vielmehr geht es ihr darum, ihn für die dunkle Seite zu gewinnen! So wie Draco Malfoy versucht, Harry Potter auf die Seite des Bösen zu ziehen, bevor er gegen ihn kämpft, so ist auch Ihr Held zumindest einmal in seinem Leben einer Versuchung ausgesetzt. Wird Ihr Held dieser Versuchung widerstehen? Wird er in der Lage sein, sich aus dieser Situation herauszuwinden und wieder Herr der Lage zu werden? Hier ist aber nicht nur Heldenmut und Heldenkraft gefragt, sondern auch eine Entscheidung: den Weg auf das eigene Ziel unbeirrt weiter zu gehen – koste es, was es wolle!

Das Zeichen an der Spitze des achten Hauses

Wenn Sie das Zeichen an der Spitze des achten Hauses betrachten, dann erfahren Sie etwas darüber, wie eine solche Prüfung des Willens für Ihren Helden aussehen könnte. Worin besteht diese Drohung? Was steht auf dem Spiel? Um welchen Preis könnte sich unser Held von seinem Weg abbringen lassen? Wie könnte die dunkle Seite ihn am Ende doch noch gewinnen? Ist es das Versprechen von Macht? Ewiger Schönheit? Liebe, Ruhm und Reichtum? Wofür würde sich unser Held wohl verkaufen? Doch auch, was unseren Helden in seiner Entscheidung für seinen einmal eingeschlagenen Weg bekräftigen könnte, ist hier zu finden. Welche Werte sind in ihm so stark verankert, dass sie ihm helfen, auch diese schwere Prüfung zu überstehen? Vielleicht muss er sogar für seinen Weg etwas opfern, muss der dunklen Seite einen Tribut zollen, bevor diese ihn weiter ziehen lässt. Was auch immer hier geschieht: es wird Ihren Helden wandeln und läutern.

Planeten in Haus 8

Wieder könnten Planeten in Haus 8 als nähere Beschreibung für die Mächte stehen, denen Ihr Held sich von Angesicht zu Angesicht gegenüber sieht. Vielleicht stehen sie für Facetten der dunklen Macht, die ihn auf seine Seite zu ziehen versucht. Andererseits können es genauso gut wertvolle Utensilien sein, die Ihr Held in letzter Sekunde zu greifen bekommt, so dass es ihm am Ende doch noch gelingt, sich aus der Umklammerung des Bösewichtes zu befreien. Vielleicht taucht in allerletzter Minute ein Freund auf, der Ihrem Helden noch einen Gefallen schuldig ist und diesen nun zu seiner Rettung einlösen wird. Vielleicht haben auch Sie auf die Rettung durch einen Phoenix zu hoffen, wie Harry Potter, als er sich der Treue und Loyalität dieses Helfers würdig erweist.

Haus 9 – Die Läuterung des Helden

Nach bestandener Prüfung und durchlebter Gefahr, wird die Welt für Ihren Helden nicht mehr so sein, wie sie war – und das könnte eine ziemlich verwirrende Erfahrung für ihn sein! Woran er zuvor geglaubt hat, das gilt vielleicht jetzt nicht mehr, aber es könnte auch gut sein, dass er jetzt einiges klarer sieht und Zusammenhänge noch besser erkennt. So mancher Groschen dürfte unserem Helden hier fallen – und nicht selten erkennt er hier, welchen Irrtümern er aufgesessen und wie er sich an manchen Stellen wohl ziemlich unreif verhalten hat, und so – ohne es wirklich zu wollen – so manches Mal aus reiner Unwissenheit alles aufs Spiel gesetzt hat. Nun aber ist er geläutert und vielleicht auch Stückchen weiser geworden. Was diese Läuterung bei Ihrem Helden ausmacht und wie es sein wird, wenn er reifer und erfahrener geworden ist, das erfahren Sie, wenn Sie sein neuntes Haus betrachten. Jetzt ist erst die Voraussetzung geschaffen, dass unser Held sein Ziel erreicht und seine Aufgabe löst. Hier findet er nicht selten auch das letzte Puzzlestück, das ihm noch fehlt, den Schlüssel zum Heiligen Gral.

Das Zeichen an der Spitze des neunten Hauses

Dieses Zeichen zeigt Ihnen, welche Themen sich Ihrem Helden durch die Läuterung erst erschließen. Wie wird die Welt für ihn sein, wenn er sich erfolgreich gegen das Böse zur Wehr gesetzt hat? Wir sie ihm geordneter und strukturierter erscheinen? Wir er sich frei wie ein Vogel fühlen oder geborgen wie in Abrahams Schoß? Was werden andere an Ihrem Helden wahrnehmen, wie wird er sich ihnen gegenüber zeigen? Welche Eigenschaften werden auf einmal sichtbar sein, die vorher vielleicht gar nicht so selbstverständlich waren? Was heißt es eigentlich für Ihren Helden weiser zu sein? Ist er dann klüger geworden und weiß einfach mehr? Gelingt es ihm, sich nun besser sein Schicksal anzunehmen – oder ganz im Gegenteil: sich endlich gegen das ihm aufoktroyierte Schicksal zu erheben? Was sind die sichtbaren Folgen des dramatischen Ereignisses in Haus 8?

Planeten in Haus 9

Manchmal bracht es Gestalten, die unserem Helden auf seinem Erkenntnisweg auf die Sprünge helfen, weise Lehrer, die ihm wohlwollend auf Zusammenhänge aufmerksam machen, die ihm in seiner Unerfahrenheit und seinem Ungestüm vielleicht sonst entgehen würden. Diese wichtigen Figuren finden wir in den Planeten, die das neunte Haus bevölkern. Vielleicht ist es der klassische weise Alte, ein Merlin oder Gandalf, der aus über Zauberkräfte verfügt, oder es ist ein spirituelles Vorbild wie Buddha, Gandhi oder Jesus. Vielleicht ist es auch der eigene Großvater, Nachbar, das Kind oder die Kioskverkäuferin ums Eck, die Ihren Helden urplötzlich mit Wissen versorgen, das ihm zur Lösung seines Rätsels gerade noch gefehlt hat. Vielleicht ist es jemand, den Sie zuvor bekämpft haben, der nun zu einem wertvollen Begleiter für Sie wird, so wie Sirius Black, den Harry Potter als den ausgebrochenen Gefangenen aus Azkaban verfolgt, um herauszufinden, dass er eigentlich sein Patenonkel und der beste Freund seines Vaters ist. Vielleicht findet Ihr Held hier auch etwas, das ihm bei der Bewältigung seiner großen Aufgabe den entscheidenden Schritt weiterbringen wird: ein Buch, einen Zauberring, eine Tarnkappe oder magischen Mantel, der ihn an alle Orte der Welt bringen wird, die er sich wünscht? Was auch immer Ihr Held noch braucht, um das Abenteuer seines Lebens zu vollenden – hier wird er es finden.

Haus 10 – Die Mission des Helden

Kein Held ohne Ziel, ohne große Aufgabe, die er zu bewältigen hat. Nicht um der reinen Abenteuerlust bricht Ihr Held auf in eine Welt voller Gefahren, sondern weil er ein Ziel vor Augen hat und auf der Suche nach etwas ist, das seiner Reise einen Sinn verleiht. So macht sich Don Quijote auf den Weg, um seine Dulcinea zu befreien, Parsifal sucht den Heiligen Gral, König Artus kämpft für die Befreiung von Britannien, James Bond handelt im Auftrag Ihrer Majestät und Odysseus will einfach nur nach Hause. Was auch immer den Helden (Haus 4) bewog, sich in seine Abenteuer zu stürzen, ohne Ziel, auf das er seine Kräfte richten kann, treibt er nur orientierungslos in der Landschaft herum – und das finden wir im zehnten Haus. Natürlich kann es sein, dass ihm anfänglich seine Ziele völlig unklar waren und er nur einen nebulösen Antrieb in sich spürte, der ihn drängte, in die Weite zu ziehen. Doch im Laufe der Geschichte, wenn sich Detail um Detail enthüllt, Puzzlestein um Puzzlestein zusammengefügt hat, entsteht nach und nach die Gewissheit, dass es eine Berufung gibt, und dass am Ende seiner Reise eine Belohnung auf ihn wartet.

Das Zeichen an der Spitze des zehnten Hauses

Was für ein Ort ist dieser Ort der Bestimmung des Helden? Wie sieht es dort aus? Ist es ein prunkvolles Schloss oder eher eine finstere Gegend wie die Berge von Mordor? Und welcher Lohn ist ihm versprochen? Wird es ein richtiger Schatz sein oder werden die Hochzeitsglocken läuten? Wird er den Heiligen Gral erringen und damit sein Seelenheil sichern? Wird er den Ring zerstören und damit die Menschheit retten? Die Kammer des Schreckens öffnen oder den Stein der Weisen finden? … Wenn Sie mehr darüber erfahren möchten, dann sollten Sie das Zeichen an der Spitze des zehnten Hauses genauer untersuchen. Hier wird klar, worum Ihr Held eigentlich kämpft: um Ruhm und Ehre, um Erleuchtung, um Frieden und Freiheit in der Welt oder um die Prinzessin im Dornröschenschloss. Denken Sie auch daran, dass Ziele sich wandeln können und ein ursprünglich anvisiertes Ziel mit zunehmender Reife des Helden auch ganz andere Gestalt annehmen kann. Vielleicht bricht er auf, um einen Schatz zu heben, und am Ende der Geschichte findet er sich selbst? Vielleicht wollte er nichts anderes als fürchterliche Rache nehmen, um Gerechtigkeit wiederherzustellen, und nun erkennt er am Ende des Weges, dass es um Versöhnung geht? Das Ziel beim Aufbruch des Helden muss nicht das sein, welches er am Ende seiner Reise tatsächlich erreicht. Vielleicht war der Gral auch nur ein Hirngespinst, ein Produkt der Fantasie? Was aber findet Ihr Held dann, wenn er die Tore der Gralsburg durchschreitet? Welche Überraschung wartet dort auf ihn?

Planeten in Haus 10

Vielleicht ist das Ziel seiner Reise, seine Bestimmung, mit bestimmten Personen verbunden, die er erlösen muss. Vielleicht geht es um ganz bestimmte Gegenstände, die er finden, zurückbringen, zurückerobern, zusammensetzen oder gar zerstören muss – wie der schreckliche Ring aus *Herr der Ringe* oder der Stein der Weisen aus Harry Potters erstem Abenteuer. Solche Personen und Gegenstände können von Planeten verkörpert werden, die im zehnten Haus stehen. Sie besitzen eine große Ausstrahlung und haben eine magnetische Macht auf den Helden: sie geben seiner Reise oft erst den Sinn. Manchmal sind sie einfach nur äußere Symbole für etwas ganz anderes, und mit der Befreiung dieser Personen oder dem Erringen dieser Gegenstände befreit der Held wichtige innere Teile seiner selbst und erringt wichtige Eigenschaften, die ihn erst vollständig machen und sein Leben erfüllen werden.

Haus 11 – Die Fügung

Ihr Held ist nun an den Ort seiner Bestimmung angekommen. Vor ihm baut sich die Gralsburg auf und das Ziel, auf das er all seine Wünsche und Hoffnungen ausgerichtet hat, ist in greifbare Nähe gerückt und er steht ihm Angesicht zu Angesicht gegenüber. Nicht selten aber führt der Weg in das Herz der Gralsburg noch an Hürden vorbei, die es noch zu bewältigen gilt, bevor einem

Einlass gewährt wird. Manchmal geht es darum, eine entscheidende Frage beantworten zu können, ein Losungswort zu kennen, bevor sich die Zugbrücke senkt, und wir feierlichen Einzug halten können. Immer aber entscheidet sich an dieser letzten Hürde, ob der Held in der Lage ist, nach all den durchstandenen Strapazen und bewältigten Prüfungen auch anzuwenden, was er gelernt hat. Hier zeigt sich auch, dass nur er es sein kann, der dem Heiligen Gral gegenüber tritt, dass letztlich alles nur von ihm abhängt und von der einen entscheidenden Tat, die es noch zu tun gibt. Diesen letzten Schritt muss er alleine gehen – und etwaige Wegbegleiter und Helfer müssen an dieser Stelle zurückbleiben. So hilft Harry Potters bester Freund Ron ihm zwar durch sein geniales Schachspiel und Hermione löst messerscharf das logische Rätsel für ihn, um zum Stein der Weisen zu gelangen, doch schließlich und endlich steht Harry ganz alleine vor Lord Voldemort. Es ist ein letzter Moment der Spannung, in der sich durch eine einzige, letzte Tat alles fügen wird – wenn der Held seine Lektion gelernt hat …

Das Zeichen an der Spitze des elften Hauses

Mit dem Zeichen an der Spitze des elften Hauses erfahren Sie, auf welche Eigenschaften und Fähigkeiten es ankommt, damit sich für Ihren Helden alles so fügen kann, wie es bestimmt war. Hier findet sich auch die Antwort auf die Frage, woran er letztlich scheitern könnte – welchen Fehler er, so nah an der Erfüllung seiner Mission, begehen könnte. Diese Situation verlangt Selbstvertrauen nicht nur in die eigenen Kräfte, sondern auch den Glauben daran, dass die Vision, der man sein Leben gewidmet hat, richtig und wichtig ist. Es gilt für ihn die letzten Zweifel zu besiegen, dass er wirklich der Richtige ist, der nicht nur um seiner selbst willen den Gral erringt, sondern für das höhere Ziel, das damit verbunden ist. Hätte Harry Potter den Stein der Weisen nur für sich selbst gewollt, er wäre nie in seine Hände gelangt. Welcher Art diese Zweifel sein können und wie er sie letztlich besiegen kann, das erzählt ebenfalls das Zeichen an der Spitze des elften Hauses.

Planeten in Haus 11

Die letzten Hindernisse vor der Erfüllung der Mission könnten durch die Planeten im elften Haus verkörpert werden. Sie könnten der letzte Schlüssel sein, den es zu finden gilt, bevor unser Held seine Mission erfüllen darf. Vielleicht muss er noch eine Zauberblume oder einen goldenen Schlüssel finden, mit der er die Türen zu den verborgenen Gemächern, in denen die gefangene Geliebte seiner harrt, öffnen kann? Vielleicht gilt es das Rätsel der Sphinx zu lösen oder eine letzte gute Tat zu begehen? Vielleicht hilft ihm auch ein glücklicher Zufall? Nicht selten kommt es sogar noch einmal zu einem fürchterlichen Endkampf gegen den ärgsten Widersacher, der noch ein letztes Mal dem Helden den Weg auf sein Ziel versperrt und bezwungen werden muss. Jetzt heißt es alle Kräfte aufzubieten, aber nicht nur diejenigen, über die Ihr Held ohnehin verfügt, sondern auch das Wissen anzuwenden, dass erst durch das Bestehen der Abenteuer in Ihrem Helden reifen konnte. Doch was auch immer Ihrem Helden am Ende seiner Reise begegnen mag – wenn er sich tapfer durch die Abenteuer geschlagen hat und sich den Rat des Weisen in Haus 9 zu Herzen genommen hat, dann kann ihm eigentlich nichts mehr im Wege stehen …

Haus 12 – die Erfüllung

Es ist vollbracht! Das letzte Rätsel ist gelöst, der letzte Gegner bezwungen, der Gral ist errungen, die Geliebte befreit … Nach den letzten dramatischen Augenblicken reißt der Himmel wieder auf und die Sonne lässt die Szenerie in herrlichen Farben erstrahlen. Überall ist Erleichterung zu spüren, denn mit dem letzten Sieg, der letzten Tat hat sich nicht nur das Schicksal des Helden erfüllt, sondern es ist auch ein höheres Ziel für alle Menschen Wirklichkeit geworden. Das Volk jubelt, die große Halle ist zum Fest geschmückt (auf Hogwarts in den Griffindor-Farben rot und golden, versteht sich, den Farben des Löwen), der Held wird gefeiert und bekommt seinen Ruhmeskranz – und nicht zuletzt den ihm versprochenen Lohn, sei es die Hand der Königstochter, seine Freiheit, die Erlösung, einen Schatz oder auch nur ausreichend Punkte, um den Sieg im Häuserwettbewerb auf Hogwarts davonzutragen. Vielleicht ist dies auch ein leicht melancholischer Augenblick für Ihren Helden, denn seine Reise ist nur wirklich und wahrhaftig zu Ende. Er ist ein anderer geworden und nachdem alle Anspannung von ihm abgefallen ist, sieht er sich selbst in einem ganz anderen Licht. Vielleicht wird ihm auch bewusst, dass er Verluste hat hinnehmen und Opfer bringen müssen, um soweit zu kommen. Andererseits: ein Held ist ein Held! Glauben Sie wirklich, dass er von nun an seinen Lebensabend auf einem Königsthron verbringen und seinen Kindern beim Großwerden zusehen wird? Ist es möglich, dass er sich mit seinem gewonnen Schatz ein Häuschen auf dem Land kauft und von nun an sein Dasein glücklich und zufrieden als Kartoffelbauer fristen wird? Oder spürt er schon den Lockruf eines neuen Abenteuers in seinem Herzen, wenn er die aufgehende Sonne beobachtet? Jedes Ende ist immer der Anfang von etwas Neuem …

Das Zeichen an der Spitze des zwölften Hauses

Wie sieht es nun aus für Ihren Helden, nun da sich alles zum Besten gefügt hat und die Mission zu Ende ist? Welche Sehnsüchte haben sich für ihn erfüllt und wo steht er jetzt am Ende der Reise? Diese Fragen können Sie am besten unter dem Eindruck des an der Spitze des zwölften Hauses stehenden Zeichens beantworten. Hier erfahren Sie etwas über das, was sich im Hintergrund für Ihren Helden erfüllt hat und was sich hinter all den Ereignissen für ihn persönlich verändert hat. Was für ein Mensch ist er geworden? Welche Lebensfragen haben sich für ihn beantwortet? Welche Geheimnisse bleiben? Welche Rätsel tun sich vielleicht jetzt erst auf, wenn wieder Ruhe eingekehrt ist?

Die Planeten in Haus 12

Planeten in diesem Haus können für Ereignisse, Personen und Dinge stehen, die sich erst nach der Erfüllung der Mission einstellen werden. Vielleicht war das Erringen des Grals nur das vordergründige Ergebnis der Reise – und hinter irgendeiner bis dahin nicht beachteten Türe, die sich nun öffnet, befindet sich ein verborgener Schatz, ein vergessenes Geschenk? Vielleicht kehrt etwas wieder, was unterwegs unwiederbringlich verloren geglaubt war? Vielleicht löst sich jetzt ein altes Rätsel, ein tiefes Geheimnis für den Helden auf ganz persönlicher Ebene? Wenn dieser letzte Schritt getan ist, könnte hier der erste Schritt einer neuen Heldenreise gesetzt werden …

Werkzeugkiste

Tierkreiszeichen

Farben und Formen

Widder	Der Grundton des Feuers: reines Gelb und feuriges Rot, klare Signalfarben aus der Palette der warmen Farben. Widder-Formen: aufstrebend, nach außen und in die Ferne zeigend, scharf, spitz (Kegel, Pyramide, Nadel, Speer)
Stier	Erde in allen Farben: das Braun der Erde in allen Erscheinungsformen von Sandbeige bis zu lehmigem Rotbraun, die Farben der Bäume und Pflanzen, die aus der Erde hervorgehen, helle Buche, dunkle Eiche, frisches Grasgrün, dunkles Blattgrün Stier-Formen: nach innen und nach unten gewandt, sich verbreiternd, auf einen Ort konzentriert (Gefäß, bauchige und runde Formen), umfassend, bewahrend, festhaltend
Zwillinge	Die Luftpalette, Luftmischungen: Weiß in unterschiedlichem Maße mit einer beliebigen Farbe gemischt, Pastellfarben: zart schimmerndes Hellgelb in allen Schattierungen, mintgrün, Hellblau in allen Farben des Himmels, zartes Rosé in allen Varianten Zwillinge-Formen: aufsteigend, sich nach außen verbreitend und zugleich in alle Richtungen strahlend, verzweigt (die Äste eines Baumes), vielfältig, Raum ergreifend und kontaktsuchend, unstet und haltlos
Krebs	Der Grundton des Wassers: Blau und Grün, vor allem ein klares, tiefes Dunkelblau und ein Flaschengrün Krebs-Formen: hinabsteigend, sich nach innen wendend und dabei auf einen Punkt ausgerichtet (der Weg in die Mitte eines Labyrinthes oder in das Innere der Erde), die Aufmerksamkeit sammelnd

Löwe	Feuer in allen Farben, alle Töne zwischen dem Gelb der Sonne und dem dunklen Rot reifer Tomaten: warmes Orange, leuchtendes Goldgelb, Rosenrot Löwe-Formen: nach oben und außen strebend, doch auf einen Ort konzentriert, um ein Zentrum organisiert (Feuerstelle, Mittelpunktsformen), die Aufmerksamkeit bindend
Jungfrau	Die Erdpalette, Erdmischungen: ganze Paletten gedeckter Farben, von Oliv bis zu Goldbraun, von Gelbgrün bis zu Blaugrün, von Sandfarben bis zu Anthrazit, von Currybraun bis zu Terracotta, schlichte Farben, die unauffällig und bescheiden wirken und sich gut mit der Natur vermischen, die Farben in einem Gewürzregal, frisch gebackene Brote beim Bäcker oder der Blick auf einen sommerlichen Mischwald Jungfrau-Formen: gleichmäßige Ausbreitung in alle Richtungen des Raumes (Waben in einem Bienenstock; Äcker, die das Land in überschaubare Einheiten einteilen), strukturierend, ineinander gefügt, eingegliedert
Waage	Der Grundton der Luft: transparent, Weiß als Farbe, die kühl wirkt und alle Möglichkeiten offen lässt, glänzender Perlmuttschimmer Waage-Formen: aufsteigend, sich ausdehnend und dabei auf einen Punkt gerichtet (Bug eines Schiffes, der das Wasser teilt und dessen Wellen sich nach links und rechts fortsetzen), symmetrisch, harmonisch, ausgewogen
Skorpion	Wasser in allen Farben: die Grundfarben des Wassers in ihrer stärksten Intensität: Königsblau, smaragdgrün und intensives, strahlendes Türkis vor einem kontrastierenden Hintergrund, vor dem sie so richtig zum Leuchten kommen. Das kann die Gegenfarbe sein oder auch Schwarz. Skorpion-Formen: absteigend und auf einen Ort zu konzentriert (die Treppe zu einem Keller, der Schacht eines Brunnens), Reduktion auf das Wesentliche, einfach und klar (Kreis, Dreieck, Quadrat)
Schütze	Die Feuerpalette, Feuermischungen, ganze Farbpaletten von Rosé bis Pink, von Purpur bis Violett Schütze-Formen: aufsteigend sich in alle Richtungen

	ausdehnend (Sternenhimmel, Kuppel eines Domes), ausgedehnt, weit und flächig,
Steinbock	Der Grundton der Erde: Braun. Helle und dunkle Brauntöne bis hin zu Schwarz wie die Asche verbrannter Lava oder der Farbe von Kohle aus dem Inneren der Erde Steinbock-Formen: nach unten wachsend, von einem Punkt ausgehend (Berg), klar und aufrecht, (Linie, aufrechtes Rechteck, Trapez)
Wassermann	Luft in allen Farben: alle Farben mit einem perlmuttschimmernden, leicht metallischen Glanz überzogen, Metallic-Farben, Chromschimmer die Farbe flirrender Luft über dem Asphalt an einem heißen Sommertag Wassermann-Formen: aufsteigend und sich ausdehnend, doch auf einen Ort konzentriert, unentschlossene Formen, eigenwillig, nicht in die Umgebung passend, bizarr, gebrochen (Wellenlinie, Zickzack, unterbrochene Formen)
Fische	Die Wasserpalette, Wassermischungen, Wasser in allen Farben: zart, schimmernd und transparent, aber auch mit anderen Farben vermischt. Die Palette reicht von perlmuttschimmerndem Türkis über Algengrün bis hin zu grau schimmerndem Hochseeblau Fische-Formen: hinabsteigend und sich in alle Richtungen ausbreitend (Nebel, Pfütze), unklar, konturlos, grenzenlos, ineinander fließend und ineinander übergehend, gemischte Formen

Eigenschaften

Widder	triebhaft, aggressiv, zerstörerisch, ungeduldig, angriffslustig, wettbewerbsorientiert, wild, instinktiv, aufstrebend, engagiert, willensstark, entscheidungsfreudig, direkt, aufrichtig, abenteuerlustig, spontan, begeisterungsfähig, mutig, aktiv, durchsetzungsfähig, pionierhaft, ritterlich, couragiert, motivierend

Stier	gierig, neidisch, voreingenommen, stur, unbeweglich, besitzergreifend, existenzängstlich, verwurzelnd, verwertend; sicherheitsorientiert, beruhigend, behäbig, pragmatisch, beständig, solide, ausdauernd, geduldig, zuverlässig, produktiv, sinnlich, genussfreudig, treu, geschmackvoll, gastfreundlich, innerlich gelassen, zufrieden, natürlich
Zwillinge	unstet, zerstreut, nervös, geschwätzig, altklug, opportunistisch, unzuverlässig, oberflächlich, banal, leichtfertig, zweifelnd, neugierig, schlau, beweglich, sprudelnd, geschickt, wendig, lebhaft, heiter, vielseitig, kontaktfreudig, kommunikativ, aufgeschlossen, interessiert, offen, verständig, vermittelnd, vorurteilsfrei
Krebs	launisch, bedürftig, unselbstständig, verletzlich, resigniert, eigenbrötlerisch, überempfindlich, nachtragend, passiv, strukturlos, unrealistisch, schützend / Schutz suchend, versunken, geborgen; ruhig, besinnlich, sanft, der Stimmung folgend, sensibel, beeindruckbar, hilfsbereit, hingebungsvoll, einfühlsam, umsorgend, zurückhaltend, gefühlvoll, fantasievoll
Löwe	tyrannisch, dominant, faul, selbstsüchtig, egozentrisch, verwöhnt, theatralisch, geltungsbedürftig, unbeherrscht, selbstgefällig, stolz, selbstsicher, willensstark, lebendig, kreativ, lebensfroh, spielerisch, strahlend, sonnig, heiter, zentriert, in sich ruhend, liebevoll, sich verschenkend, souverän, ausdrucksstark, individuell, großzügig, warmherzig, herzlich, loyal, verantwortungsbewusst
Jungfrau	zwanghaft, überängstlich, argwöhnisch kritiksüchtig, penibel, opportunistisch, besserwisserisch, geizig, übervorsichtig, zimperlich, zweckorientiert, ökonomisch, effektiv, perfektionistisch, rationell, zurückhaltend, realistisch, vernünftig, analytisch, wohl überlegt, vorsorgend, methodisch, bescheiden, anpassungsfähig, achtsam, umsichtig, fürsorglich, differenziert, präzise, dezent
Waage	tatenlos, unschlüssig, vage, schönfärberisch, scheinharmonisch, harmoniesüchtig, kokett, affektiert, makellos, künstlich, idealisierend, gesellig, sozial, entgegenkommend, gerecht, diplomatisch, vermittelnd, offen, interessiert, kompromissbereit, unparteiisch, ausgewogen, ästhetisch, kultiviert, symmetrisch, friedliebend, charmant,

Skorpion	eigensinnig, gefühlsverstrickt, fanatisch, destruktiv, extrem, exzessiv, zwanghaft, perfektionistisch, überfordernd, provokativ, drastisch, kontrollierend, besitzergreifend, intolerant, machtorientiert, zäh, unbeirrbar, selbstbeherrscht, idealistisch, faszinierend, magnetisch, leidenschaftlich, anspruchsvoll, tiefgründig, minimalistisch, opfer- und wandlungsbereit, intensiv, entschlossen, verschwiegen, loyal
Schütze	unmäßig, ungenau, rechthaberisch, angeberisch, arrogant, großspurig, überheblich, übertrieben, überspannt, moralisierend, sendungsbewusst, begeisternd, bejahend, großzügig, humorvoll, tolerant, erhaben, edel; ausgedehnt, umfassend, optimistisch, jovial, einsichtig, grenzüberschreitend, weitsichtig, weitherzig, weise, vertrauensvoll, visionär, überzeugend
Steinbock	geizig, verurteilend, gefühlskalt, ängstlich, formell, streng, depressiv, rigide, einengend, verklemmt, autoritätshörig, scheu, unzugänglich, unflexibel, pedantisch, berechnend, nicht spontan, reduziert, ehrgeizig, verlässlich, beständig, ernst, klar, aufrecht, geradlinig, klar, rein, seriös, bescheiden, aufrichtig, konsequent, treu, diszipliniert, organisiert, pflichtbewusst, gründlich, zielstrebig, arbeitsam, selbstgenügsam
Wassermann	exzentrisch, extravagant, sprunghaft, unruhig, unberechenbar, widersprüchlich, kopflastig, spannungsgeladen, bizarr, überheblich, theoretisch, ungeduldig, hektisch, unberechenbar, elitär, fanatisch, lebensfremd, unkonventionell, erfinderisch, originell, individualistisch, eigenwillig, fortschrittlich, freiheitsliebend, unabhängig, einzigartig, witzig, ungewöhnlich, visionär, schöpferisch, idealistisch, reformerisch
Fische	undurchschaubar, ungreifbar, resignativ, verführbar, abhängig, süchtig, chaotisch, unehrlich, illusionär, verstohlen, unrealistisch, konturlos, passiv, fantastisch, unpraktisch, anonym, haltlos, kraftlos, mitfühlend, fantasievoll, künstlerisch, feinsinnig, weise, intuitiv, subtil, sanftmütig, uneigennützig, verbindend, mystisch, durchlässig, hingebungsvoll, vielseitig, sozial, demütig, vertrauensvoll, nachgiebig

Häuser

Stichworte zu den Lebensbereichen

Haus 1	Erscheinungsform, Lebenswille, Durchsetzung, wie ein Mensch nach außen auftritt, wie er auf zugeht und auf sie wirkt, Erlebnisse der Geburt , Verhältnis zu allen Neuanfängen
Haus 2	Besitz, Werte, Selbstwert, Ressourcen, Talente, Erbanlagen
Haus 3	Raumergreifung, Kontaktfähigkeit mit der Umwelt, Kommunikation, Lernen, Intellekt, körperliche Darstellung
Haus 4	Identitätspotenzial, die Herkunft, Heimat, Familie, das subjektive Empfinden und Fühlen, der psychische Motor unseres Seins, die Quelle unserer Lebensenergie, die innere Landschaft
Haus 5	Lebenstrieb, Eros und Sexualität, Selbstausdruck, kreatives Schaffen, Kinder, Spiel
Haus 6	Notwendigkeiten des Lebens, Einordnung in eine Umwelt, Arbeit, Existenz, Krise durch Krankheit , Therapie und Heilung, Reinigung, Klärung und Selbstvervollkommnung, Darstellung des subjektiv Empfundenen
Haus 7	Partnerschaft, Begegnung, Ergänzung, Kontakte, Beziehungen, Interessenausgleich
Haus 8	geistige Bindung, Prinzipien, Wertvorstellungen, Wandlungsprozesse, Teilen, Hinterlassenschaft
Haus 9	Anschauung, Meinung, Erkenntnisse, Einsichten, Erfahrungen, Horizonterweiterung, Studien
Haus 10	Beruf, Berufung, gesellschaftliche Position und Aufgabe, Entwicklungsziel
Haus 11	berufliche individuelle Verwirklichung, Gemeinsamkeit, Verbundenheit, Interessensgemeinschaft, soziale Gruppierungen
Haus 12	Rückbesinnung, Abgeschiedenheit , Traumwelten das Unbewusste, „Übergabeprotokoll", Einordnung in einen überpersönlichen Rahmen, Einheit

Planeten

Astronomische Informationen

Mond	Erdtrabant, Umlauf um die Erde: (von einem Vollmond zum nächsten Vollmond): etwa 29,5 Tage. Aufenthaltsdauer in einem Tierkreiszeichen: ca. 2,5 Tage
Sonne	Scheinbarer Umlauf um die Erde in 365 Tagen, Aufenthaltsdauer in einem Tierkreiszeichen: ca. 30 Tage
Merkur	Umlaufzeit um die Sonne: etwa 88 Tage; steht am nächsten zur Sonne, entfernt sich von der Sonne maximal um 28 °, daher nur als Morgen- und Abendstern sichtbar, Aufenthaltsdauer in einem Tierkreiszeichen: durchschnittlich 30 Tage
Venus	Umlaufzeit um die Sonne: etwa 224,5 Tage, weitest mögliche Entfernung von der Sonne von 48 °, daher auch nur als Abend- oder Morgenstern am Himmel sichtbar, Aufenthaltsdauer in einem Tierkreiszeichen: durchschnittlich 30 Tage
Mars	Umlaufzeit um die Sonne: knapp 2 Jahre, seine durchschnittliche Verweildauer in jedem Tierkreiszeichen variiert stark, beträgt zwischen 1 und 2 Monaten
Jupiter	Umlaufzeit um die Sonne von ca. 12 Jahren, Verweildauer pro Tierkreiszeichen: ca. 1 Jahr
Saturn	Umlaufzeit um die Sonne: 29,5 Jahre, Verweildauer pro Tierkreiszeichen ca. 2,5 Jahre
Uranus	wurde 1781 entdeckt, Umlaufzeit um die Sonne: 84 Jahre, Verweildauer pro Tierkreiszeichen: 7 Jahre
Neptun	Entdeckung 1846, Umlaufzeit um die Sonne: 165 Jahre, 285 Tage, Verweildauer pro Tierkreiszeichen: 13,5-14 Jahre
Pluto	Entdeckung am 21.1.1930, Umlaufzeit von 247 Jahren und 7 Monate, die durchschnittliche Verweildauer in einem Tierkreiszeichen von 20 Jahren variiert stark (11 Jahre im Skorpion – 29 Jahre im Stier)

Planetenkräfte

Mond	Gefühl, Wahrnehmung, Eindruck, Unterbewusstsein, Entspannung, Bedürfnis, Einfühlsamkeit
Sonne	Handeln, Aktivität, Ausdruck, Bewusstsein, Ziel, Orientierung, Selbstverwirklichung, Selbstbewusstsein
Merkur	Denken, Sprechen, Kommunikation, Vermittlung, Geschick, (geistige) Flexibilität
Venus	Genuss, Wunschkraft, Verbindung, Anziehung, Schönheit, Talent, Ressource, Anziehungskraft, Schönheit
Mars	Durchsetzungskraft, Verteidigung, Abgrenzung, Eroberung, Mut, Stärke, Willenskraft
Jupiter	Unterstützung, Vertrauen, Sinnsuche, Expansion, Grenzüberschreitung, Glauben, Weltoffenheit
Saturn	Aufgabe, Verantwortung, Pflicht, Struktur, Autorität, Reife, Ernst, Seriosität, Verlässlichkeit
Uranus	Erneuerung, Trennung, Distanz, Klarheit, geistiger Impuls, Unruhe, Ideenreichtum, Bewegungsenergie
Neptun	Verschmelzung, Auflösung, Einheit, Sehnsucht, Hoffnung, Durchlässigkeit, Sensibilität
Pluto	Verwandlung, Intensität, Kontrolle, Vorstellung, Bindungsfähigkeit, Macht

Personen

Mond	der Beschützer, die Ernährerin, der Gastgeber, die Empfangsdame, der Koch, die Hebamme, die Kindergärtnerin, die Mutter, das (innere) Kind
Sonne	der Held, der Königsohn, die Königin, der Star, die prominente Persönlichkeit, der Vater
Merkur	der Bote, der Fuhrmann, der Schuster, der Vermittler, die Überbringerin, der Postbote, der Dieb, die Radiosprecherin, der Neffe, die Cousine, der Fährmann
Venus	die Verführerin, die Bewahrerin, der Schatzmeister, der Hausverwalter, die Heiratsvermittlerin, die Prinzessin, die Geliebte, die Tochter
Mars	der Soldat, der Wachposten, Eroberer, der Krieger, die Verteidigerin, die Polizistin, der Jäger, der Liebhaber, der Sohn, mein innerer Verteidiger

Jupiter	der Ritter, der Missionar, die Priesterin, der Reisende, die Unterstützerin, der väterliche Freund, der Förster, der Onkel
Saturn	der Richter, die Chefin, die Erzieherin, die Autorität, der Meister, der Burgherr, der Graf, der Minister, der Großvater,
Uranus	der Narr, der Clown, die Chaotin, der geniale Wissenschaftler, der verrückte Professor, der Störenfried, der ausgewanderte Verwandte, der verlorene Sohn / die verlorene Tochter, Menschen mit besonderen Fähigkeiten, mein innerer Verrückter
Neptun	der Künstler, die Träumerin, die Tänzerin, der Obdachlose, die Säuferin, das Medium, die seltsame Tante
Pluto	die weise Frau, die Hexe, der Zauberer, Gevatter Tod, die Urgroßmutter

Besondere Gegenstände und Tiere

Mond	die Perle, der Brunnen, der Becher, das Schneckenhaus, die Truhe, der Schlafsack, die Schüssel, das Kissen, die Eule, die Ente, der Frosch, die Nachtigall
Sonne	die Lebensflamme, die Krone, die goldene Kugel, das Goldmedaillon, das Lagerfeuer, die Glühlampe, das Spielzeug, der Löwe, die Katze, der Adler
Merkur	der Mantel, die Schuhe, das Buch, der Brief, die Schatzkarte, die CD, das Strickzeug, der Singvogel, die Biene, die Ameise, der Fuchs
Venus	der Ring, der Schatz, die Rose, der Lippenstift, die Massagebürste, die Kuh, die Taube, der Goldesel, das Reh
Mars	das Messer, die Axt, die Pistole, der Helm, das Schwert, die Rüstung, der Wolf, der Tiger, der Raubvogel
Jupiter	der Reiseführer, der Wegweiser, der Riese, die Siebenmeilenstiefel, das Pferd, der Elefant, der Hund
Saturn	das Metermaß, der Edelstein, der Berg, die Sense, der Esel, die Ziege, der Rabe
Uranus	der Computer, das Internet, das Flugzeug, die Rakete, das Känguru, die Giraffe, der Eisvogel
Neptun	die Harfe, die Tarnkappe, der Fisch, das Seepferdchen, die Muschel
Pluto	der Zauberstab, die Spindel, der Totenkopf, das U-Boot, die Ratte, das Krokodil, die Schlange, die Spinne

Unser Weg zur intuitiven Astrologie

Wie sind wir nun eigentlich zur intuitiven Astrologie gekommen oder sie zu uns? Uns hat niemand an diese Art der bildhaften Wahrnehmung herangeführt, sie steht so in keinem Lehrbuch. Als psychologisch geschulte Astrologen ist unsere eigene Vorprägung eher akademisch. Wir haben unzählige Bücher gelesen und uns mit verschiedensten Techniken und Ansätzen beschäftigt. Unser astrologisches Denken hat mittlerweile ein recht abstraktes und komplexes Niveau erreicht. Da wir beide auch lehrend und die Astrologie vermittelnd tätig sind, kennen wir die Herausforderung, diese Weisheiten, die wir uns in jahrelanger Arbeit angeeignet haben, angemessen zu vermitteln.

Eine besondere Herausforderung stellte sich uns dann Anfang 2003 mit unserer Internet-Schulung Phoenix Astrologie online. Astrologie schriftlich über den Computer zu vermitteln ist noch einmal etwas ganz anderes als vor einer Gruppe zu stehen und mit Händen und Füßen etwas zu erklären. Die Bilderwelt, die in der schriftlichen Begegnung fehlt, bedarf eines Ausgleichs. Diesen Ausgleich fanden wir dann sehr schnell in einer Art der Astrologievermittlung, die weit gehend auf „Vorgekautes" verzichtet und stattdessen die Teilnehmer anregt, die astrologischen Zusammenhänge selbst zu entdecken. Es wurde ziemlich schnell klar, dass es unseren Kursteilnehmer unendlich viel Spaß macht, sich Bilder und Geschichten auszumalen und dass sie so einen viel besseren und eigenständigeren Weg zu einer ganz individuellen Deutung und astrologischen Sprache entwickeln.

Durch die ausschließliche Möglichkeit, am Bildschirm schriftlich miteinander zu kommunizieren, sind unsere Kursteilnehmer gezwungen, sich schriftlich zu äußern. Tun sie es nicht, bleiben sie von uns und der Gruppe unbemerkt. Deswegen gibt es wöchentlich Hausaufgaben bei uns, deren Bearbeitung jeweils bis zu einem bestimmten Zeitpunkt vorgesehen ist. Das Ergebnis dieser Aufgaben überrascht uns immer wieder selbst! Die Teilnehmer und Teilnehmerinnen laufen zu Hochform auf – schreiben bunte Geschichten und farbenfrohe Deutungen, lebendige Alltagsschilderungen und tiefe Erkenntnisse auf. Je bildhafter die Übungen sind, desto mehr fällt allen Teilnehmern dazu ein. Die Beiträge anderer Teilnehmer inspirieren und beflügeln zusätzlich.

So entwickelte sich die „intuitive Astrologie" ganz von selbst als unser Weg der Vermittlung von Astrologie. Da wir uns beide immer schon gern den Analogien der Astrologie auf der Alltagsebene gewidmet haben (Farben und Astrologie, Wohnen und Astrologie, Kleidung und Astrologie etc.), fällt uns das mehr als leicht. So könnte man also sagen, dass die intuitive Astrologie dadurch entstanden ist, dass wir sie anderen Menschen möglichst einfach und ohne viel Kopfarbeit nahe bringen wollten. Das ist eine Erklärung.

Doch es gibt noch eine andere, die genauso wahr ist. Im Grunde unseres Herzens sind wir „Kinder", die einfach nur Spaß an der Astrologie haben. Es macht uns Freude, sie immer wieder neu und kreativ zu entdecken, und wir hoffen, es geht Ihnen mit diesem Buch und uns als Wegbegleitern genauso.

Inhaltlich ist unsere Art, Astrologie zu vermitteln, an keine bestimmte Schule oder Richtung gebunden. Und doch ist das, was wir weitergeben, gefärbt von denen, von denen wir wiederum gelernt haben. Neben zahlreichen Autorinnen und Autoren sind da vor allem unsere Lehrer Heidi Treier, Brigitte Hamann, Michael Roscher und Alexander von Schlieffen zu erwähnen. Sie haben uns inspiriert, und deswegen wird man auch einige ihrer Lehransätze bei uns wiederfinden. So hat Michael Roschers System des Regelkreises der Planeten unsere Herleitung inspiriert, Alexander von Schlieffens Wortwitz einzelne Begriffe geprägt, Brigitte Hamanns einfühlsamer Ansatz zur Deutung der IC-MC-Achse uns zu Übungen angeregt, Heidi Treiers spirituelle Ausrichtung vor allem Sabines astrologisches Weltbild mitgeprägt.

Und doch ist das, was wir Ihnen hier vermitteln, auch ganz anders – längst hat es sich mit so vielem vermischt: Unseren Persönlichkeiten, der Mischung unserer beider Denk- und Deutungsansätze, den Ideen und Inspirationen unserer Kursteilnehmer. Ihnen allen möchten wir an dieser Stelle herzlich danken, dass sie gemeinsam mit uns den Weg gehen, Astrologie intuitiv in reicher

Bilderwelt und voller Fantasie zu erlernen. Die Übungsbeiträge unserer Teilnehmer übertreffen häufig unsere kühnsten Erwartungen und sind zuweilen druckreif. Einige solch gelungener Beiträge haben wir hier ebenfalls verewigt. Dafür danken wir Annerose Ramge und Iris Apé recht herzlich.

Sabine Bends & Christopher A. Weidner

Literatur

Bell/Costello/Greene/Reinhart: Mars im Horoskop, Tübingen 2004 Hamann, Brigitte: Ihr Lebensziel, Tübingen 2002

Hamann, Brigitte: Die zwölf Archetypen, München 2004

Hamann, Brigitte: Entwicklungsorientierte Astrologie, Tübingen 2004

Klein, Nicolaus; Dahlke, Rüdiger: Das senkrechte Weltbild, München 1993

Reinhart, Melanie: Die Hauptachsen im Horoskop, Tübingen 2002 Roscher, Michael: Das Astrologie Buch, Tübingen 2004

Rudhyar, Dane: Das astrologische Häusersystem, Reinbek 1993

Rudhyar, Dane: Astrologie der Persönlichkeit, Tübingen 2001

Treier, Heidi: Karma im Horoskop, Freiburg 1999

Weidner, Christopher: Astrologie für Einsteiger, München 2001

Weidner, Christopher: Das Arbeitsbuch zum Horoskop, München 2001

Weidner, Christopher: Kinderhoroskope richtig deuten, München 2001

Weidner, Christopher: Astrologie des Glücks, München 2004

Weidner, Christopher: Astrologie für die Sinne (12 Tierkreiszeichenbände), Stuttgart 2004

Weidner, Christopher; Truckenbrodt, Nicole: Der Weg der Sterne, München 2001

Weitere Bücher von astronova

Sabine Bends und Holger A. L. Faß
Astrologische Hausbesichtigung
Die zwölf Häuser im Horoskop
146 Seiten, Paperback, 13 Abb.
ISBN 978-3-937077-55-0
Das Buch führt den Leser durch die zwölf Häuser und laden zu deren Besichtigung ein. Es erläutert auf eingängige Weise die Bedeutung und der darin stehenden Planeten. Eins Einsteigerbuch zum Thema Häuser, mit Freude, Erfahrung und Begeisterung für die die Astrologie geschrieben.

Andrea Moutty
Der Berufsweg aus astrologisch-psychologischer Sicht
112 Seiten, Paperback, zahlr. Abb.
ISBN 978-3-937077-67-3
Die Astrologie kann Sie wunderbar unterstützen, wenn es darum geht zu klären, welche Kräfte auf Sie wirken, welche Position Sie gerade einnehmen und welcher Mangel in Ihnen schreit. Sie erhalten ganz erstaunliche Hinweise über Anerkennung und Zufriedenheit mit Ihrer Arbeit.

Margriet Dreyer
Der Einweihungsweg im Horoskop
Rotkäppchen und die zwölf Lebensstufen astrologisch gedeutet
234 Seiten, Paperback
ISBN 978-3-937077-66-6
Das Buch verbindet Astrologie und Märchen, denn Märchen sind weit mehr als nur nette Geschichten für Kinder. Tatsächlich enthalten sie im Kern oft astrale Mythen. Rotkäppchen erzählt von dem Entwicklungsprozess des Menschen im Tierkreis.

Dagmar Wäscher und Barbara Schütze
Entdecke Dich selbst!
Mit Astrologie und NLP die eigenen Potenziale entwickeln – Ein Erlebnisbuch
376 Seiten, Paperback, zahlreiche Abbildungen, inkl. Audio-CD
ISBN 978-3-937077-53-6
Das Buch zeigt Ihnen astrologisch die Möglichkeiten, wir Sie die eigenen Ressourcen erkennen können. Diese können Sie mobilisieren, indem Sie die auf den Methoden des NLP basierenden Übungen anwenden und sich selbst ganz neu erleben.

Jessie Adler Gral
Die verzauberte Seele
Sucht und Spiritualität im Horoskop
318 Seiten, Paperback, zahlreiche Abb. und Tabellen
ISBN 978-3-937077-63-5
In dem Buch wird aufgezeigt, wie sich Suchtmuster im Horoskop erkennen lassen. Dabei geht es nicht nur darum, ob man selbst eine Neigung zu Abhängigkeit hat. Ebenso schärft das Buch den Blick jener Menschen, die Suchtgefährdete im Umfeld haben.

Horst Bredthauer
Die vier Grundtypen der Persönlichkeit im Horoskop
Persönlichkeit als Balanceakt der vier Elemente
376 Seiten, Paperback, 15 Abbildungen
ISBN 978-3-937077-35-2
Der Autor stellt die vier Elemente und die vier Temperamente, aber auch neuere Typenlehren wie die von C.G. Jung oder Kretschmer vor und erklärt diese astrologisch. Den vier elementaren Kräften kommt eine wichtige Rolle bei der Deutung eines Horoskops zu.